YAIBA

1

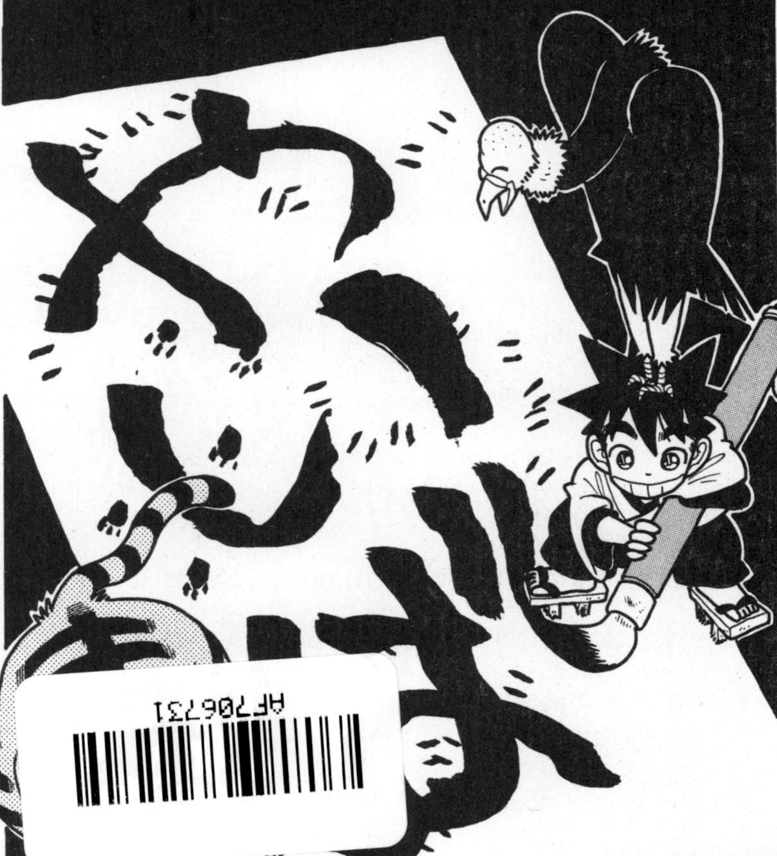

Gosho AOYAMA

YAIBA 1

INHALT

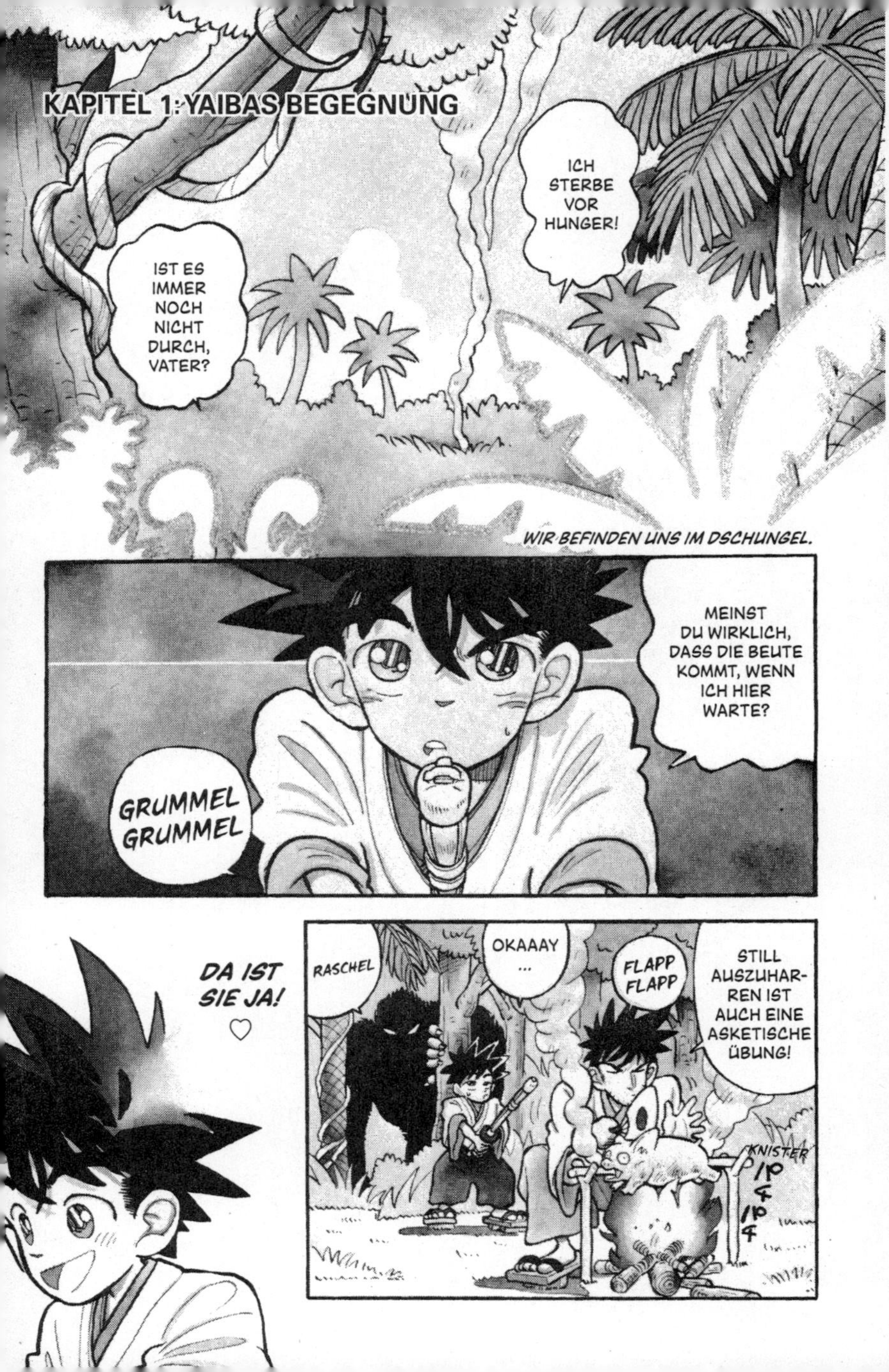
KAPITEL 1: YAIBAS BEGEGNUNG
ICH STERBE VOR HUNGER!
IST ES IMMER NOCH NICHT DURCH, VATER?
WIR BEFINDEN UNS IM DSCHUNGEL.
MEINST DU WIRKLICH, DASS DIE BEUTE KOMMT, WENN ICH HIER WARTE?
GRUMMEL GRUMMEL
STILL AUSZUHARREN IST AUCH EINE ASKETISCHE ÜBUNG!
FLAPP FLAPP
OKAAAY ...
RASCHEL
KNISTER
DA IST SIE JA! ♡

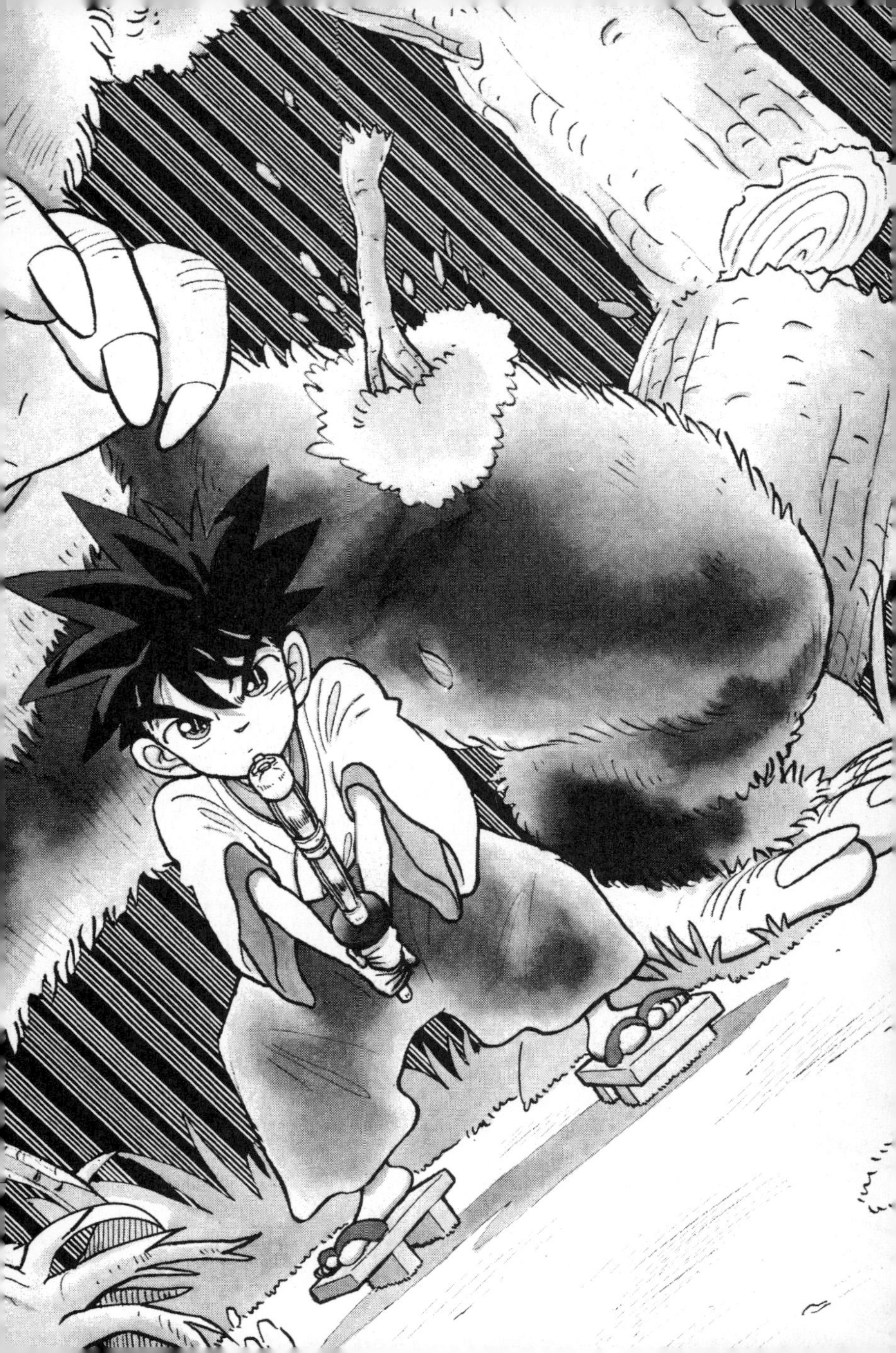

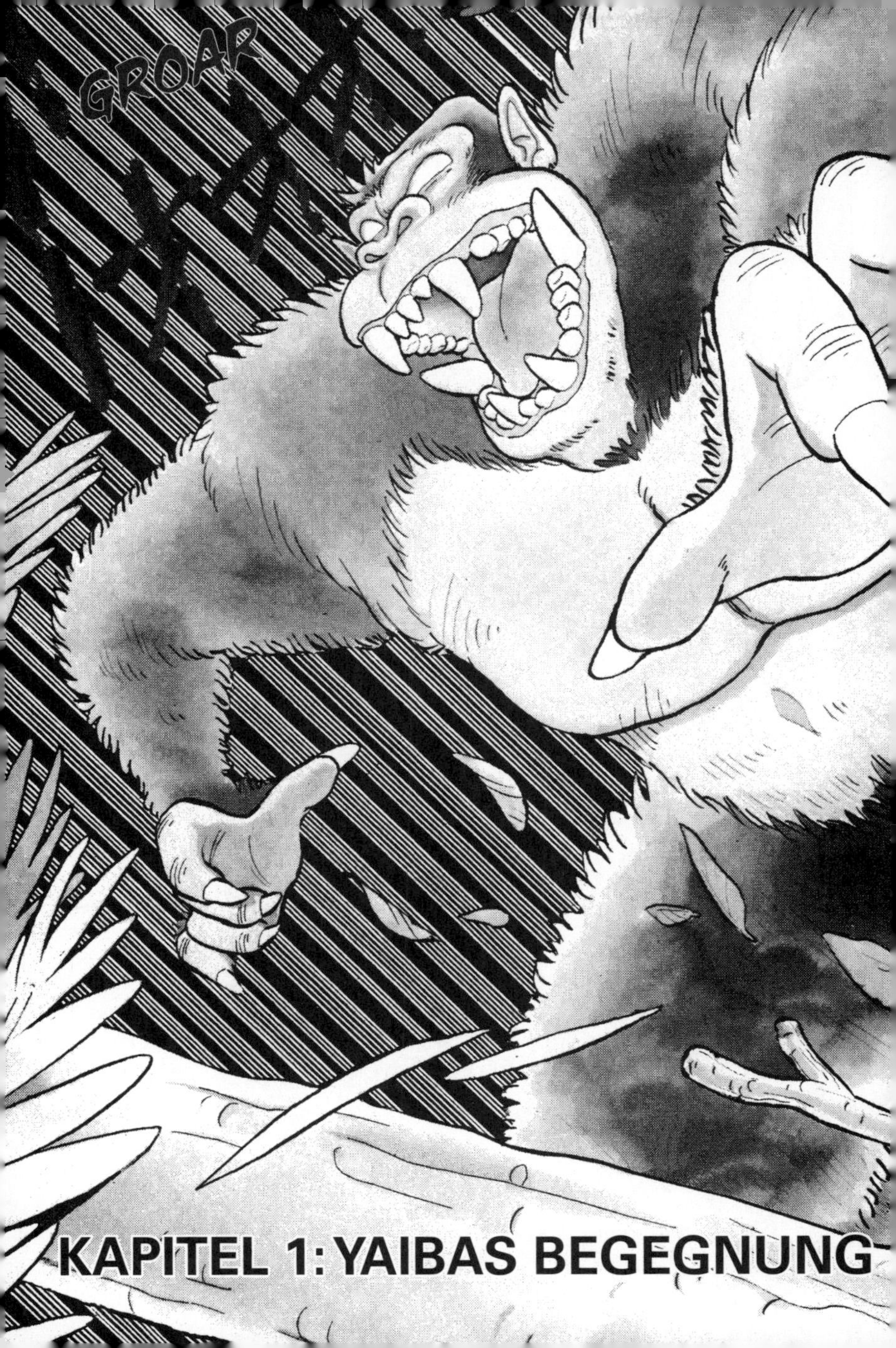

KAPITEL 1: YAIBAS BEGEGNUNG

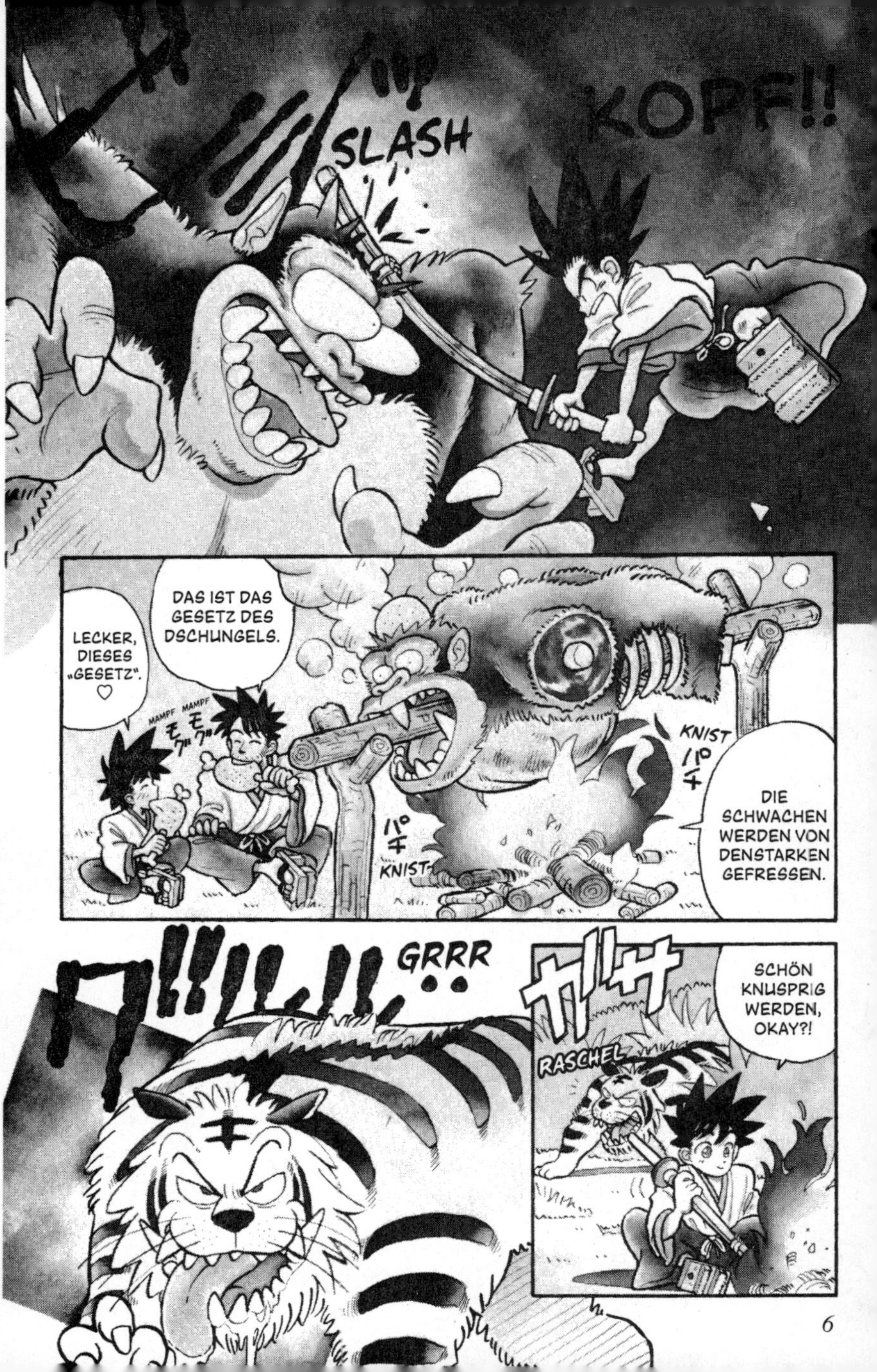
SLASH
KOPF!!
DAS IST DAS GESETZ DES DSCHUNGELS.
LECKER, DIESES „GESETZ". ♡
MAMPF MAMPF
KNIST
DIE SCHWACHEN WERDEN VON DENSTARKEN GEFRESSEN.
KNIST
GRRR
SCHÖN KNUSPRIG WERDEN, OKAY?!
RASCHEL

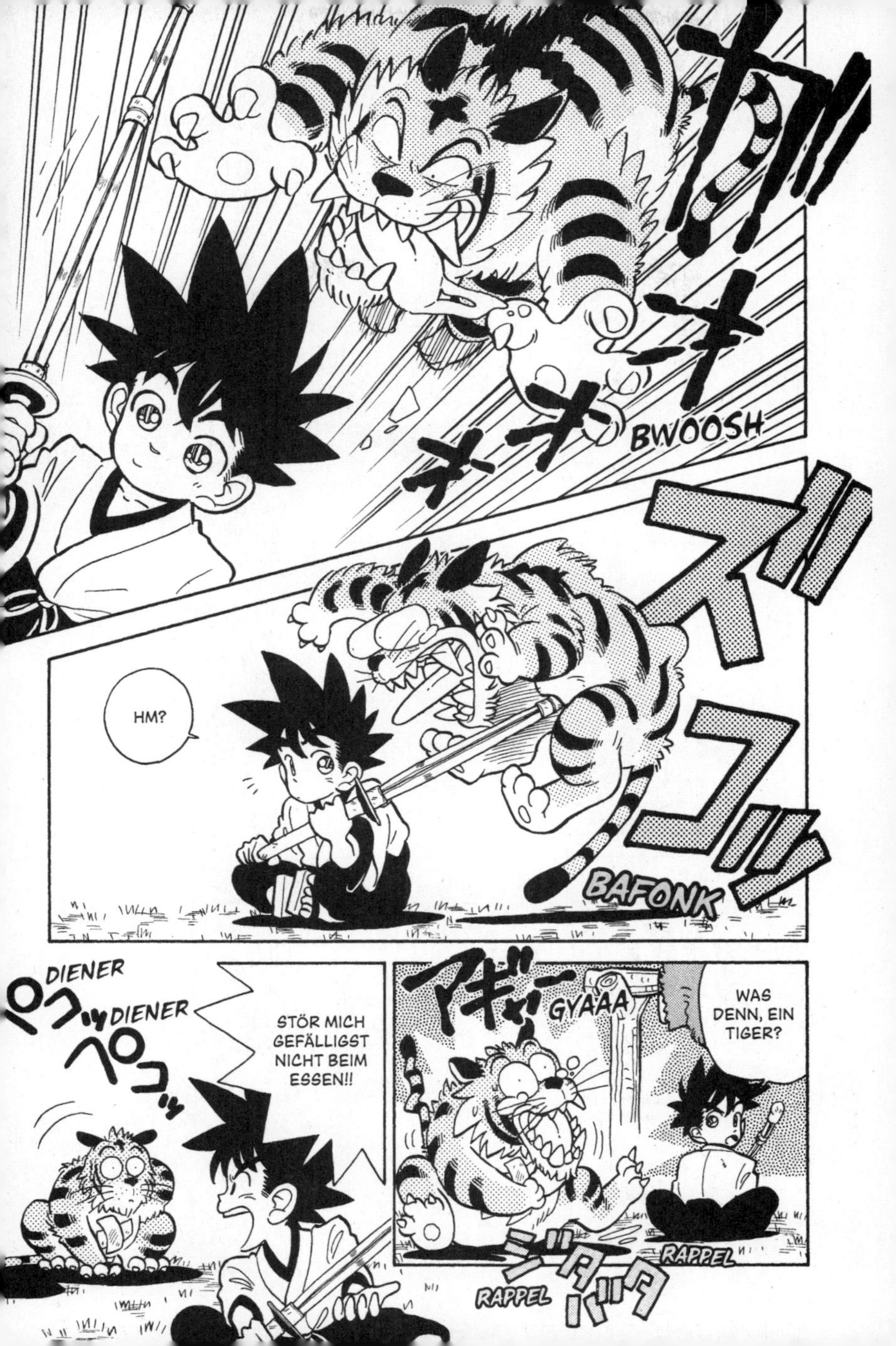
BWOOSH
HM?
BAFONK
GYAAA
WAS DENN, EIN TIGER?
RAPPEL
RAPPEL
STÖR MICH GEFÄLLIGST NICHT BEIM ESSEN!!
DIENER
DIENER

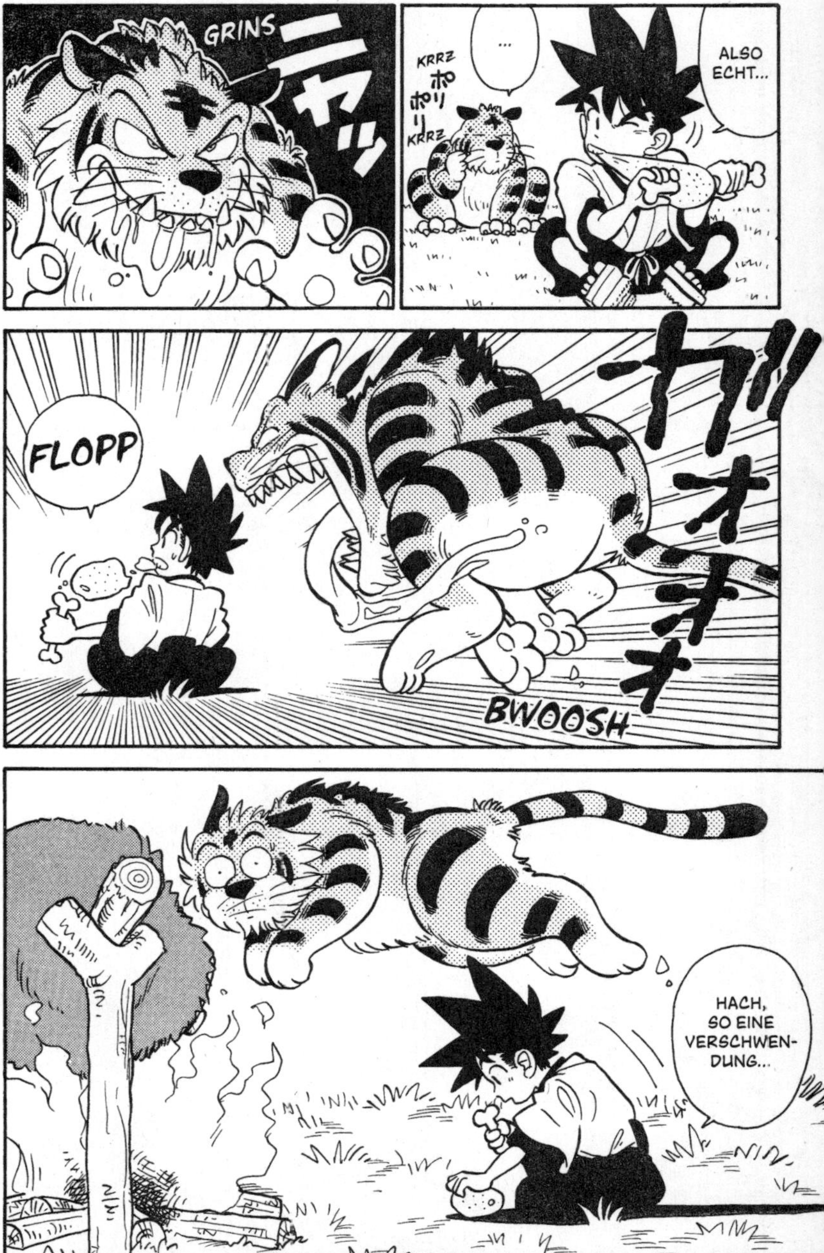
ALSO ECHT...
...
KRRZ
ポリポリ
KRRZ
GRINS
ニヤッ
ガオオオオ
BWOOSH
FLOPP
HACH, SO EINE VERSCHWENDUNG...

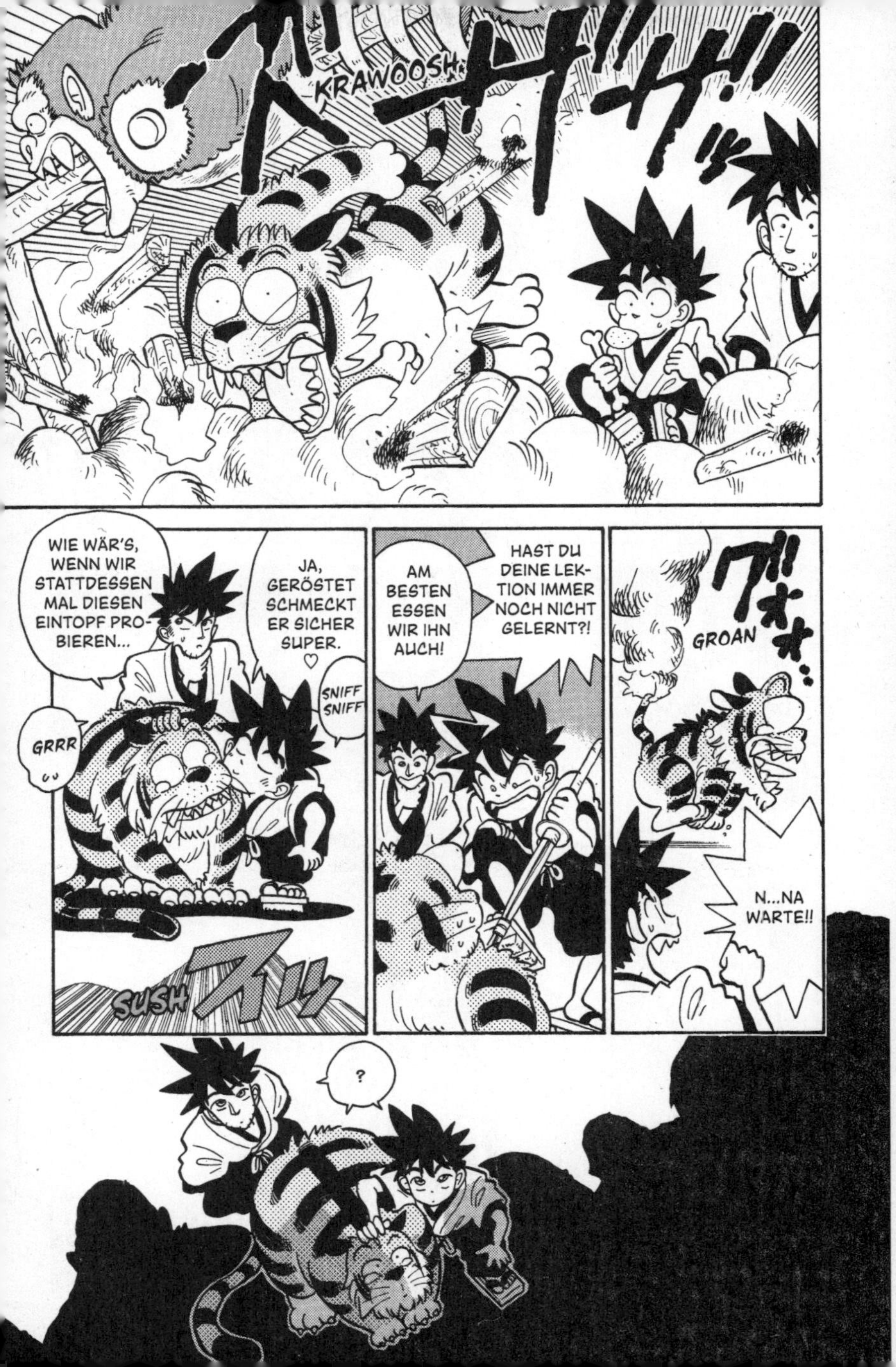
KRAWOOSH
GROAN
N...NA WARTE!!
HAST DU DEINE LEKTION IMMER NOCH NICHT GELERNT?!
AM BESTEN ESSEN WIR IHN AUCH!
JA, GERÖSTET SCHMECKT ER SICHER SUPER. ♡
SNIFF SNIFF
WIE WÄR'S, WENN WIR STATTDESSEN MAL DIESEN EINTOPF PROBIEREN...
GRRR
SUSH
?

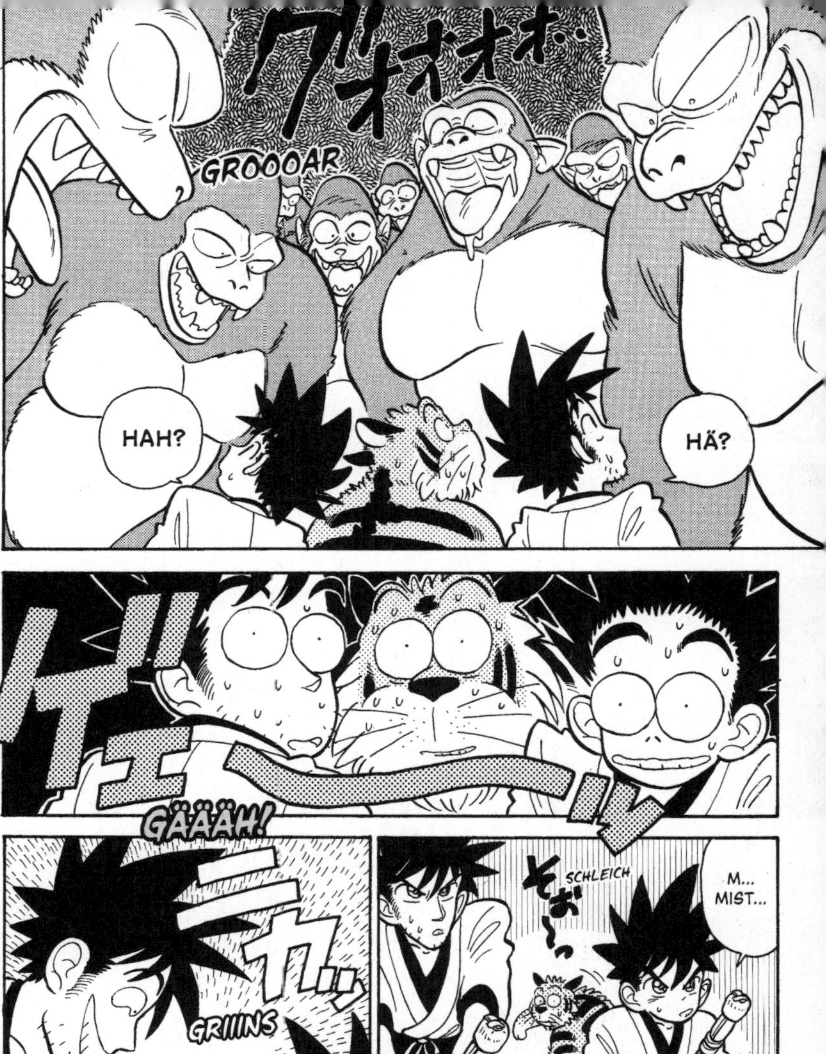
GROOOAR
HÄ?
HAH?
GÄÄÄH!
SCHLEICH
M... MIST...
GRIIINS
GRRR?
KRUIK
HM?
HMMM?

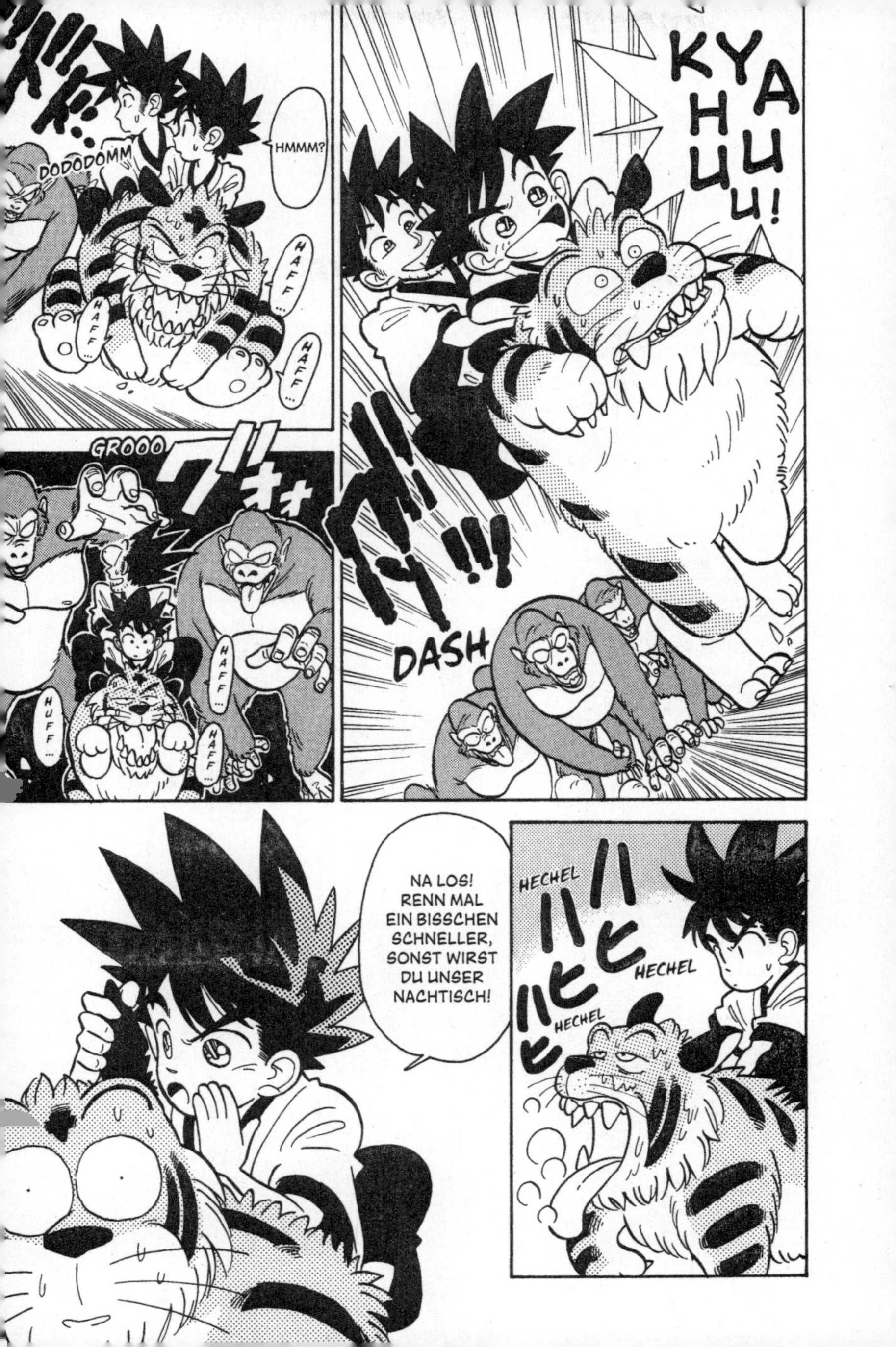
KYAHUUUU!
DASH
DODODOMM
HMMM?
HAFF...
HAFF...
HAFF...
GROOO
HAFF...
HAFF...
HUFF...
HECHEL
HECHEL
HECHEL
NA LOS! RENN MAL EIN BISSCHEN SCHNELLER, SONST WIRST DU UNSER NACHTISCH!

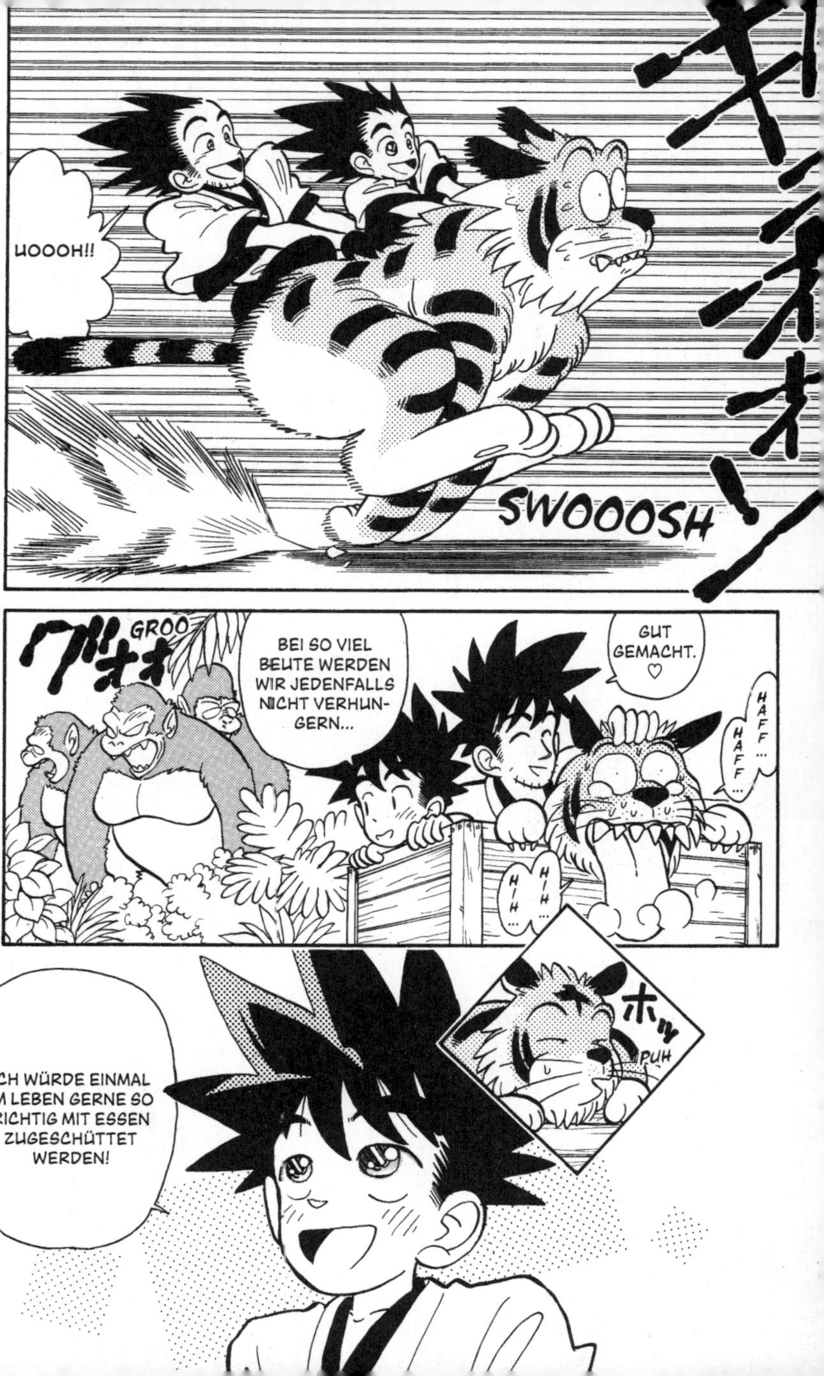
UOOOH!!
SWOOOSH
GROO
BEI SO VIEL BEUTE WERDEN WIR JEDENFALLS NICHT VERHUN-GERN...
GUT GEMACHT. ♡
HAFF ... HAFF ...
HIH ... HIH ...
PUH
ICH WÜRDE EINMAL IM LEBEN GERNE SO RICHTIG MIT ESSEN ZUGESCHÜTTET WERDEN!

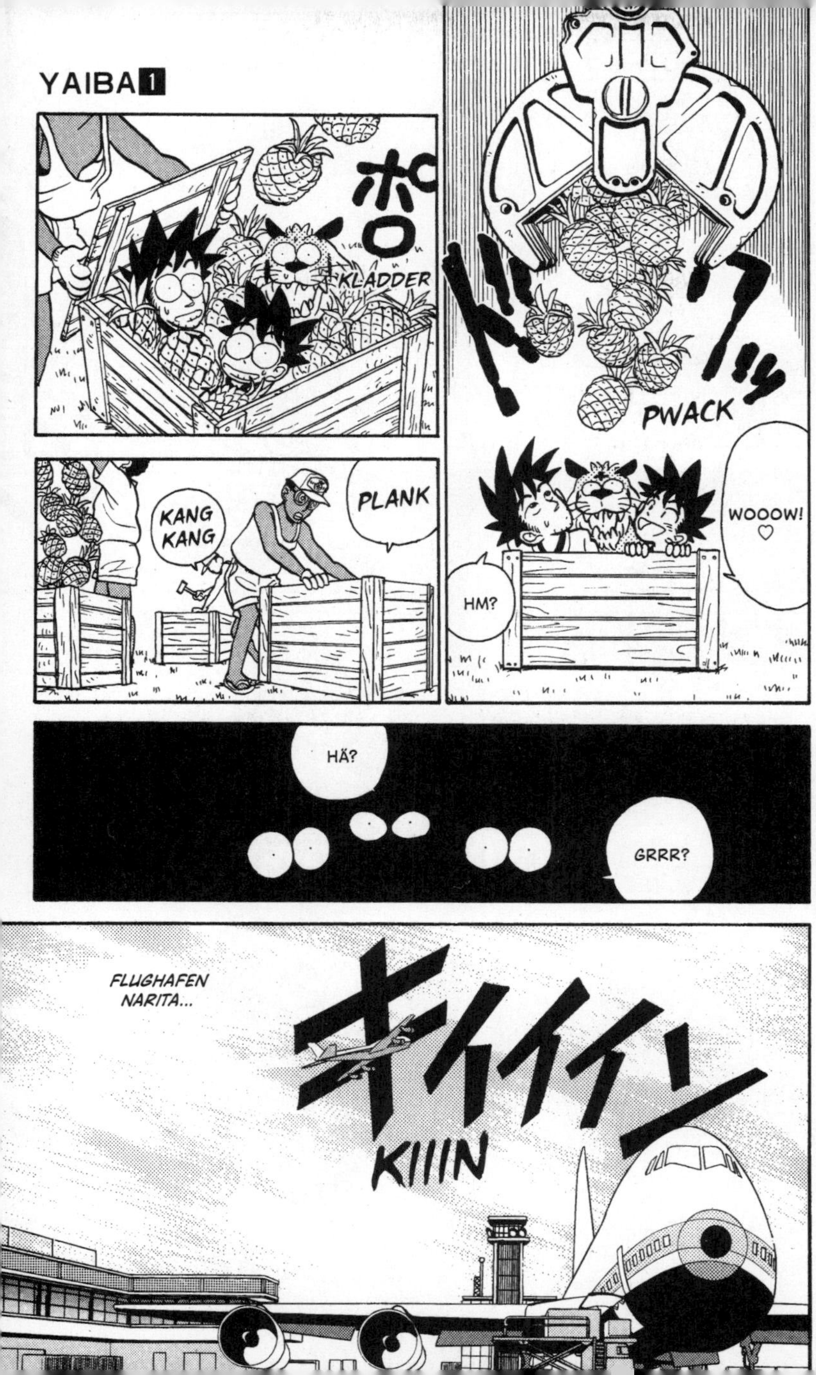
PWACK
KLADDER
WOOOW! ♡
HM?
PLANK
KANG KANG
HÄ?
GRRR?
FLUGHAFEN NARITA...
KIIIN

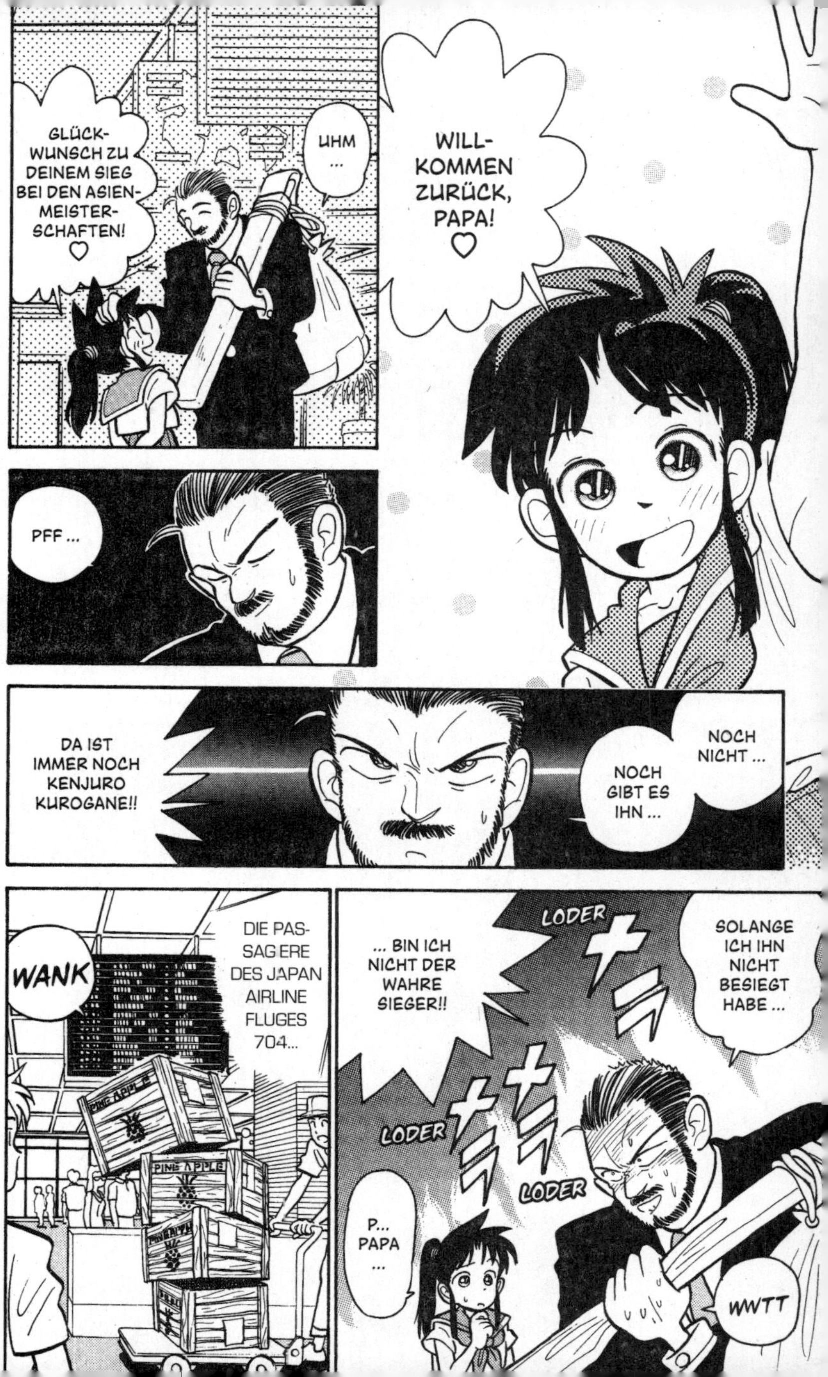
WILL-KOMMEN ZURÜCK, PAPA! ♡
GLÜCK-WUNSCH ZU DEINEM SIEG BEI DEN ASIEN-MEISTER-SCHAFTEN! ♡
UHM ...
PFF ...
NOCH NICHT ...
NOCH GIBT ES IHN ...
DA IST IMMER NOCH KENJURO KUROGANE!!
SOLANGE ICH IHN NICHT BESIEGT HABE ...
LODER
... BIN ICH NICHT DER WAHRE SIEGER!!
LODER
LODER
P... PAPA ...
WWTT
DIE PAS-SAG ERE DES JAPAN AIRLINE FLUGES 704...
WANK
PINE APPLE
PINE APPLE

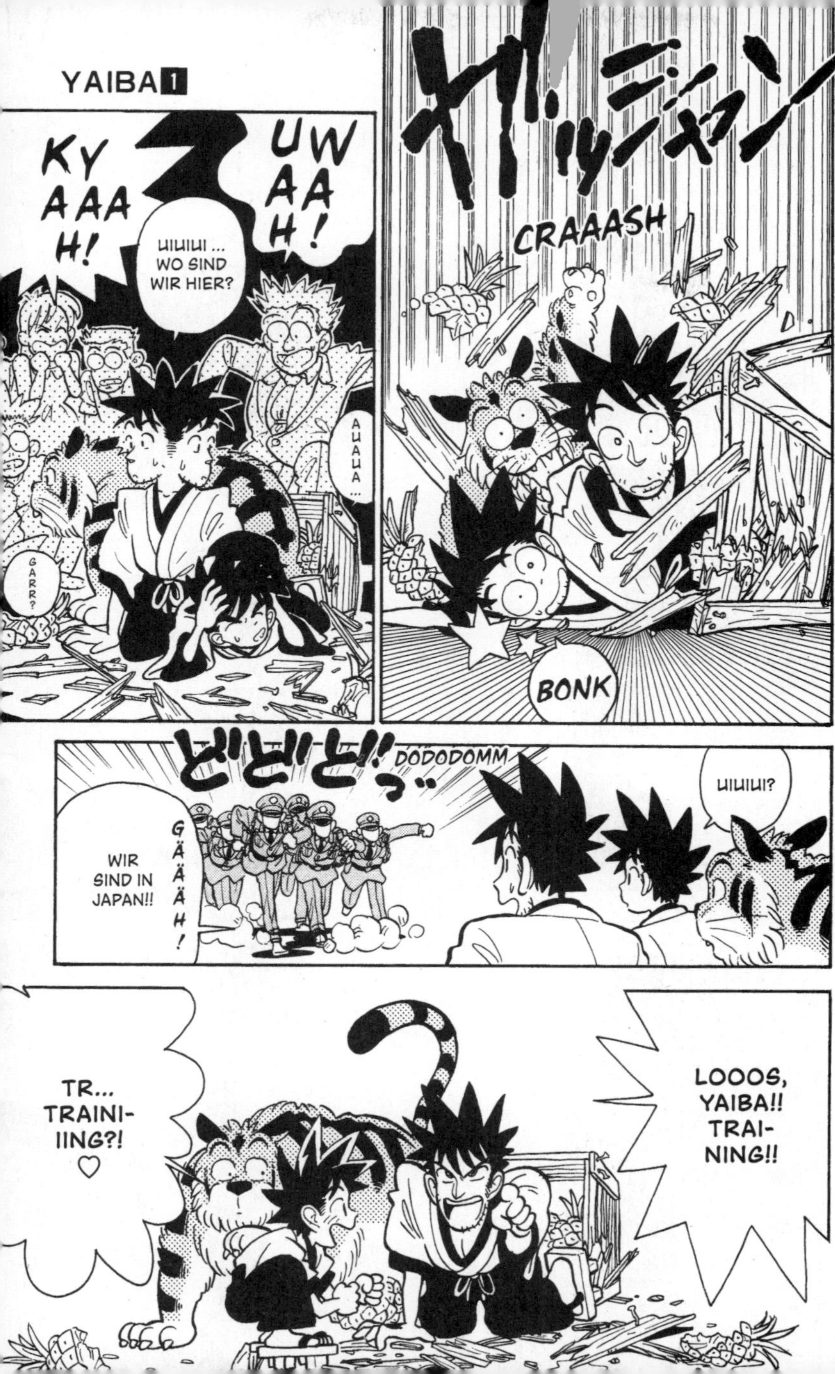
CRAAASH
BONK
UWAAH!
KYAAAH!
UIUIUI ... WO SIND WIR HIER?
AUAUA ...
GARR?
DODODOMM
UIUIUI?
GÄÄÄH!
WIR SIND IN JAPAN!!
LOOOS, YAIBA!! TRAI-NING!!
TR... TRAINI-IING?! ♡

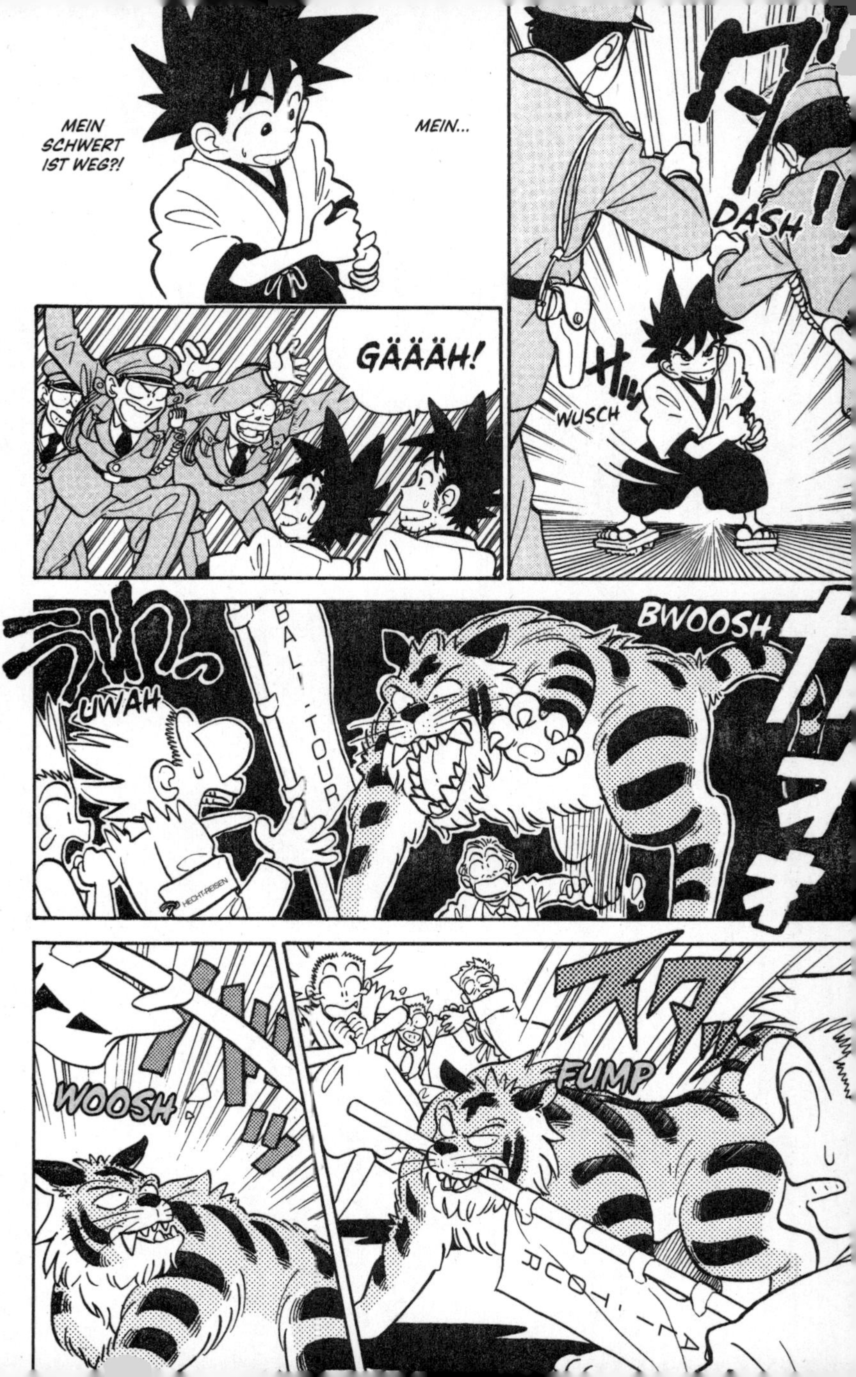
DASH
WUSCH
MEIN...
MEIN SCHWERT IST WEG?!
GÄÄÄH!
BWOOSH
BALI-TOUR
UWAH
HECHT-REISEN
FUMP
WOOSH

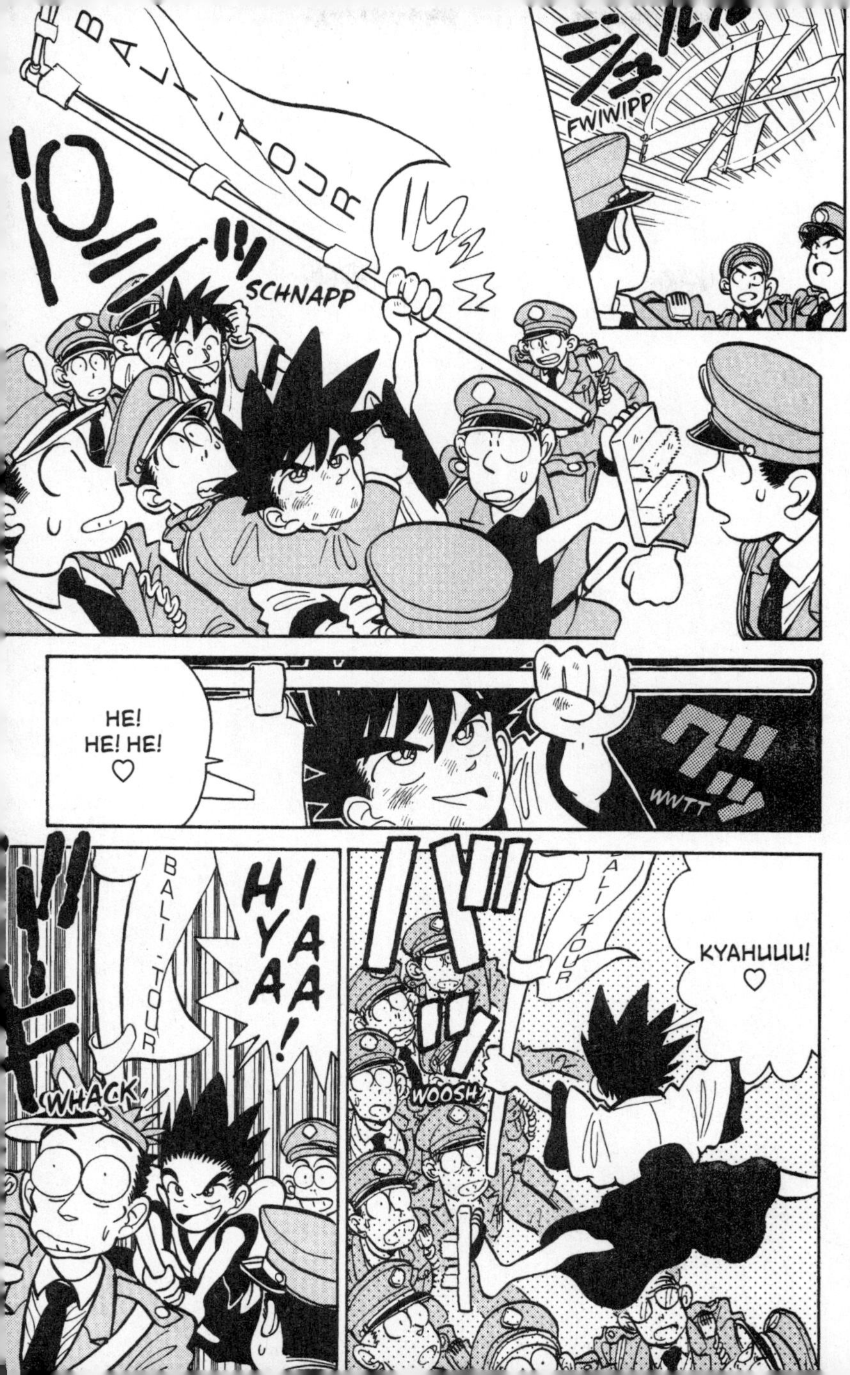
FWIWIPP
BALI-TOUR
SCHNAPP
HE! HE! HE! ♡
WWTT
KYAHUUU! ♡
BALI-TOUR
WOOSH
BALI-TOUR
HIYAAA!
WHACK

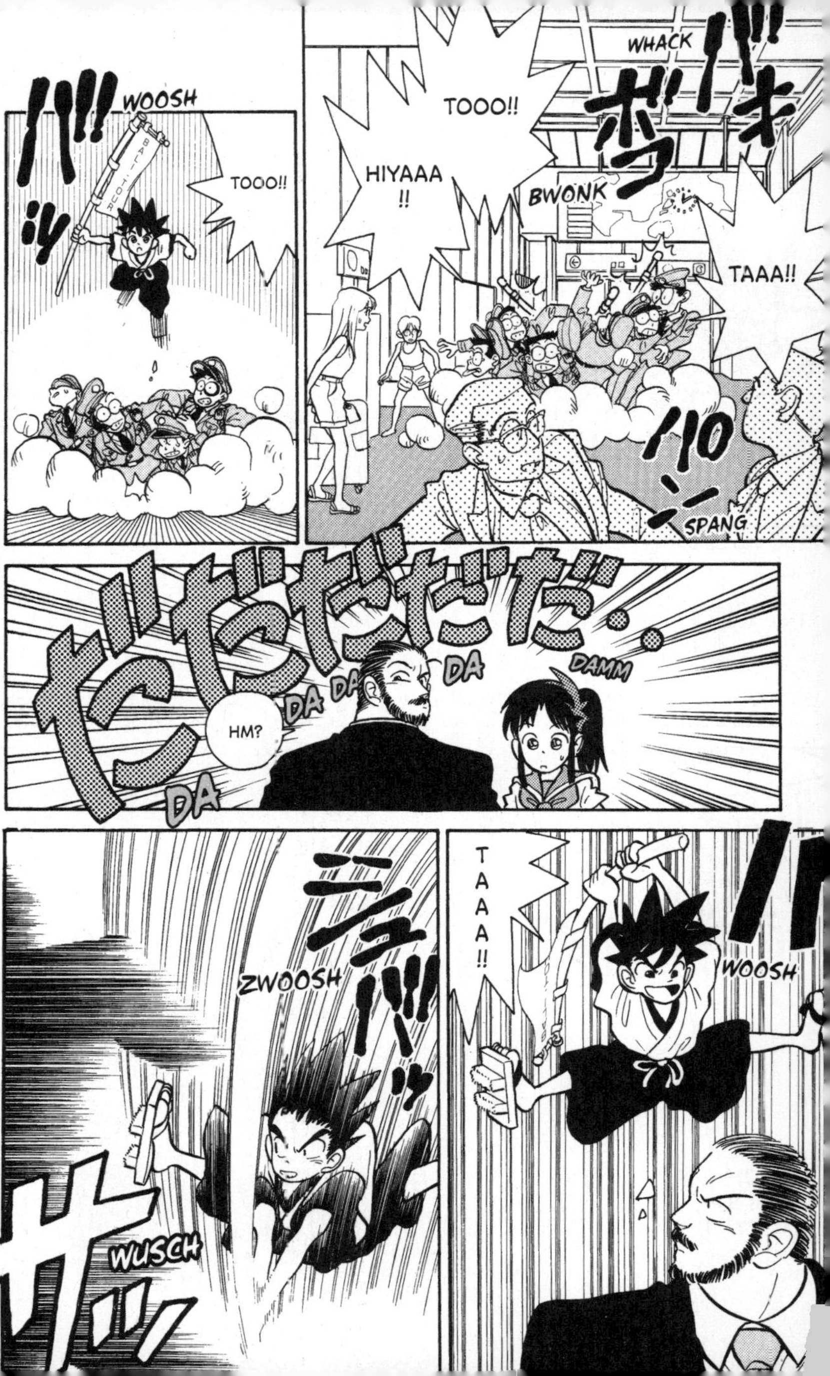

WHACK
BWONK
TOOO!!
HIYAAA !!
TAAA!!
SPANG
WOOSH
TOOO!!
BALI-TOUR
DA
DA
DA
DAMM
HM?
DA
TAAAA!!
WOOSH
ZWOOSH
WUSCH

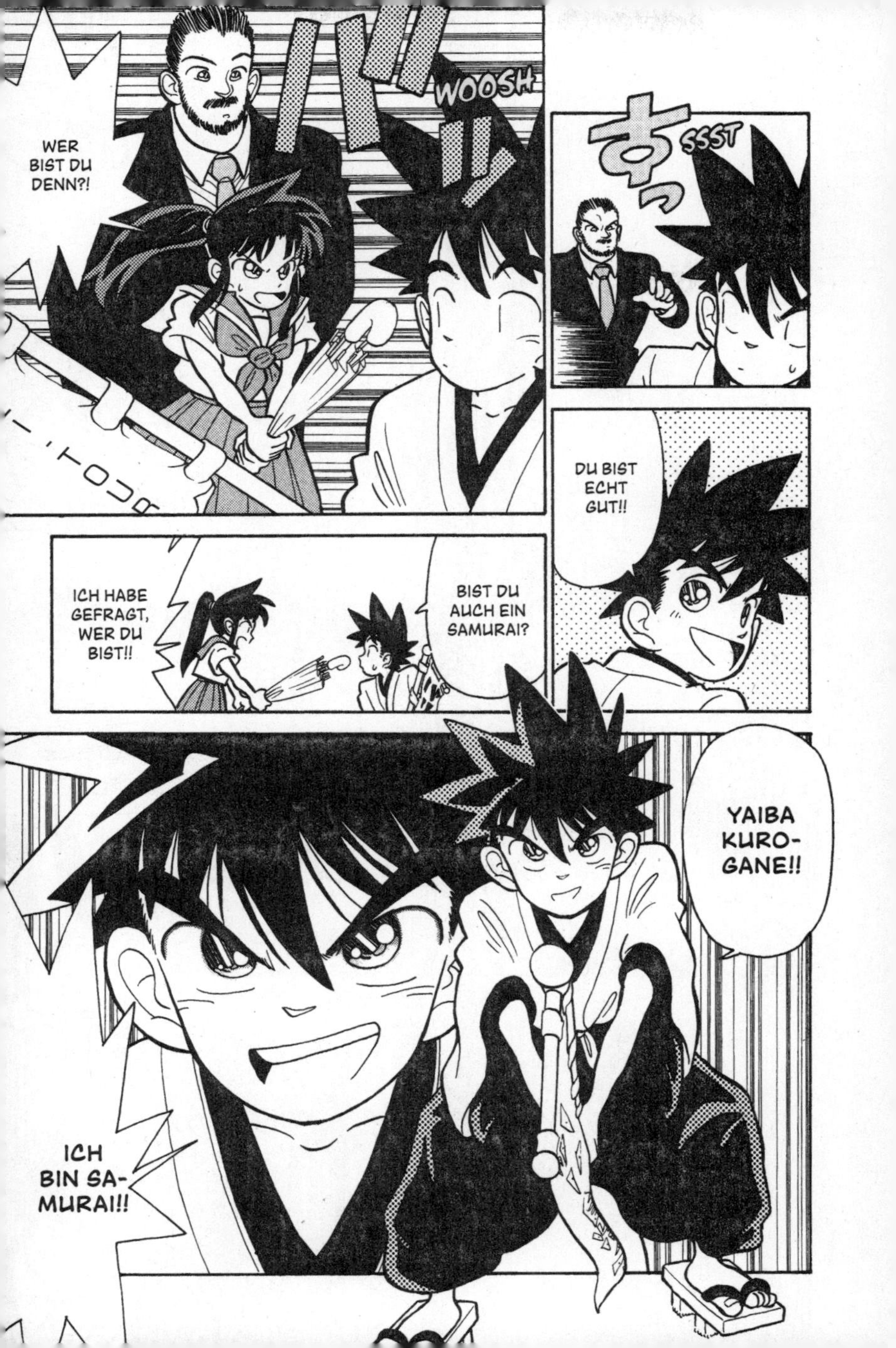

WOOSH
WER BIST DU DENN?!
SSST
DU BIST ECHT GUT!!
BIST DU AUCH EIN SAMURAI?
ICH HABE GEFRAGT, WER DU BIST!!
YAIBA KURO-GANE!!
ICH BIN SA-MURAI!!

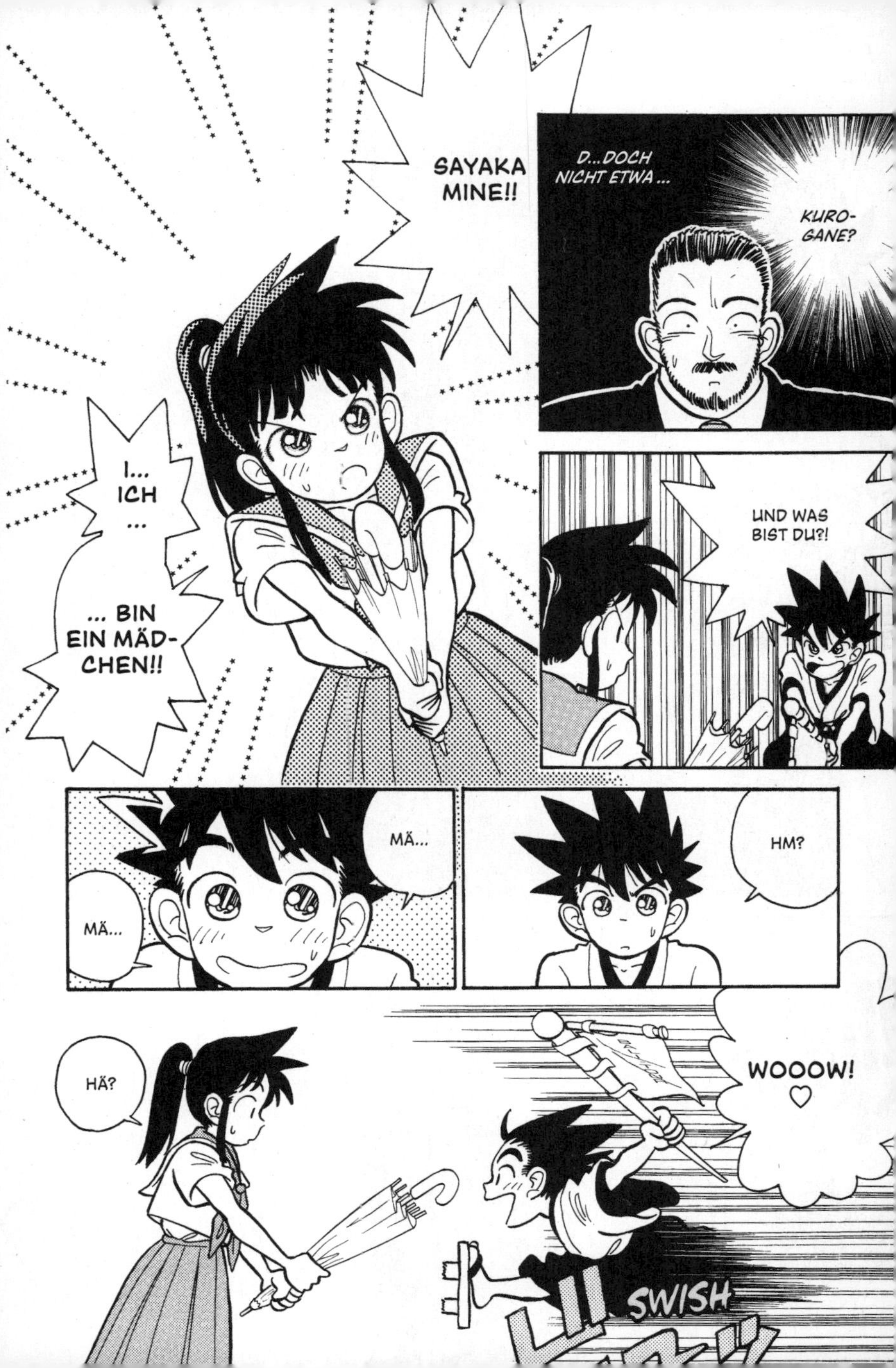
D...DOCH NICHT ETWA ...
KURO-GANE?
SAYAKA MINE!!
UND WAS BIST DU?!
I... ICH ...
... BIN EIN MÄDCHEN!!
HM?
MÄ...
MÄ...
WOOOW! ♡
HÄ?
SWISH

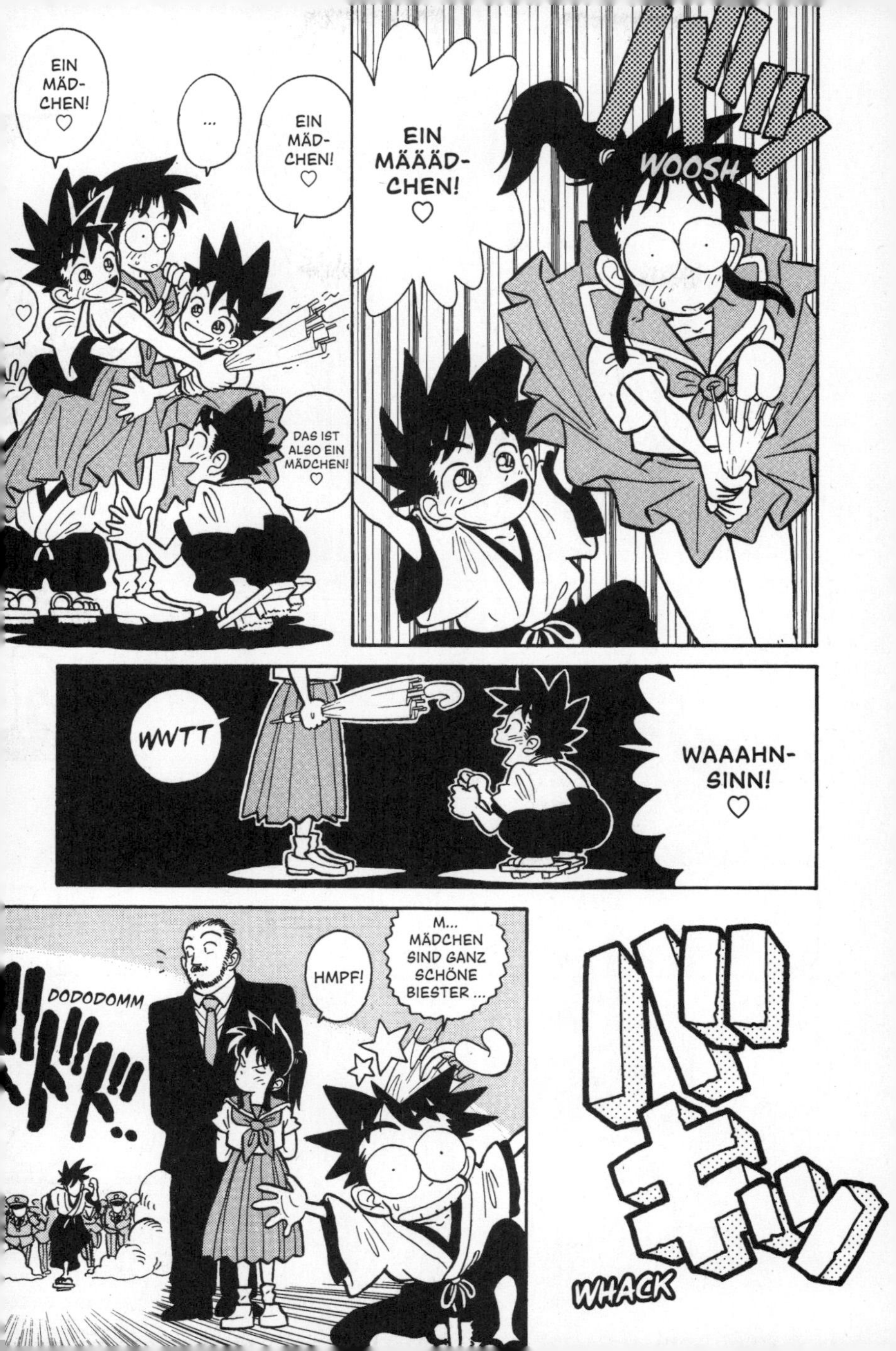

EIN MÄÄÄD-CHEN! ♡
WOOSH
EIN MÄD-CHEN! ♡
...
EIN MÄD-CHEN! ♡
DAS IST ALSO EIN MÄDCHEN! ♡
WAAAHN-SINN! ♡
WWTT
WHACK
M... MÄDCHEN SIND GANZ SCHÖNE BIESTER ...
HMPF!
DODODOMM

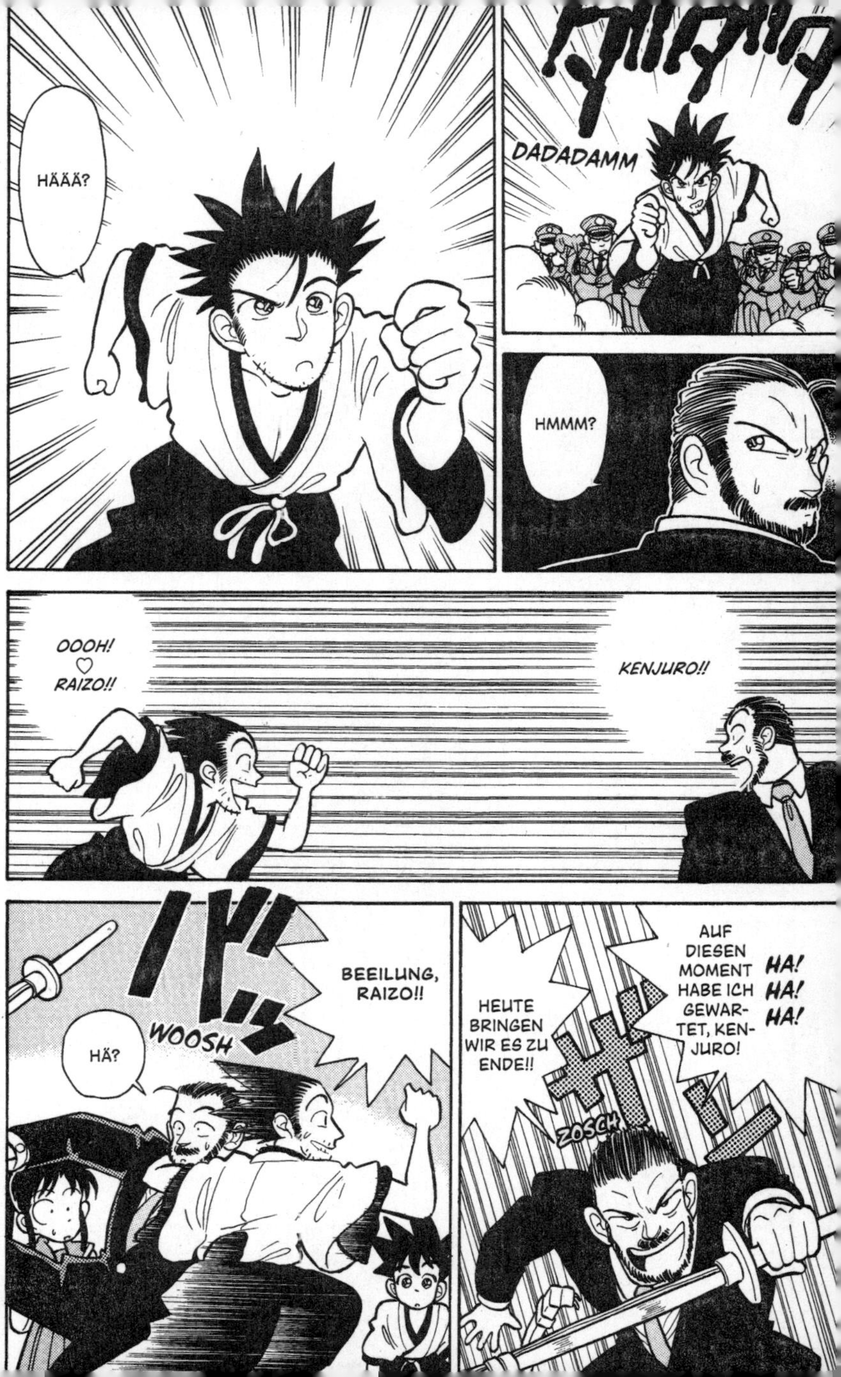
DADADAMM
HÄÄÄ?
HMMM?
KENJURO!!
OOOH! ♡ RAIZO!!
AUF DIESEN MOMENT HABE ICH GEWARTET, KENJURO!
HA! HA! HA!
HEUTE BRINGEN WIR ES ZU ENDE!!
ZOSCH
BEEILUNG, RAIZO!!
WOOSH
HÄ?

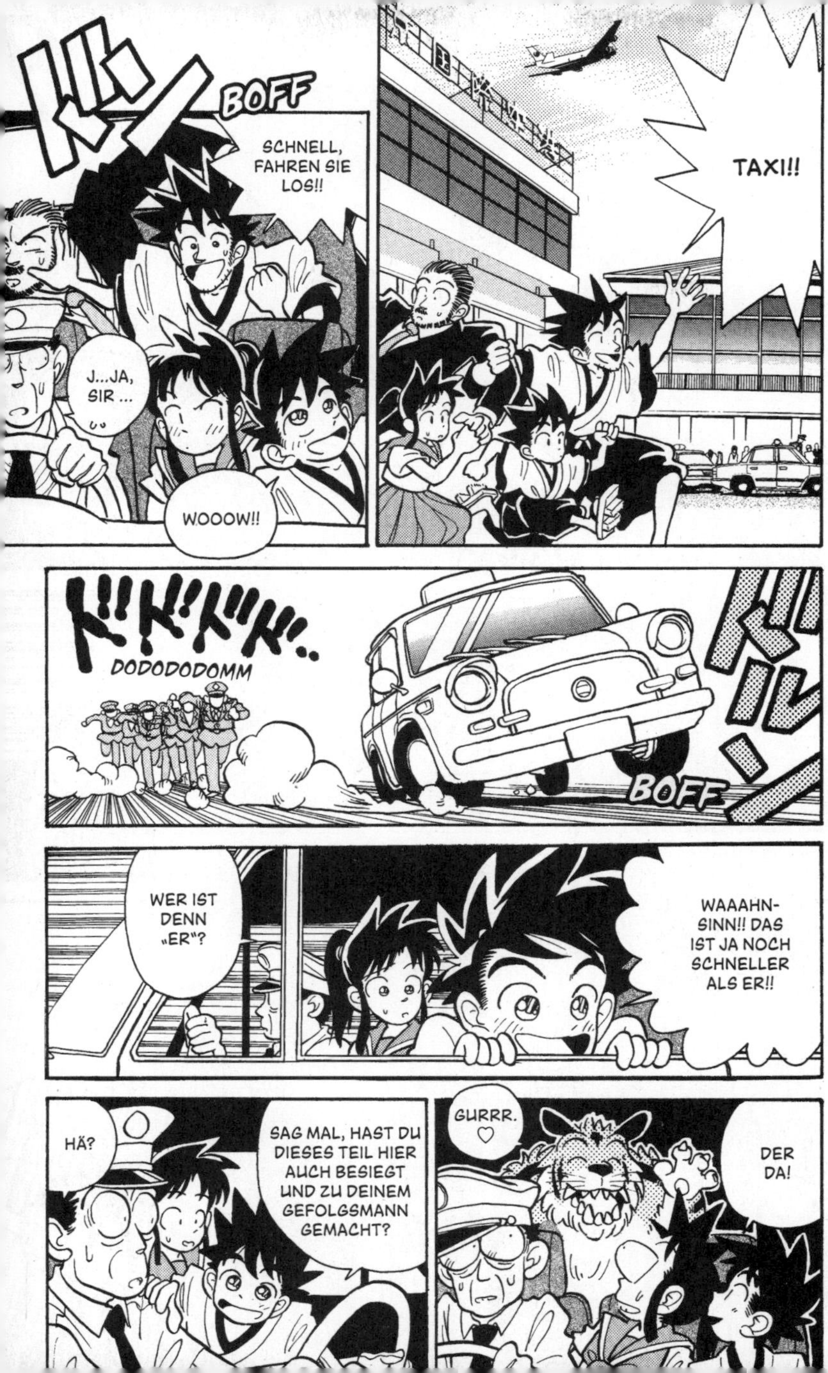

TAXI!!
BOFF
SCHNELL, FAHREN SIE LOS!!
J...JA, SIR ...
WOOOW!!
DODODODOMM
BOFF
WAAAHN-SINN!! DAS IST JA NOCH SCHNELLER ALS ER!!
WER IST DENN „ER"?
DER DA!
GURRR. ♡
SAG MAL, HAST DU DIESES TEIL HIER AUCH BESIEGT UND ZU DEINEM GEFOLGSMANN GEMACHT?
HÄ?

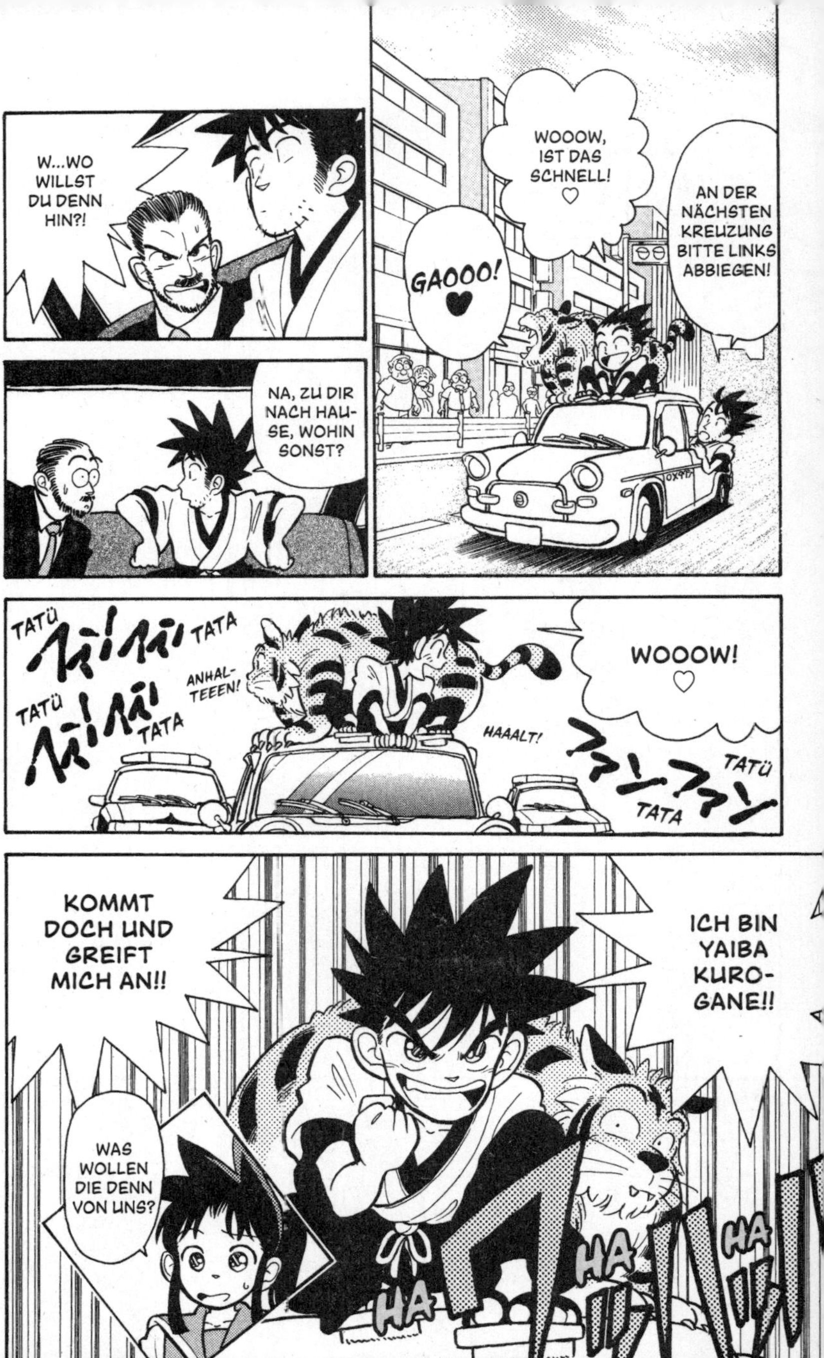
AN DER NÄCHSTEN KREUZUNG BITTE LINKS ABBIEGEN!
WOOOW, IST DAS SCHNELL! ♡
GAOOO! ♥
W...WO WILLST DU DENN HIN?!
NA, ZU DIR NACH HAUSE, WOHIN SONST?
WOOOW! ♡
TATÜ TATA
HAAALT!
ファンファン
ANHALTEEEN!
TATÜ TATA
TATÜ TATA
ICH BIN YAIBA KUROGANE!!
KOMMT DOCH UND GREIFT MICH AN!!
WAS WOLLEN DIE DENN VON UNS?
HA HA HA

KAPITEL 2:
ICH BLEIB ERST MAL HIER

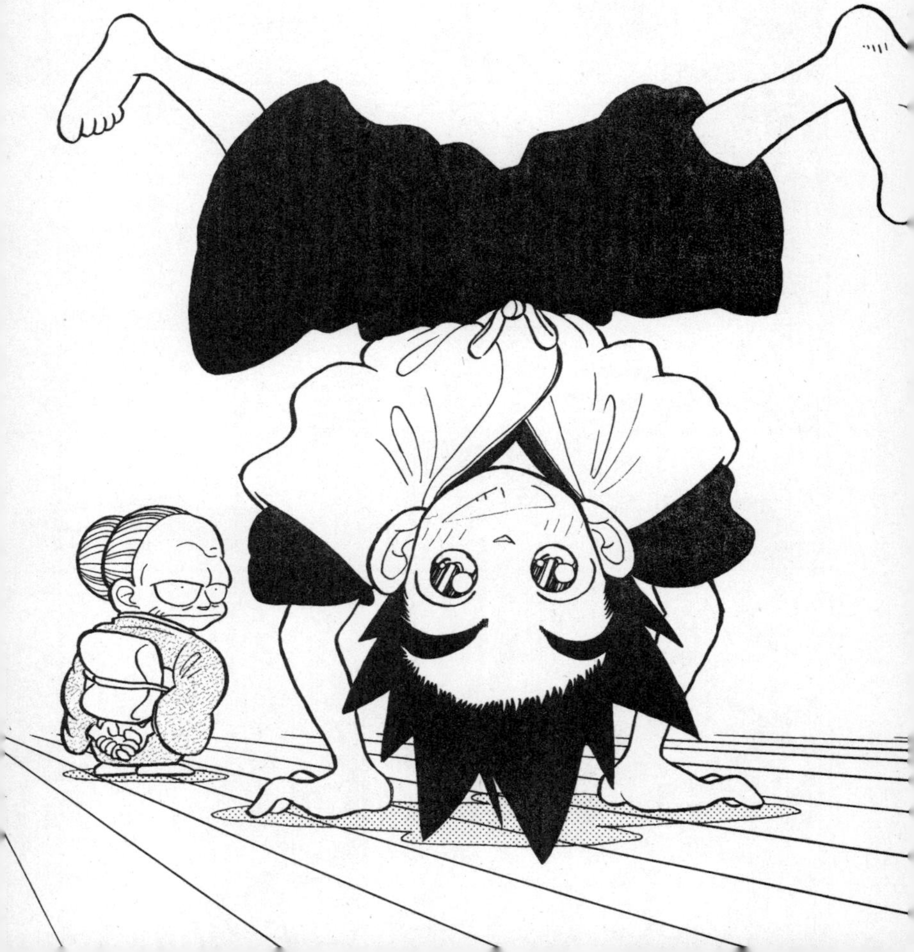

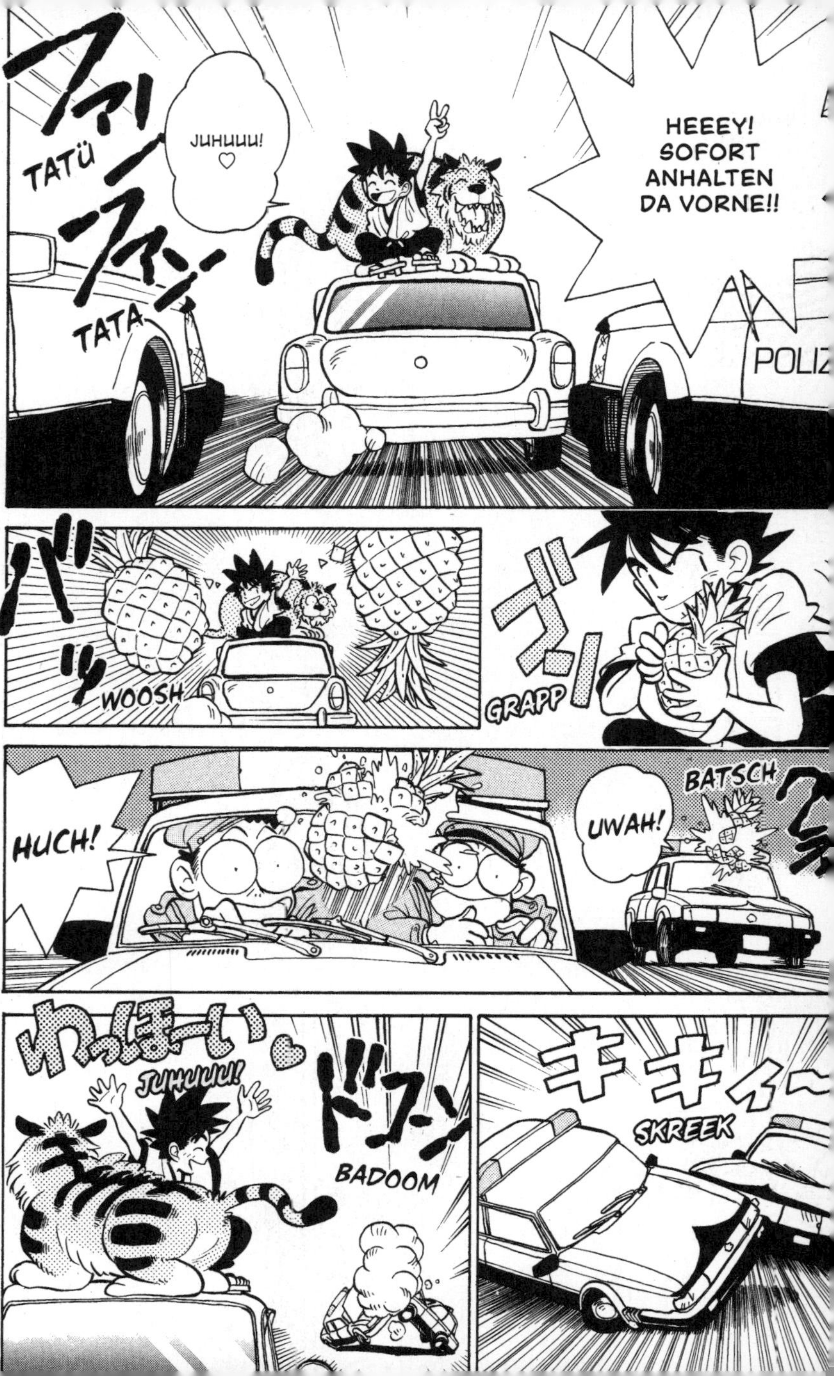
HEEEY! SOFORT ANHALTEN DA VORNE!!
JUHUUU! ♡
TATÜ
TATA
POLIZ
GRAPP
WOOSH
BATSCH
UWAH!
HUCH!
SKREEK
BADOOM
JUHUUU!

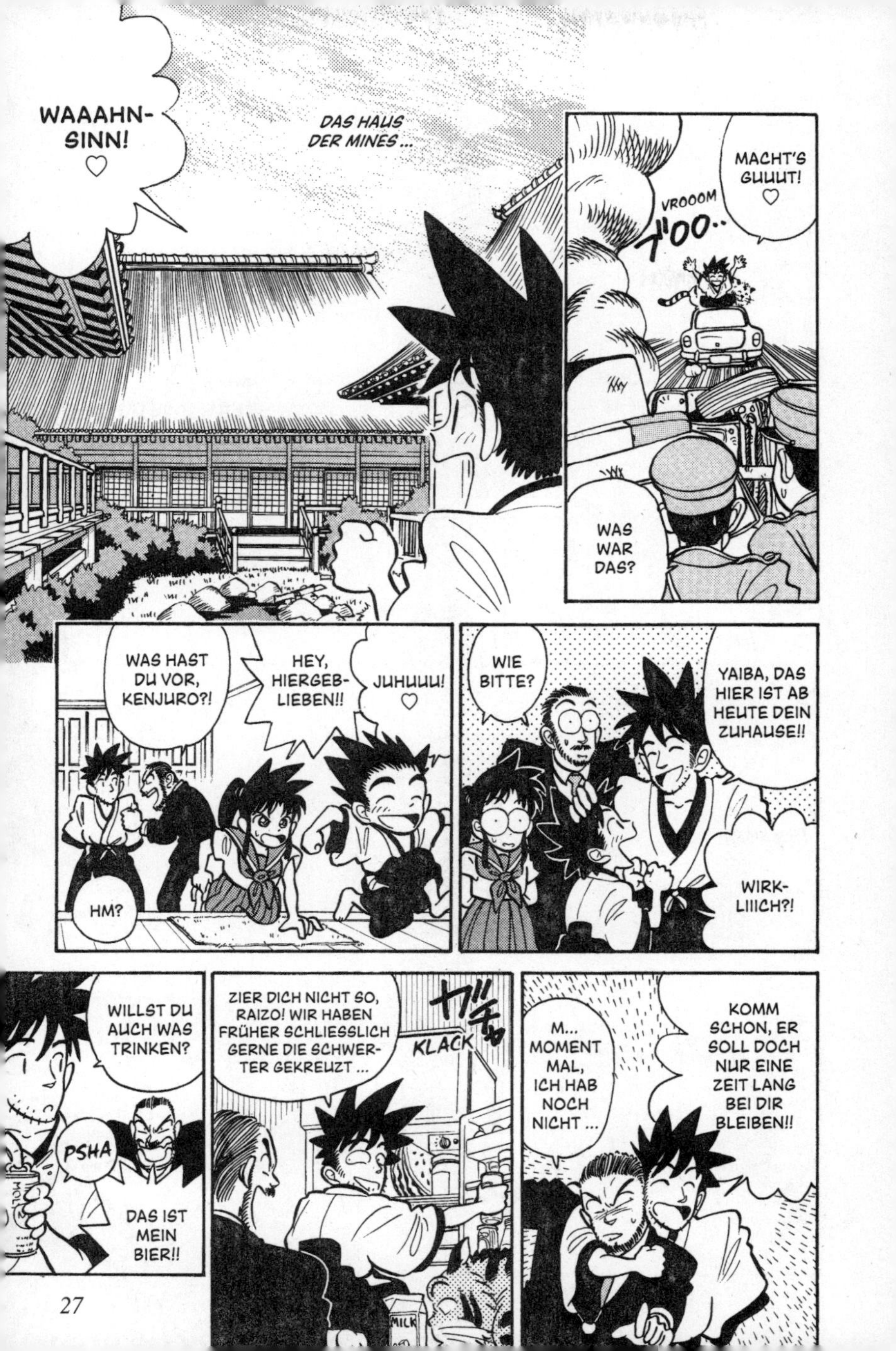
MACHT'S GUUUT! ♡
VROOOM
WAS WAR DAS?
DAS HAUS DER MINES ...
WAAAHN-SINN! ♡
YAIBA, DAS HIER IST AB HEUTE DEIN ZUHAUSE!!
WIE BITTE?
WIRK-LIIICH?!
JUHUUU! ♡
HEY, HIERGEB-LIEBEN!!
WAS HAST DU VOR, KENJURO?!
HM?
KOMM SCHON, ER SOLL DOCH NUR EINE ZEIT LANG BEI DIR BLEIBEN!!
M... MOMENT MAL, ICH HAB NOCH NICHT ...
ZIER DICH NICHT SO, RAIZO! WIR HABEN FRÜHER SCHLIESSLICH GERNE DIE SCHWER-TER GEKREUZT ...
KLACK
WILLST DU AUCH WAS TRINKEN?
PSHA
DAS IST MEIN BIER!!

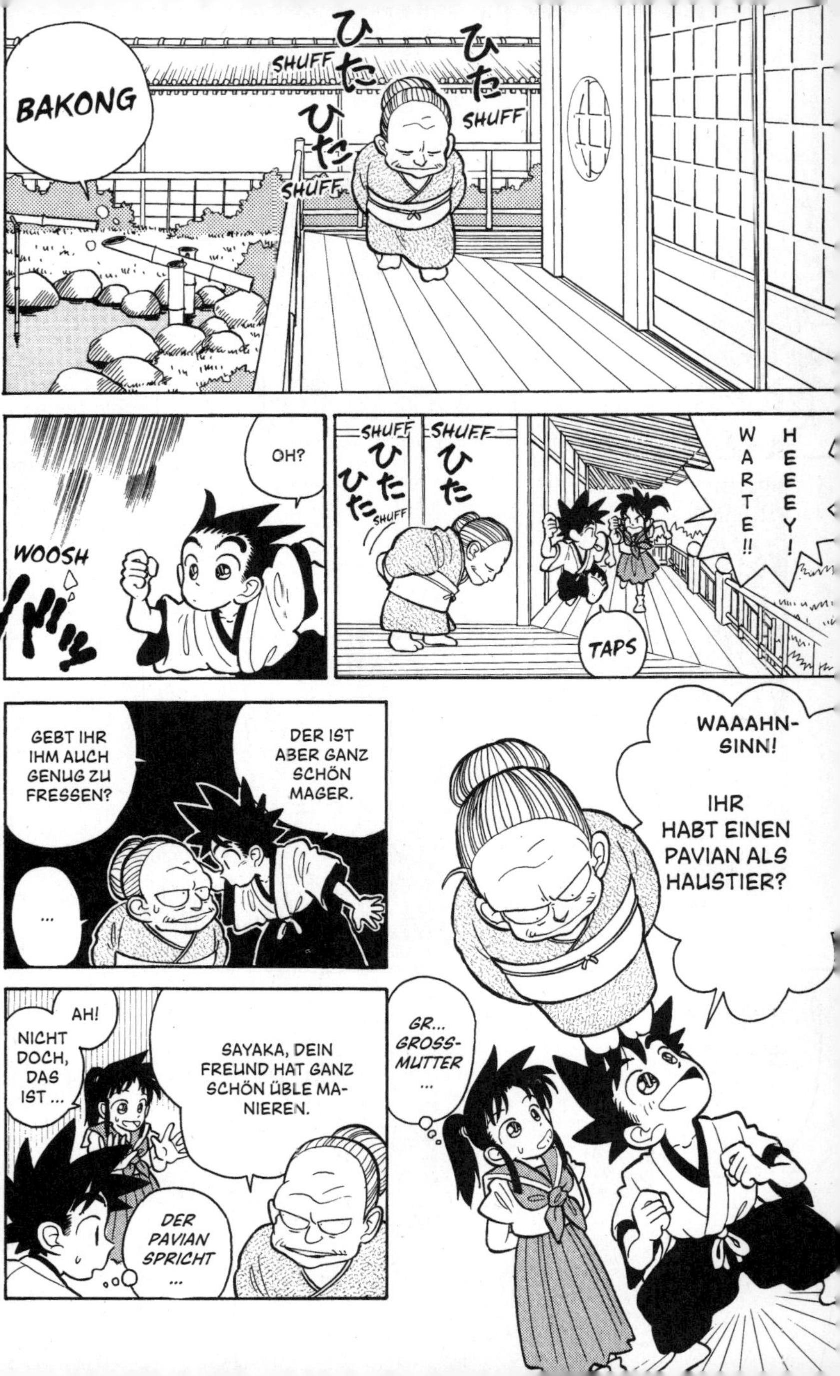
ひた ひた
SHUFF
SHUFF
ひた ひた
SHUFF
BAKONG
HEEEY!
WARTE!!
SHUFF
SHUFF
ひた ひた
ひた
SHUFF
TAPS
OH?
WOOSH
WAAAHN-SINN!
IHR HABT EINEN PAVIAN ALS HAUSTIER?
DER IST ABER GANZ SCHÖN MAGER.
GEBT IHR IHM AUCH GENUG ZU FRESSEN?
...
GR... GROSS-MUTTER ...
SAYAKA, DEIN FREUND HAT GANZ SCHÖN ÜBLE MA-NIEREN.
AH! NICHT DOCH, DAS IST ...
DER PAVIAN SPRICHT ...

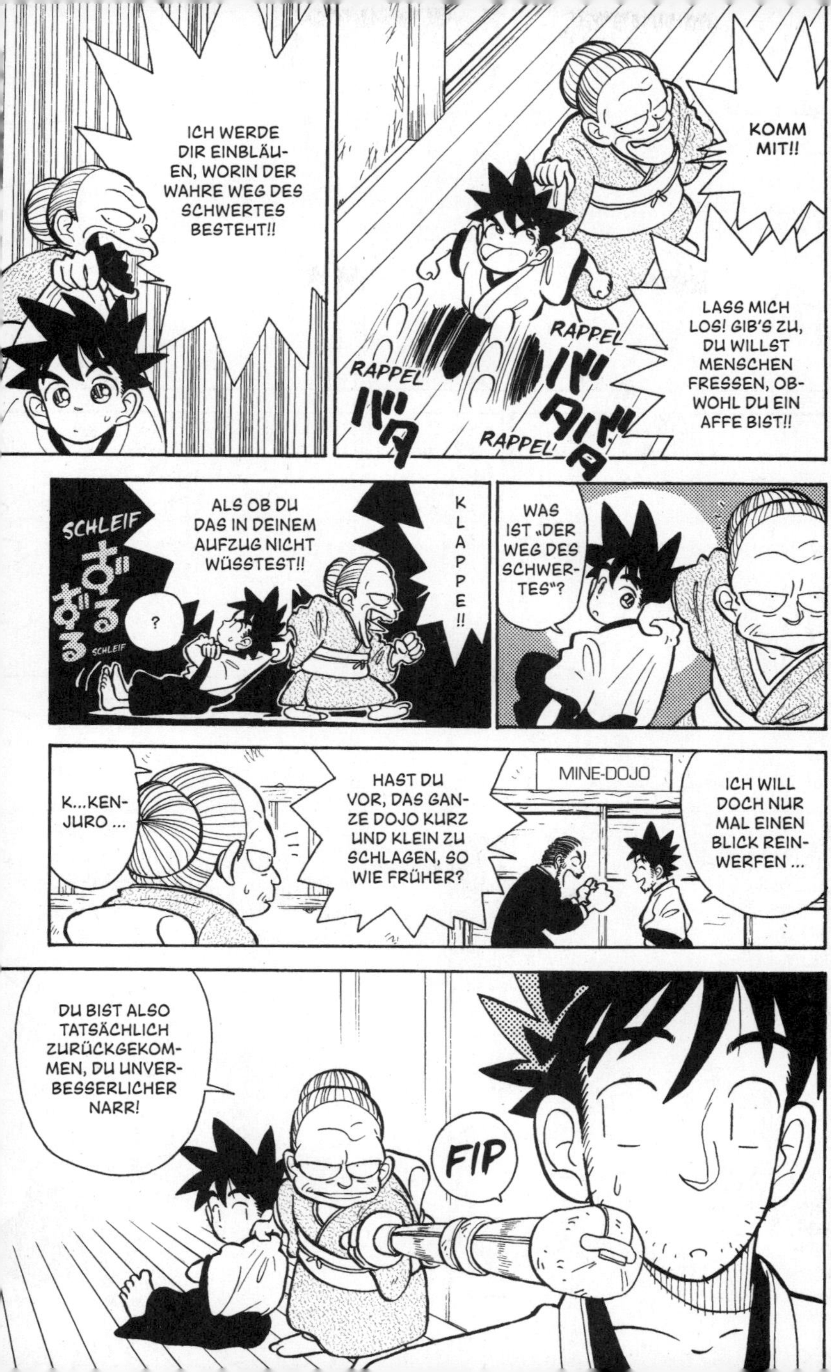

KOMM MIT!!
LASS MICH LOS! GIB'S ZU, DU WILLST MENSCHEN FRESSEN, OBWOHL DU EIN AFFE BIST!!
RAPPEL
バタバタ
RAPPEL
RAPPEL
バタ
ICH WERDE DIR EINBLÄUEN, WORIN DER WAHRE WEG DES SCHWERTES BESTEHT!!
WAS IST „DER WEG DES SCHWERTES"?
ALS OB DU DAS IN DEINEM AUFZUG NICHT WÜSSTEST!!
KLAPPE!!
?
SCHLEIF
ずるずる
SCHLEIF
ICH WILL DOCH NUR MAL EINEN BLICK REINWERFEN ...
MINE-DOJO
HAST DU VOR, DAS GANZE DOJO KURZ UND KLEIN ZU SCHLAGEN, SO WIE FRÜHER?
K...KENJURO ...
FIP
DU BIST ALSO TATSÄCHLICH ZURÜCKGEKOMMEN, DU UNVERBESSERLICHER NARR!

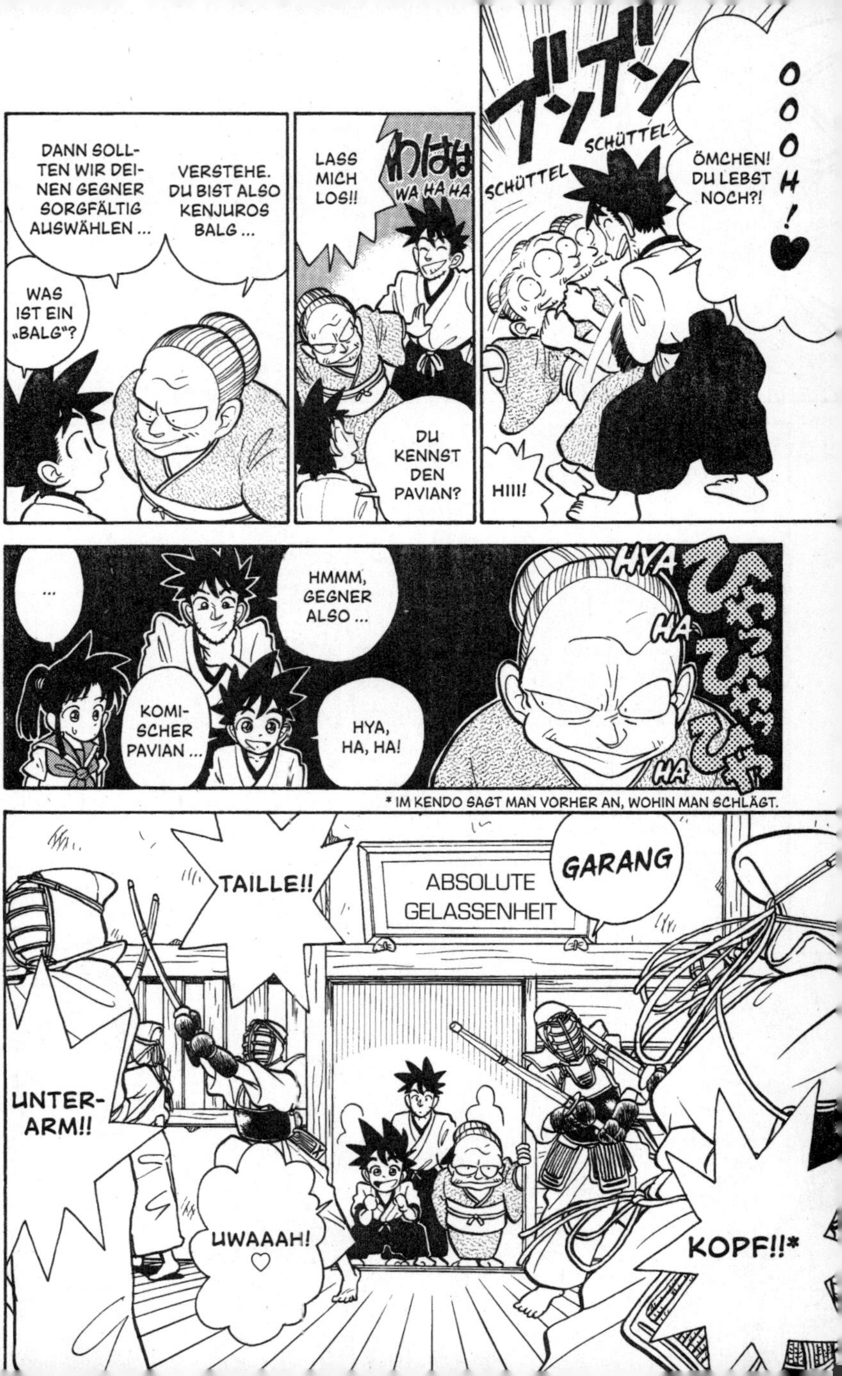

* IM KENDO SAGT MAN VORHER AN, WOHIN MAN SCHLÄGT.

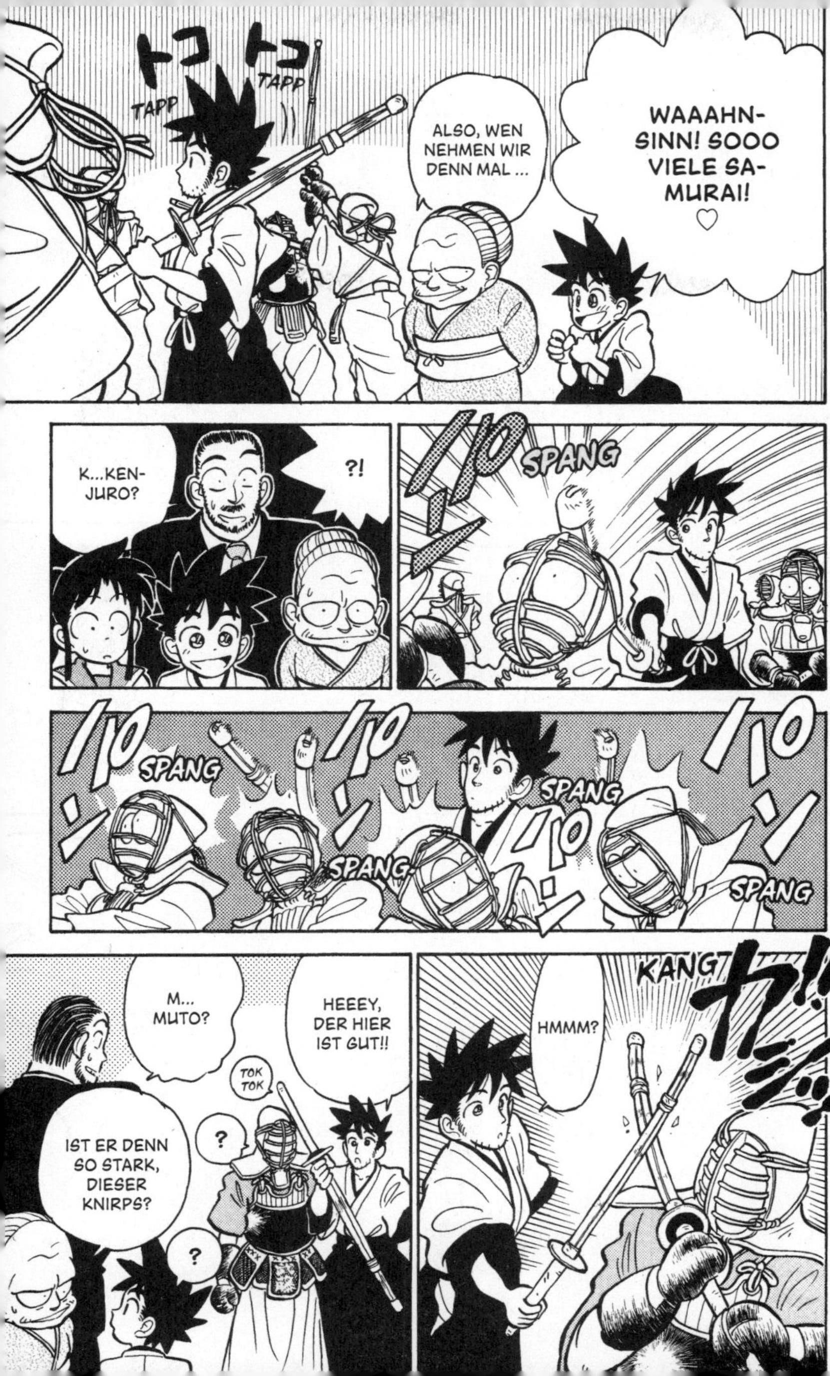
WAAAHN-SINN! SOOO VIELE SAMURAI! ♡
ALSO, WEN NEHMEN WIR DENN MAL ...
トコトコ
TAPP
TAPP
?!
K...KEN-JURO?
パーン
SPANG
パーン
SPANG
SPANG
SPANG
SPANG
HMMM?
KANG
カーン!!
HEEEY, DER HIER IST GUT!!
M... MUTO?
TOK TOK
?
IST ER DENN SO STARK, DIESER KNIRPS?
?

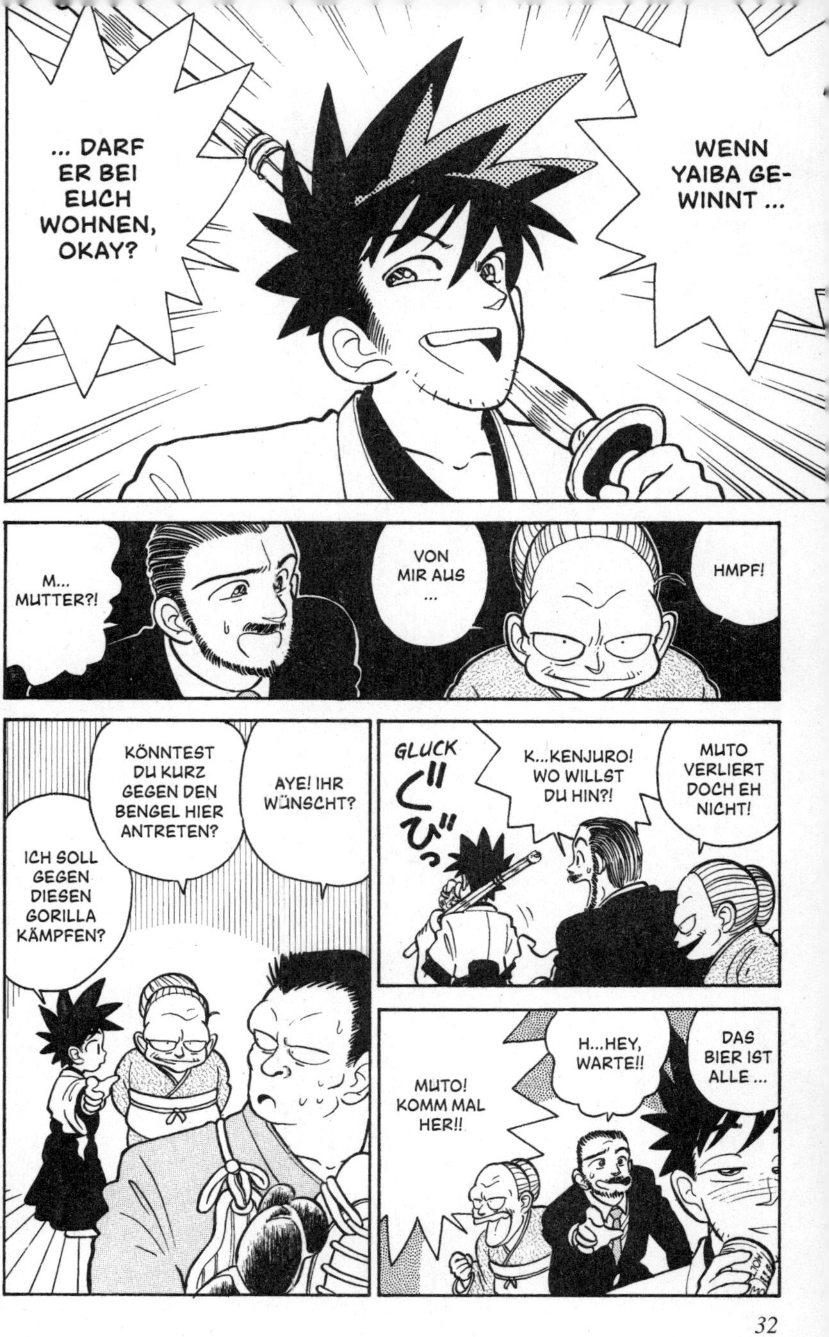
WENN YAIBA GE-WINNT ...
... DARF ER BEI EUCH WOHNEN, OKAY?
HMPF!
VON MIR AUS ...
M... MUTTER?!
MUTO VERLIERT DOCH EH NICHT!
K...KENJURO! WO WILLST DU HIN?!
GLUCK
DAS BIER IST ALLE ...
H...HEY, WARTE!!
MUTO! KOMM MAL HER!!
AYE! IHR WÜNSCHT?
KÖNNTEST DU KURZ GEGEN DEN BENGEL HIER ANTRETEN?
ICH SOLL GEGEN DIESEN GORILLA KÄMPFEN?

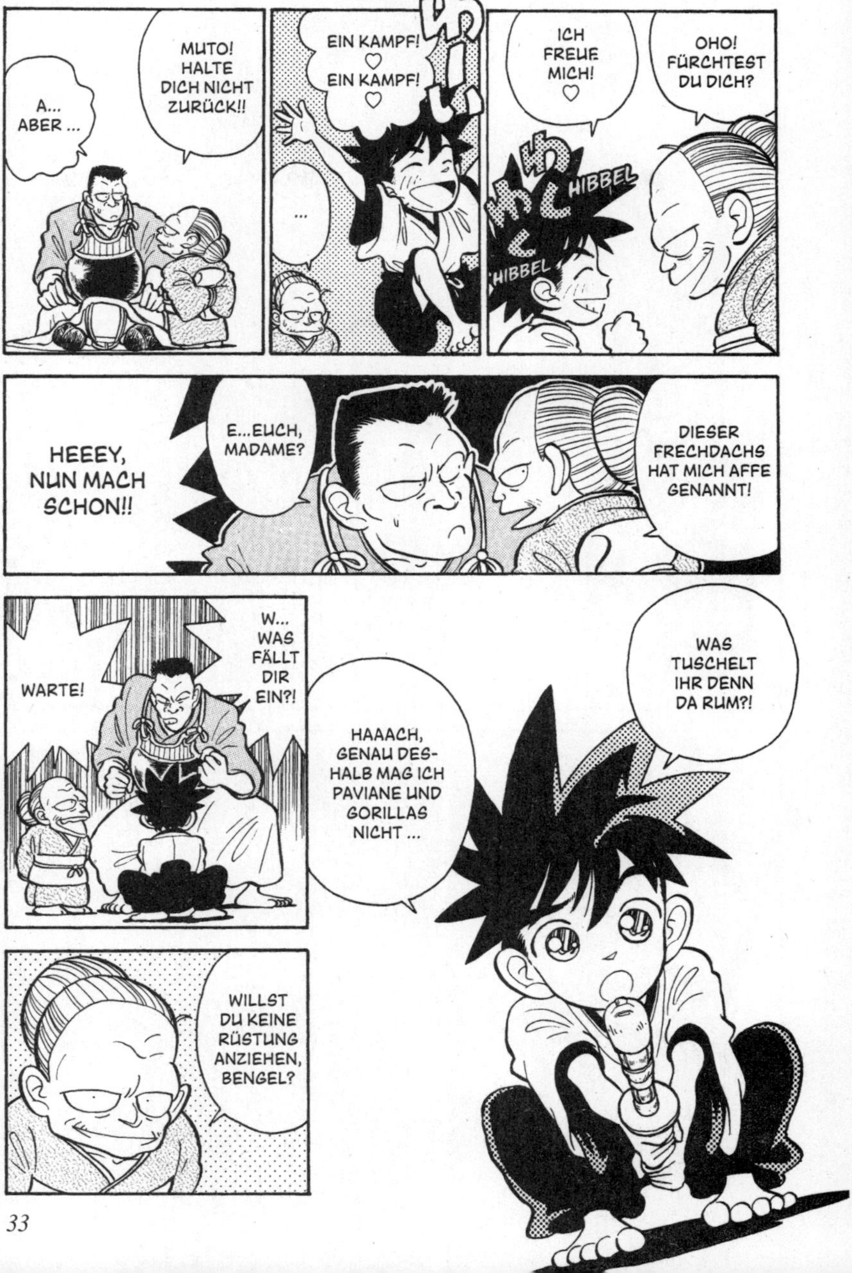
OHO! FÜRCHTEST DU DICH?
ICH FREUE MICH! ♡
HIBBEL
HIBBEL
EIN KAMPF! ♡ EIN KAMPF! ♡
YAAAY
...
MUTO! HALTE DICH NICHT ZURÜCK!!
A... ABER ...
DIESER FRECHDACHS HAT MICH AFFE GENANNT!
E...EUCH, MADAME?
HEEEY, NUN MACH SCHON!!
WAS TUSCHELT IHR DENN DA RUM?!
HAAACH, GENAU DESHALB MAG ICH PAVIANE UND GORILLAS NICHT ...
W... WAS FÄLLT DIR EIN?!
WARTE!
WILLST DU KEINE RÜSTUNG ANZIEHEN, BENGEL?

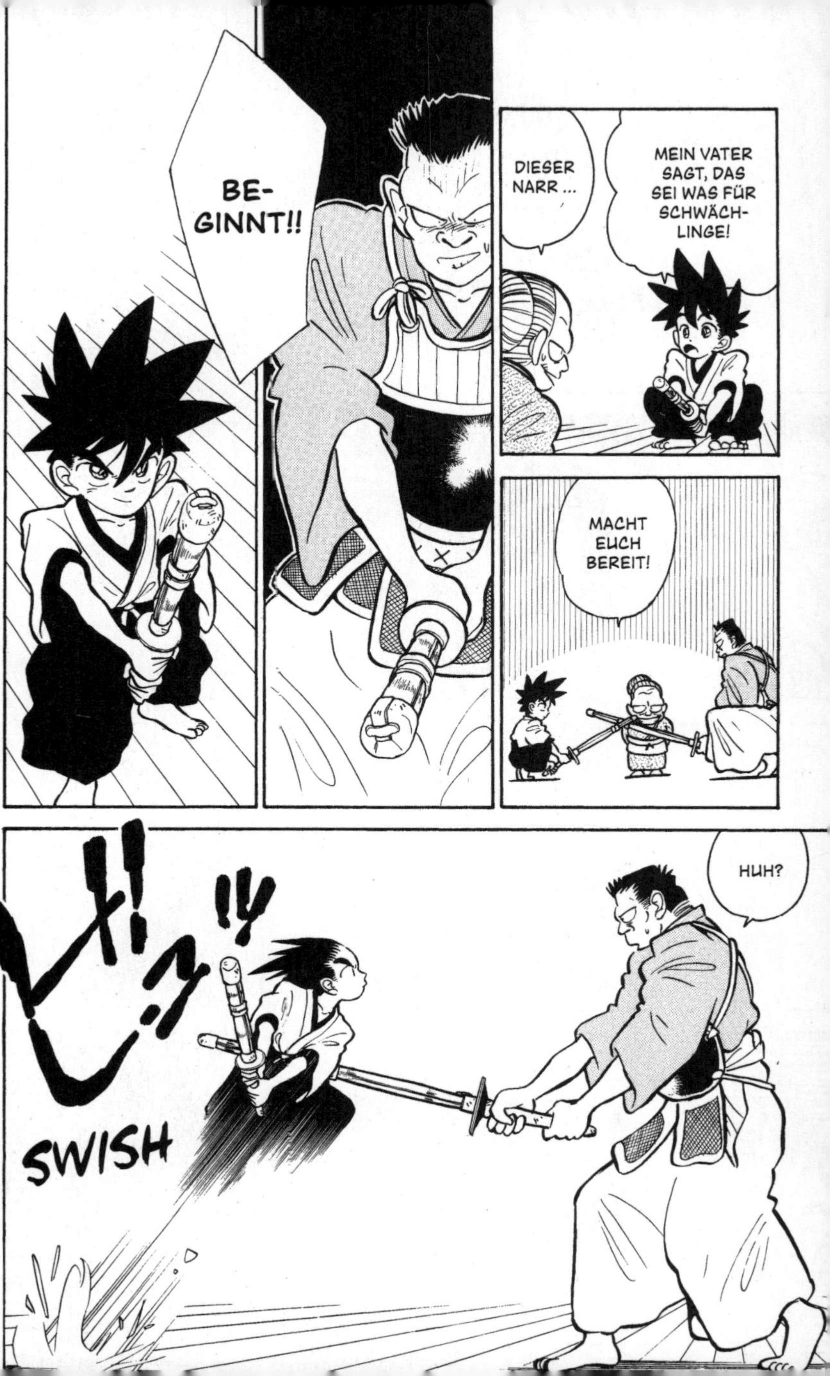
MEIN VATER SAGT, DAS SEI WAS FÜR SCHWÄCHLINGE!
DIESER NARR ...
MACHT EUCH BEREIT!
BE-GINNT!!
HUH?
SWISH

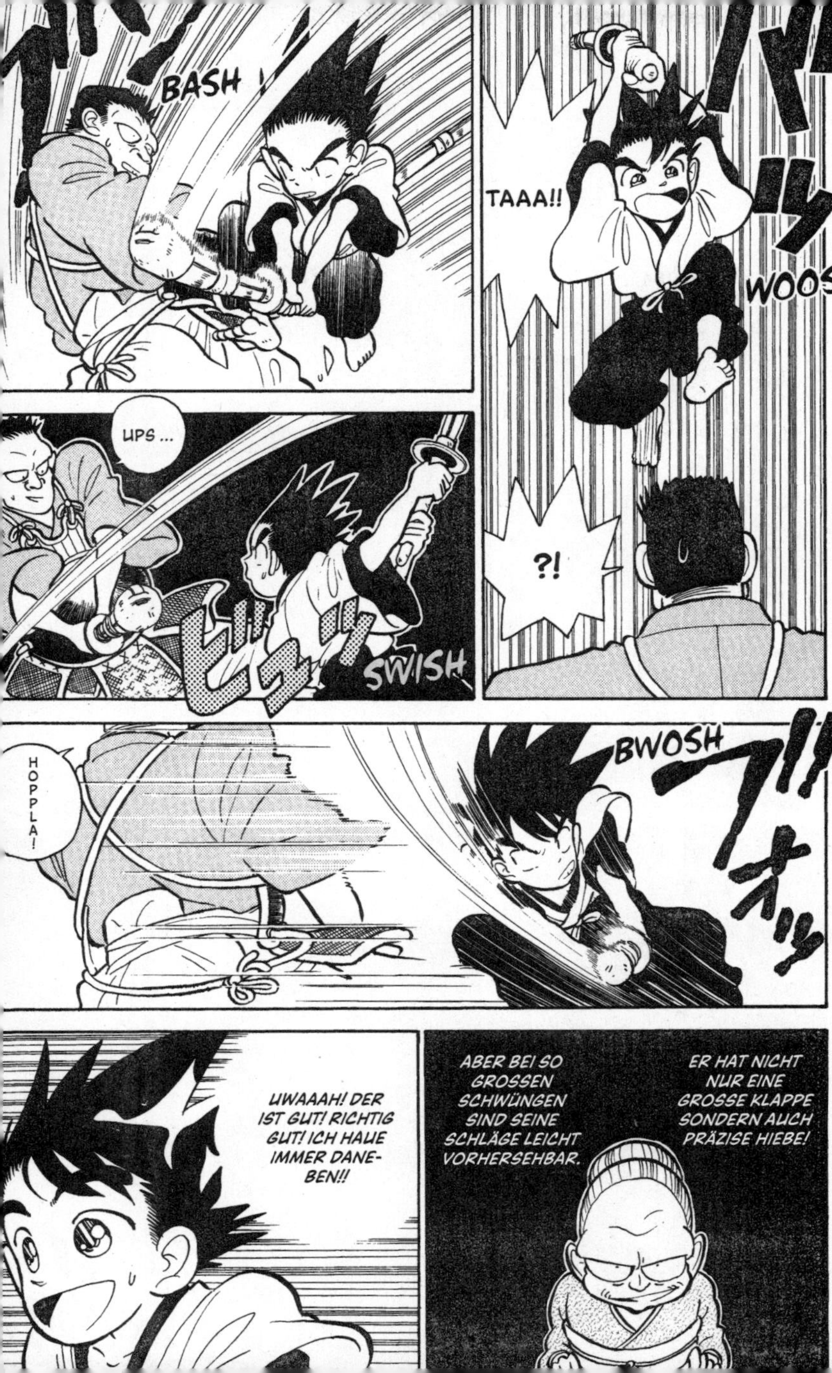

TAAA!!
WOOSH
?!
BASH
UPS ...
SWISH
BWOSH
HOPPLA!
ER HAT NICHT NUR EINE GROSSE KLAPPE SONDERN AUCH PRÄZISE HIEBE!
ABER BEI SO GROSSEN SCHWÜNGEN SIND SEINE SCHLÄGE LEICHT VORHERSEHBAR.
UWAAAH! DER IST GUT! RICHTIG GUT! ICH HAUE IMMER DANE-BEN!!

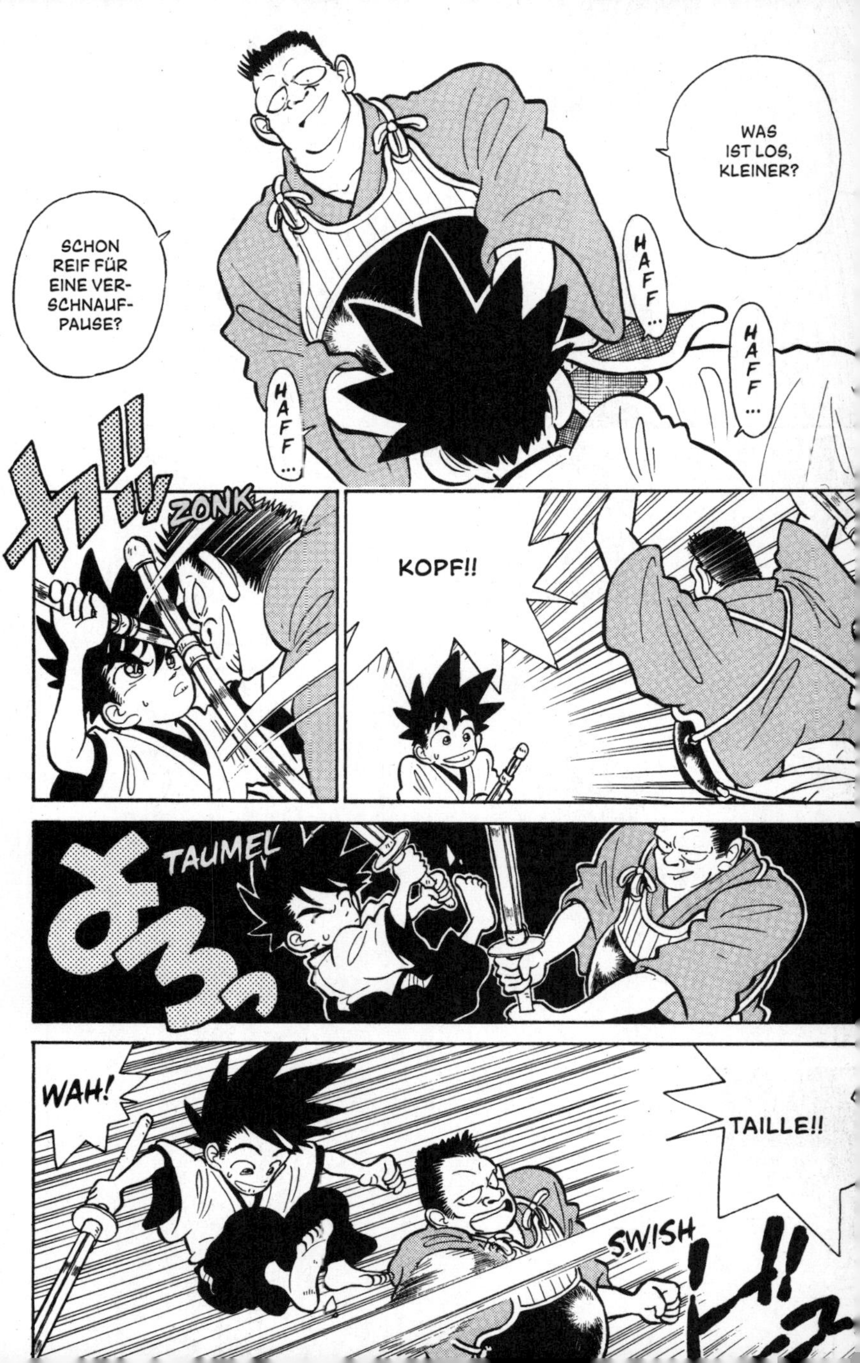
WAS IST LOS, KLEINER?
HAFF ...
HAFF ...
SCHON REIF FÜR EINE VERSCHNAUFPAUSE?
HAFF ...
KOPF!!
ZONK
TAUMEL
TAILLE!!
SWISH
WAH!

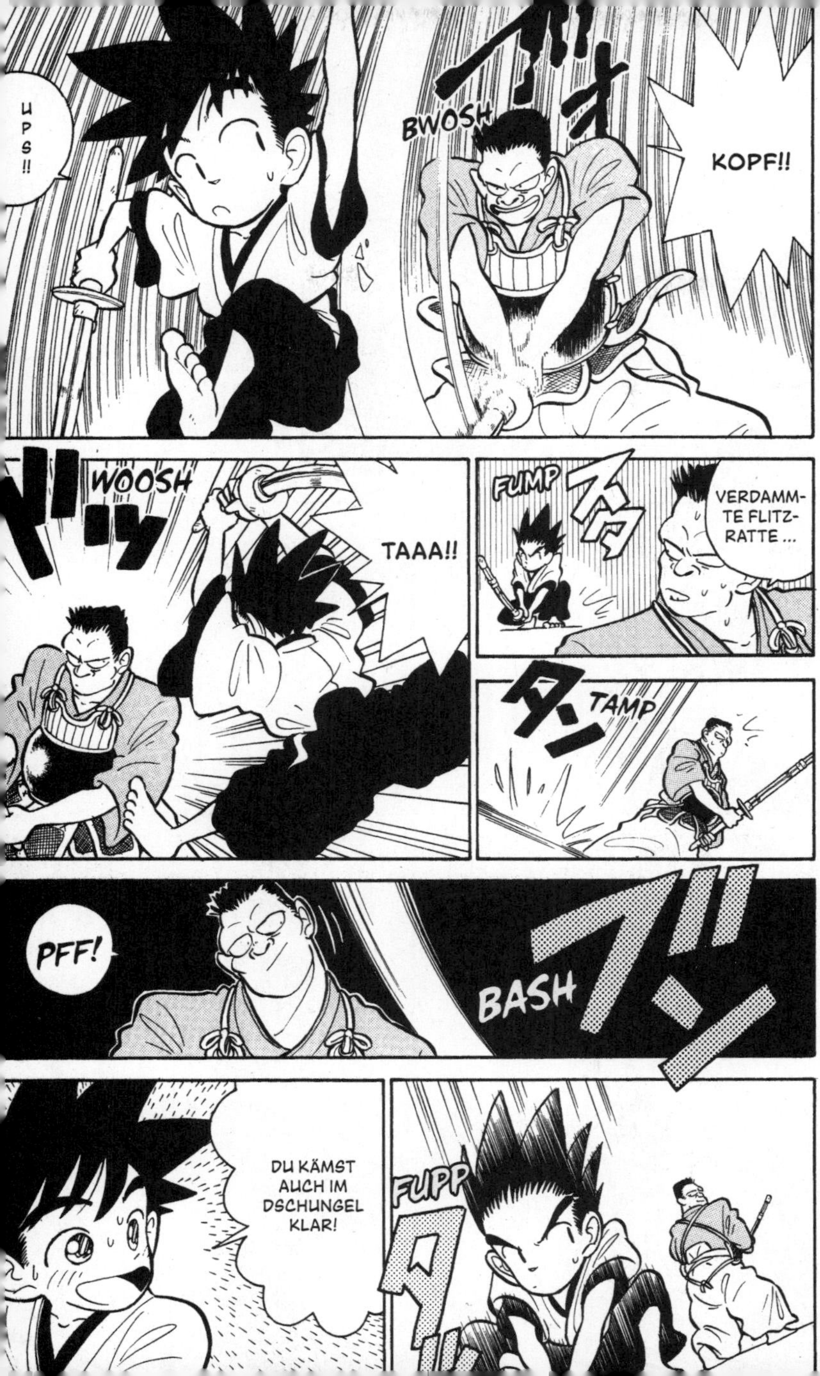

KOPF!!
BWOSH
UPS!!
VERDAMMTE FLITZRATTE ...
FUMP
TAAA!!
WOOSH
TAMP
BASH
PFF!
FUPP
DU KÄMST AUCH IM DSCHUNGEL KLAR!

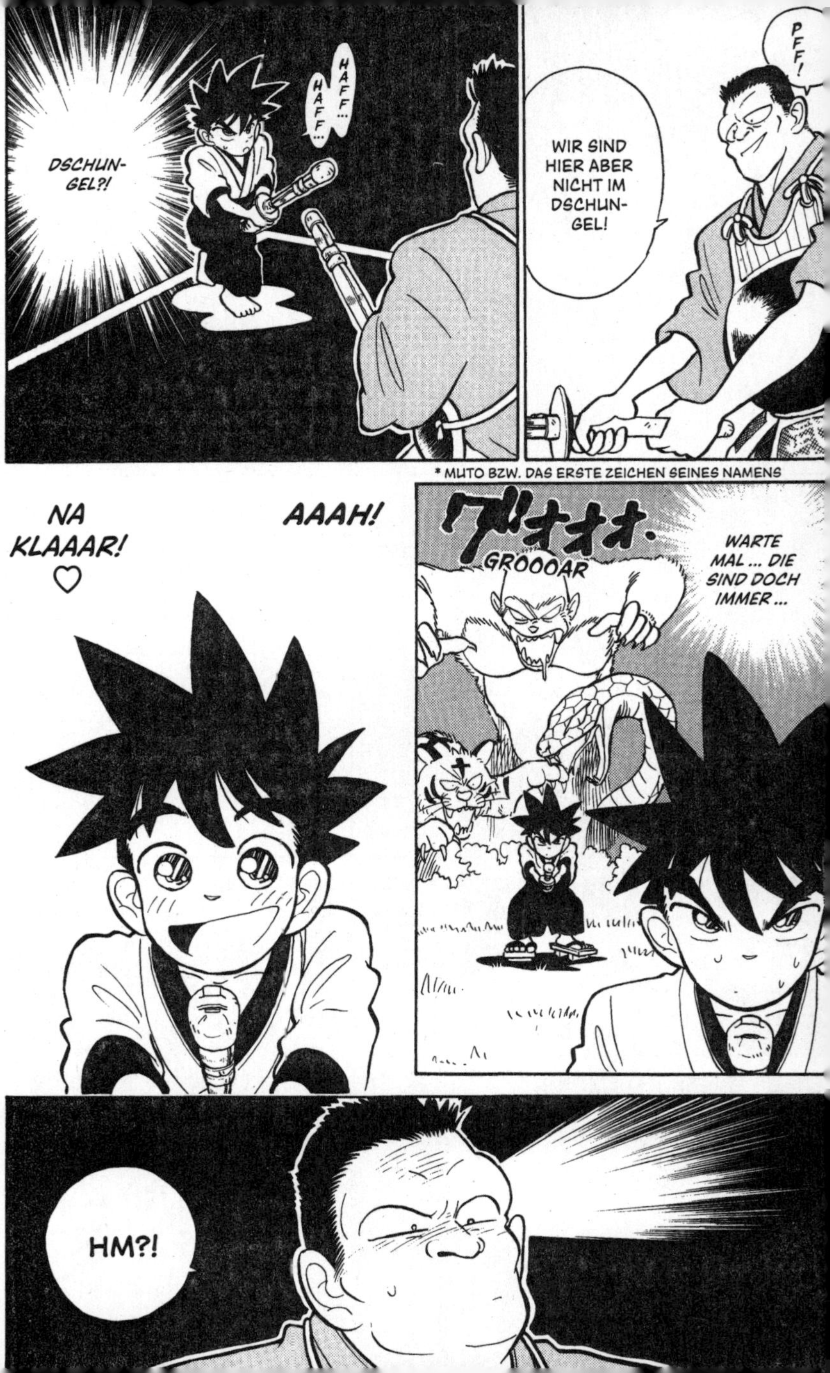

* MUTO BZW. DAS ERSTE ZEICHEN SEINES NAMENS

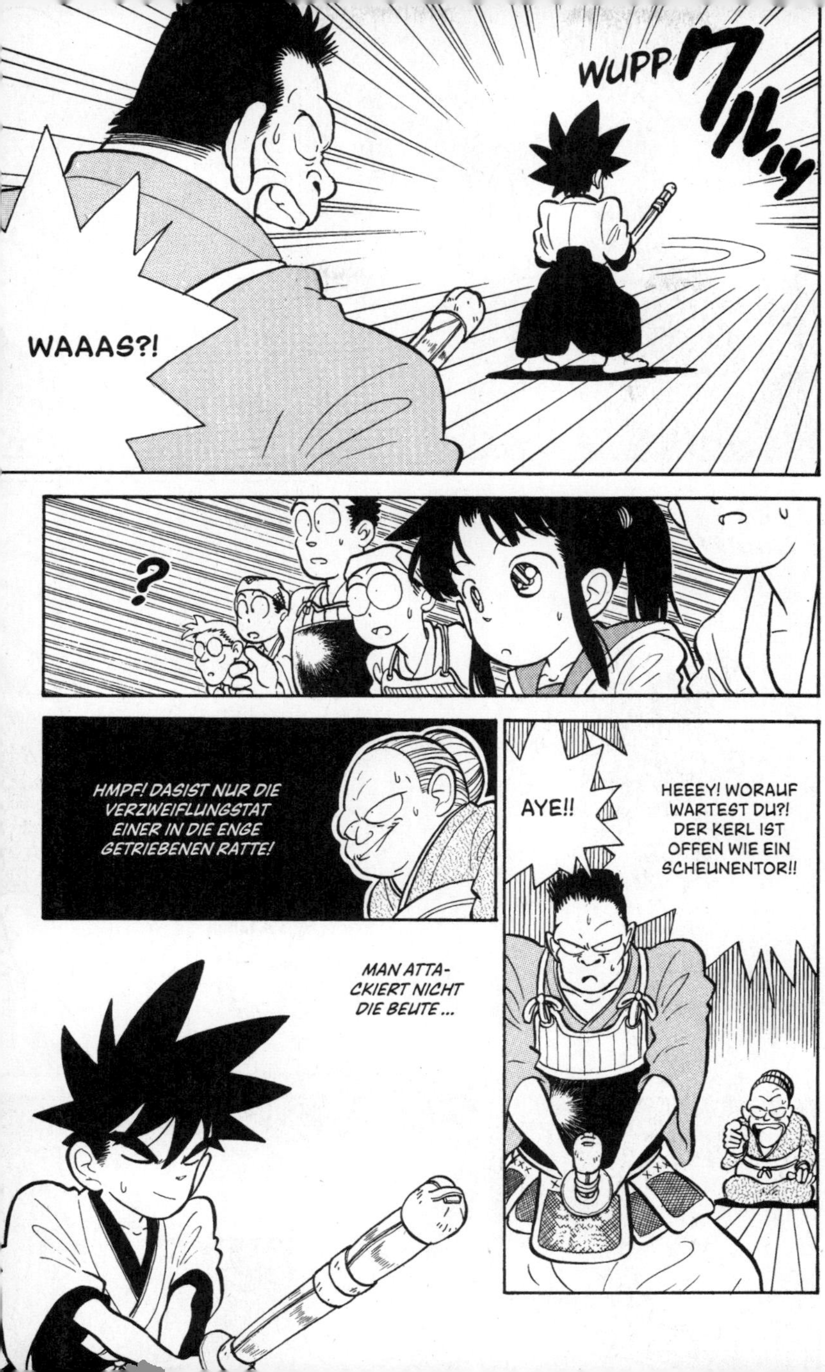
WUPP
WAAAS?!
?
HMPF! DASIST NUR DIE VERZWEIFLUNGSTAT EINER IN DIE ENGE GETRIEBENEN RATTE!
HEEEY! WORAUF WARTEST DU?! DER KERL IST OFFEN WIE EIN SCHEUNENTOR!!
AYE!!
MAN ATTA-CKIERT NICHT DIE BEUTE ...

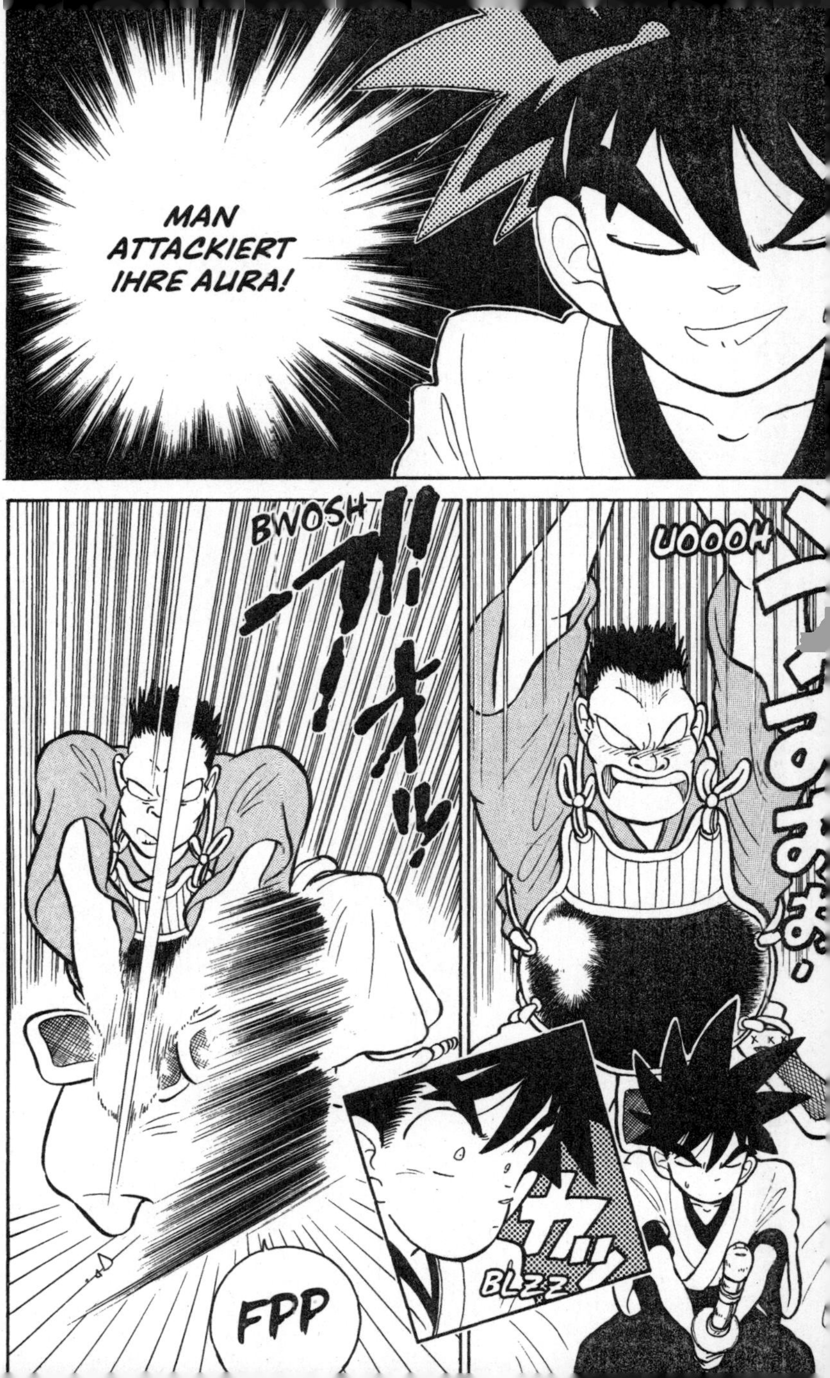
MAN ATTACKIERT IHRE AURA!
UOOOH
BWOSH
BLZZ
FPP

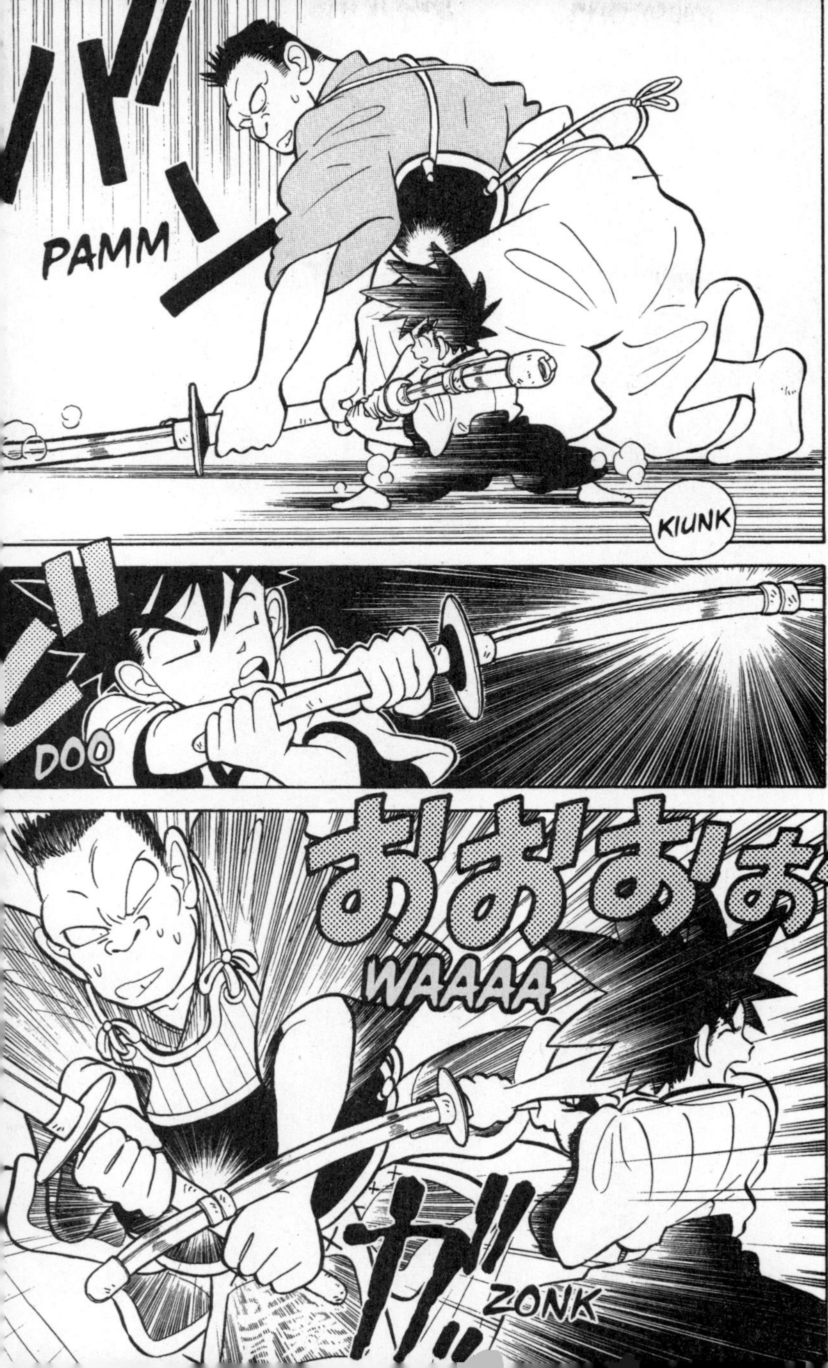
KIUNK
PAMM
DOO
おおおお
WAAAA
ZONK

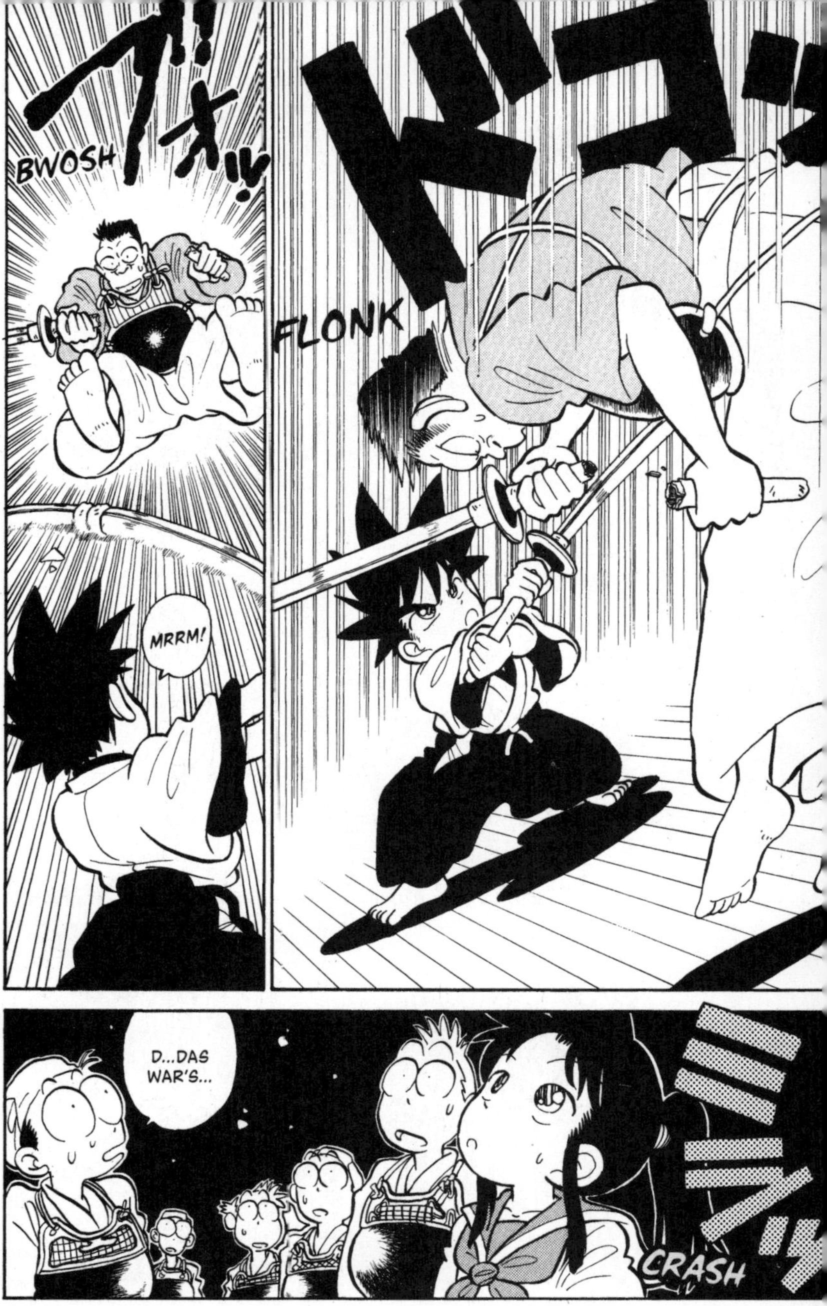
BWOSH
FLONK
MRRM!
D...DAS WAR'S...
CRASH

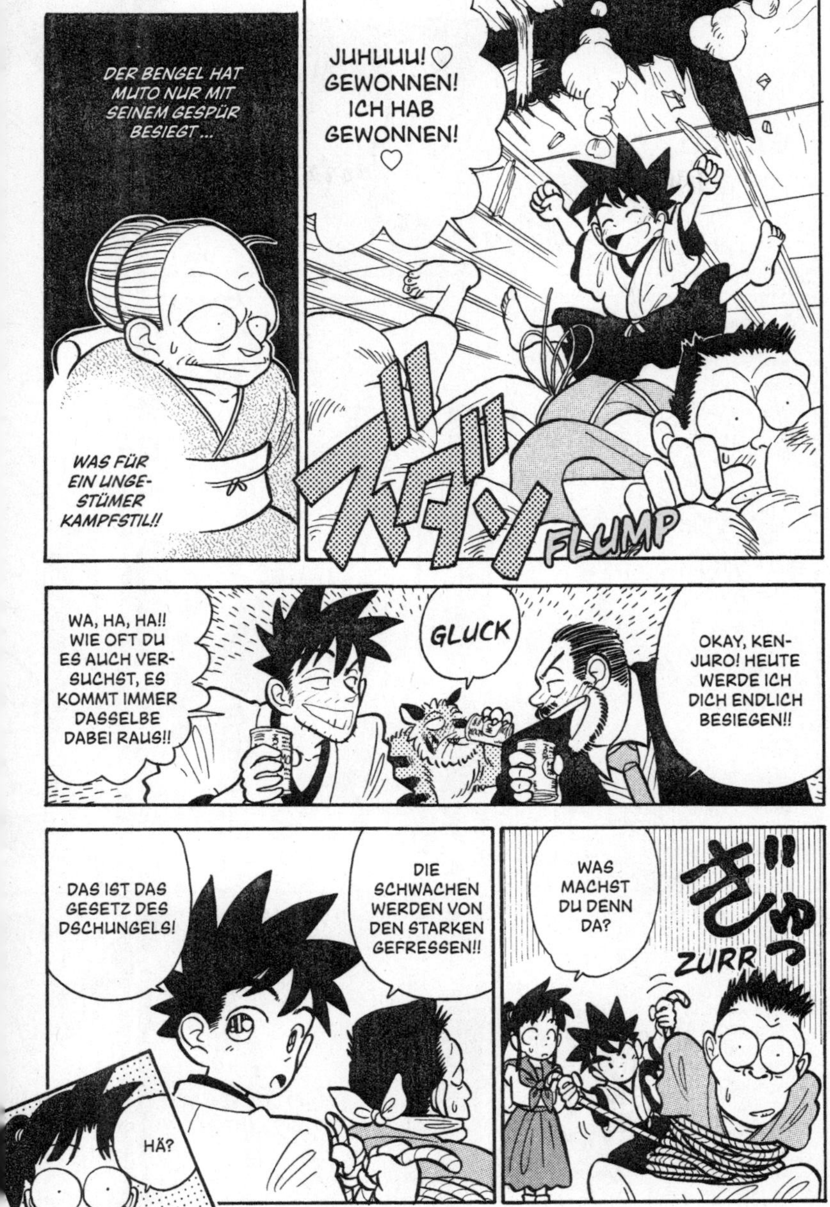
JUHUUU! ♡ GEWONNEN! ICH HAB GEWONNEN! ♡
FLUMP
DER BENGEL HAT MUTO NUR MIT SEINEM GESPÜR BESIEGT ...
WAS FÜR EIN UNGE-STÜMER KAMPFSTIL!!
OKAY, KEN-JURO! HEUTE WERDE ICH DICH ENDLICH BESIEGEN!!
GLUCK
WA, HA, HA!! WIE OFT DU ES AUCH VER-SUCHST, ES KOMMT IMMER DASSELBE DABEI RAUS!!
ZURR
WAS MACHST DU DENN DA?
DIE SCHWACHEN WERDEN VON DEN STARKEN GEFRESSEN!!
DAS IST DAS GESETZ DES DSCHUNGELS!
HÄ?

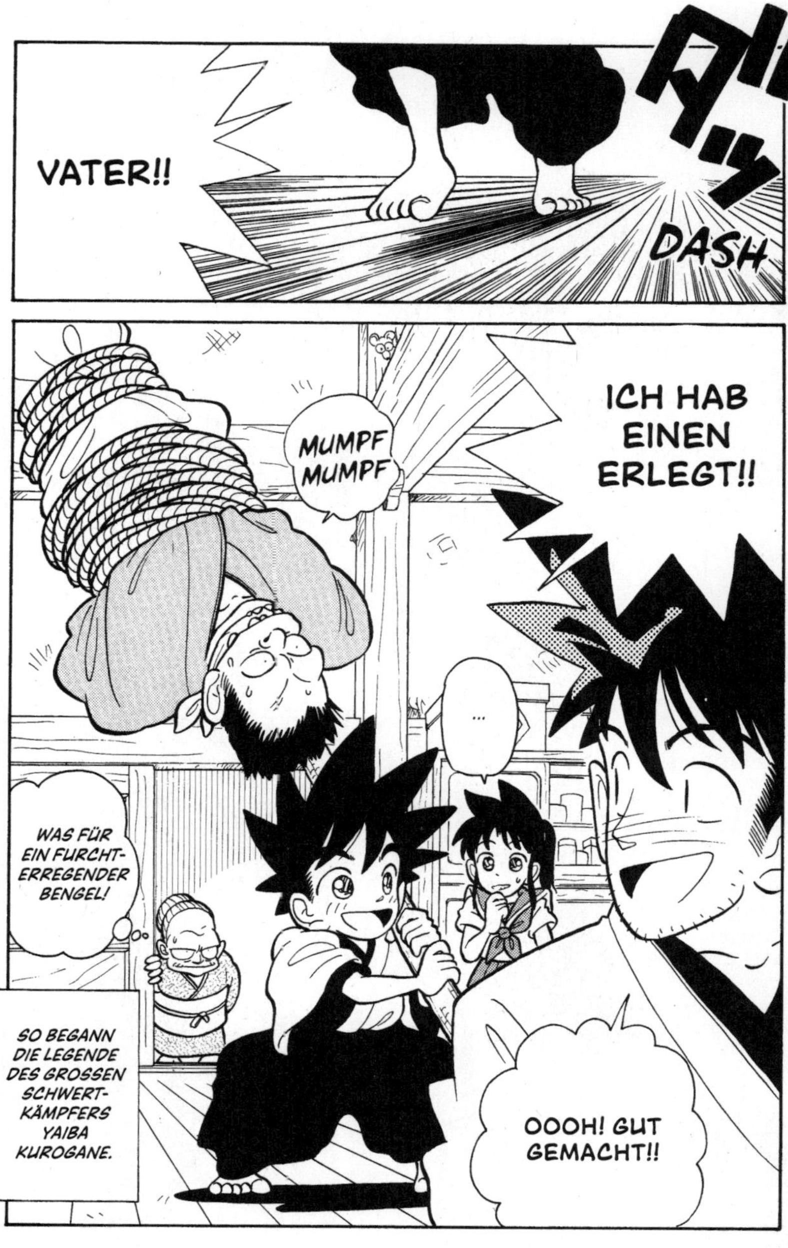
DASH
VATER!!
ICH HAB EINEN ERLEGT!!
MUMPF MUMPF
...
WAS FÜR EIN FURCHT-ERREGENDER BENGEL!
OOOH! GUT GEMACHT!!
SO BEGANN DIE LEGENDE DES GROSSEN SCHWERT-KÄMPFERS YAIBA KUROGANE.

KAPITEL 3: WAS IST „SCHULE“?

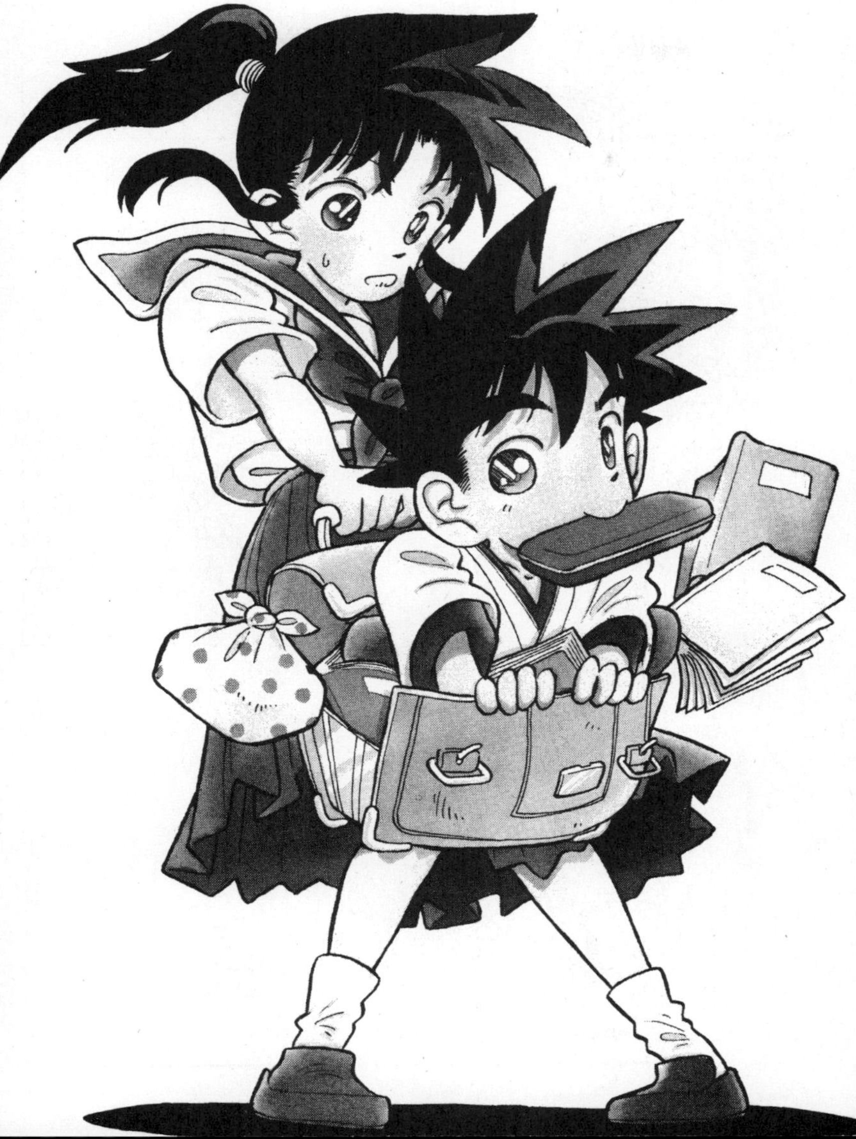

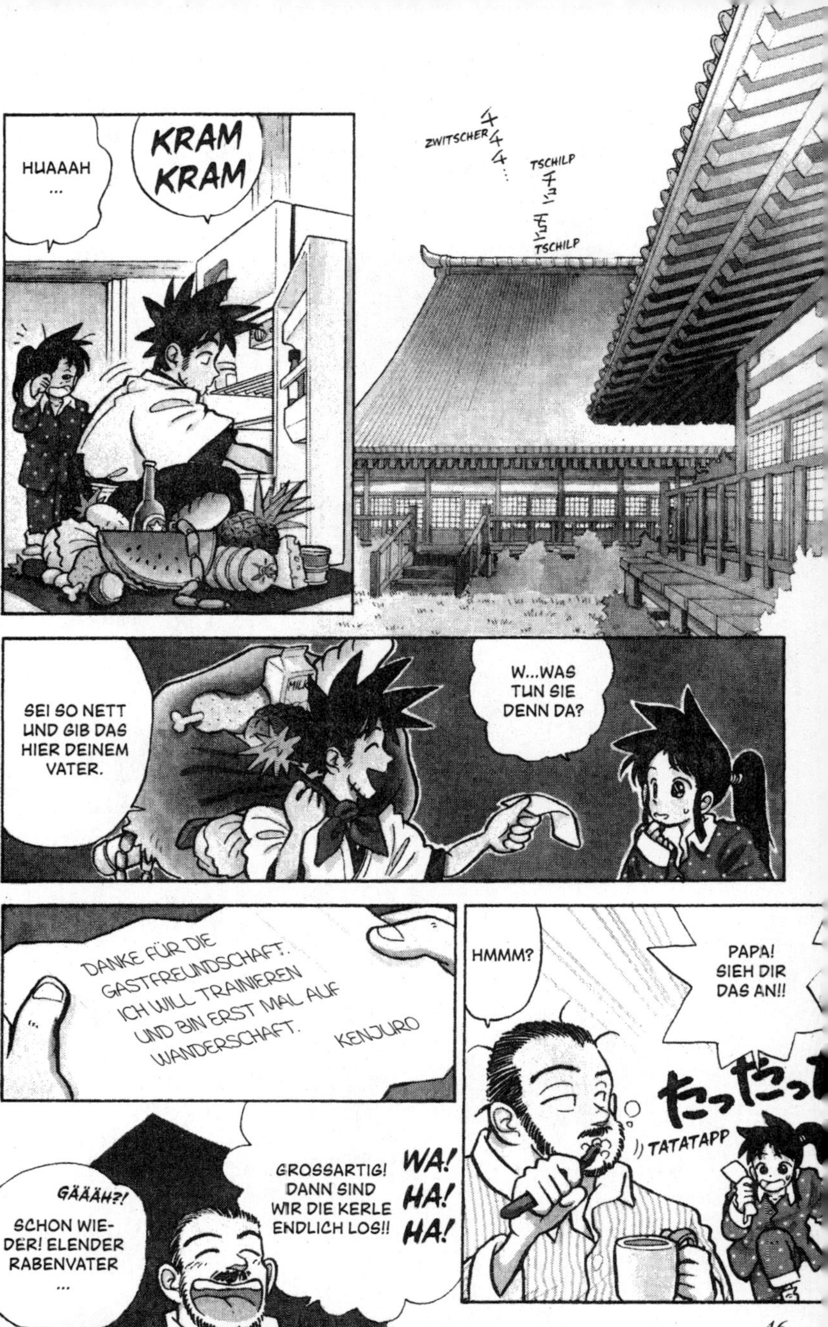

HUAAAH ...
KRAM KRAM
ZWITSCHER
TSCHILP
TSCHILP
SEI SO NETT UND GIB DAS HIER DEINEM VATER.
W...WAS TUN SIE DENN DA?
DANKE FÜR DIE GASTFREUNDSCHAFT. ICH WILL TRAINIEREN UND BIN ERST MAL AUF WANDERSCHAFT. KENJURO
HMMM?
PAPA! SIEH DIR DAS AN!!
TATATAPP
GROSSARTIG! DANN SIND WIR DIE KERLE ENDLICH LOS!!
WA! HA! HA!
GÄÄÄH?! SCHON WIEDER! ELENDER RABENVATER ...

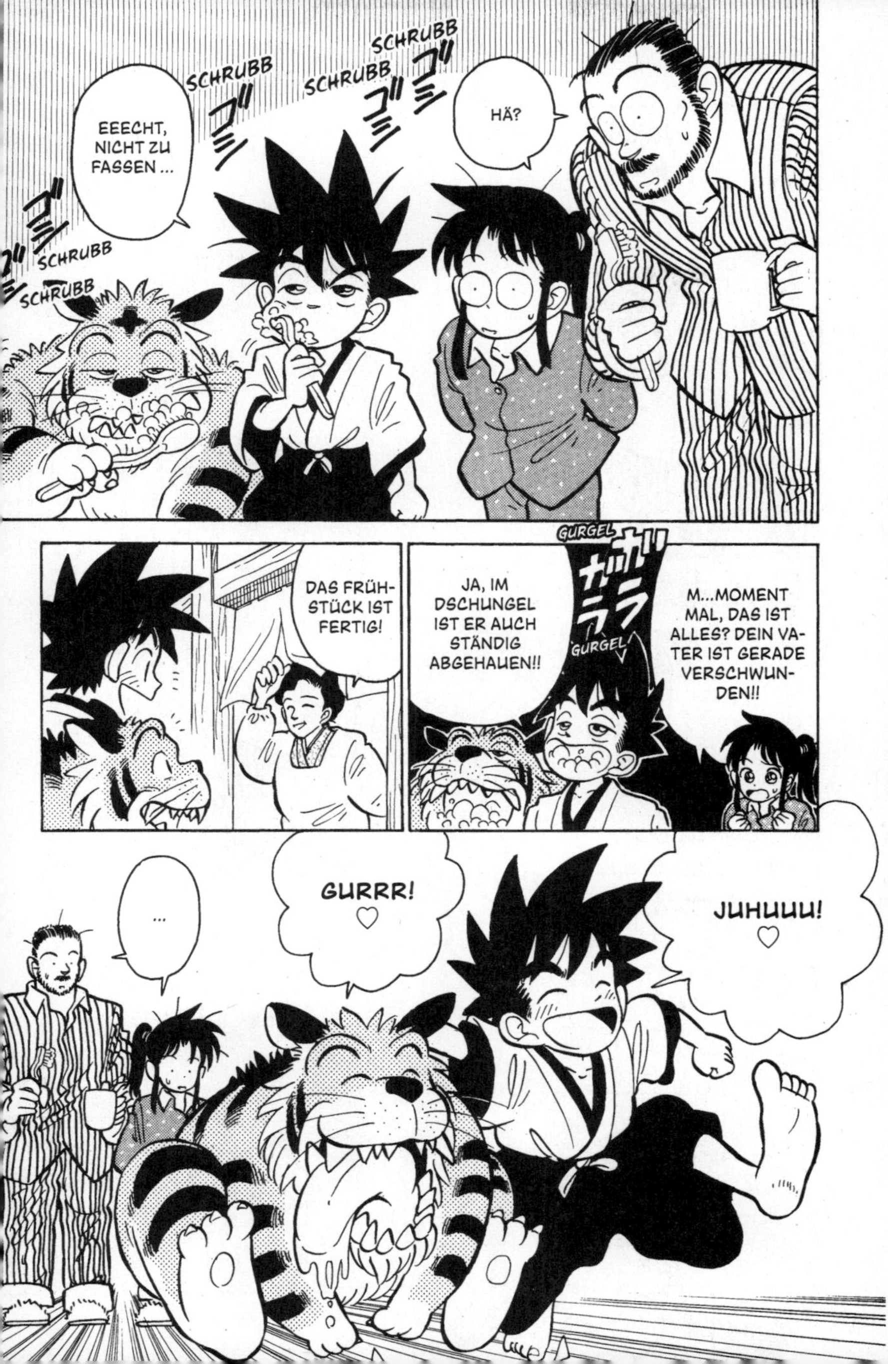
SCHRUBB
SCHRUBB
HÄ?
EEECHT, NICHT ZU FASSEN ...
SCHRUBB
SCHRUBB
SCHRUBB
M...MOMENT MAL, DAS IST ALLES? DEIN VATER IST GERADE VERSCHWUNDEN!!
GURGEL
GURGEL
JA, IM DSCHUNGEL IST ER AUCH STÄNDIG ABGEHAUEN!!
DAS FRÜHSTÜCK IST FERTIG!
JUHUUU! ♡
GURRR! ♡
...

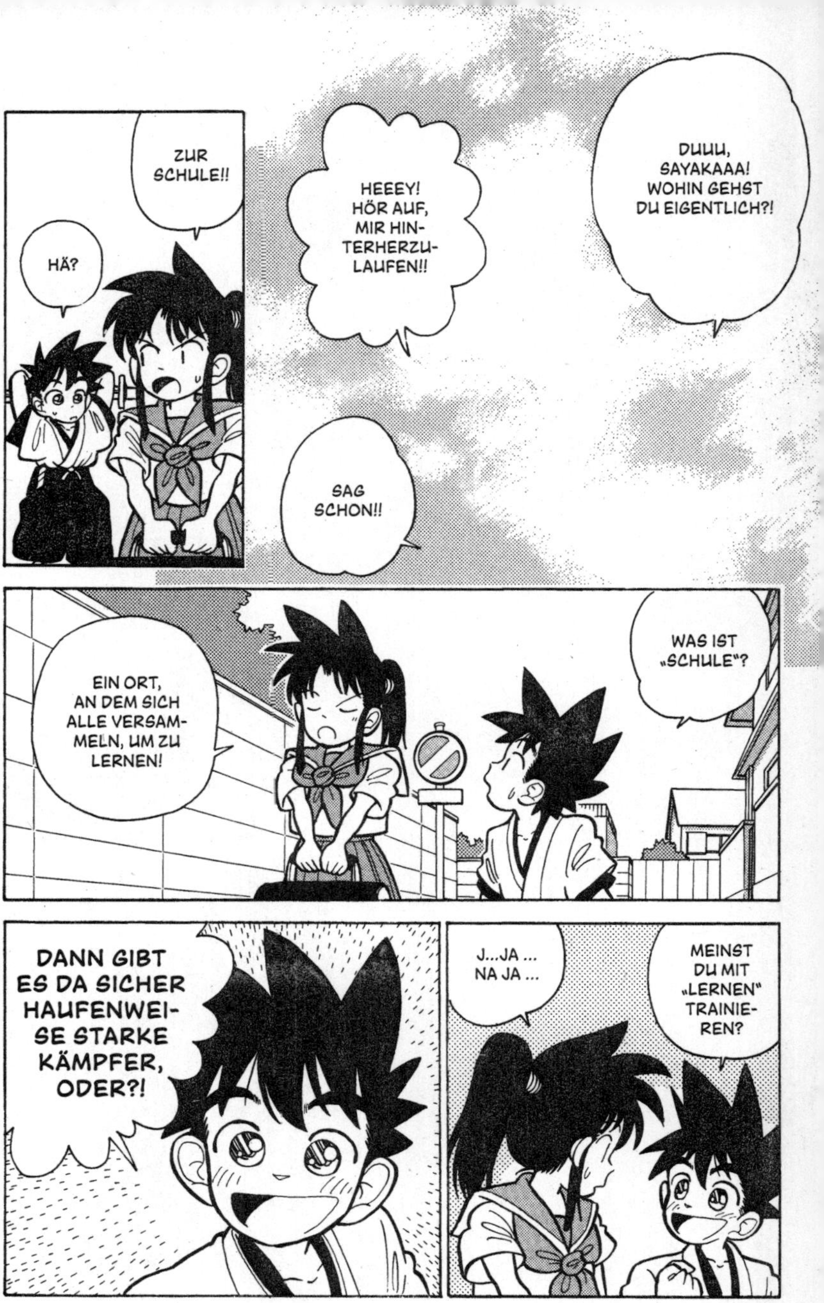
DUUU, SAYAKAAA! WOHIN GEHST DU EIGENTLICH?!
HEEEY! HÖR AUF, MIR HINTERHERZULAUFEN!!
SAG SCHON!!
ZUR SCHULE!!
HÄ?
WAS IST „SCHULE“?
EIN ORT, AN DEM SICH ALLE VERSAMMELN, UM ZU LERNEN!
MEINST DU MIT „LERNEN“ TRAINIEREN?
J...JA ... NA JA ...
DANN GIBT ES DA SICHER HAUFENWEISE STARKE KÄMPFER, ODER?!

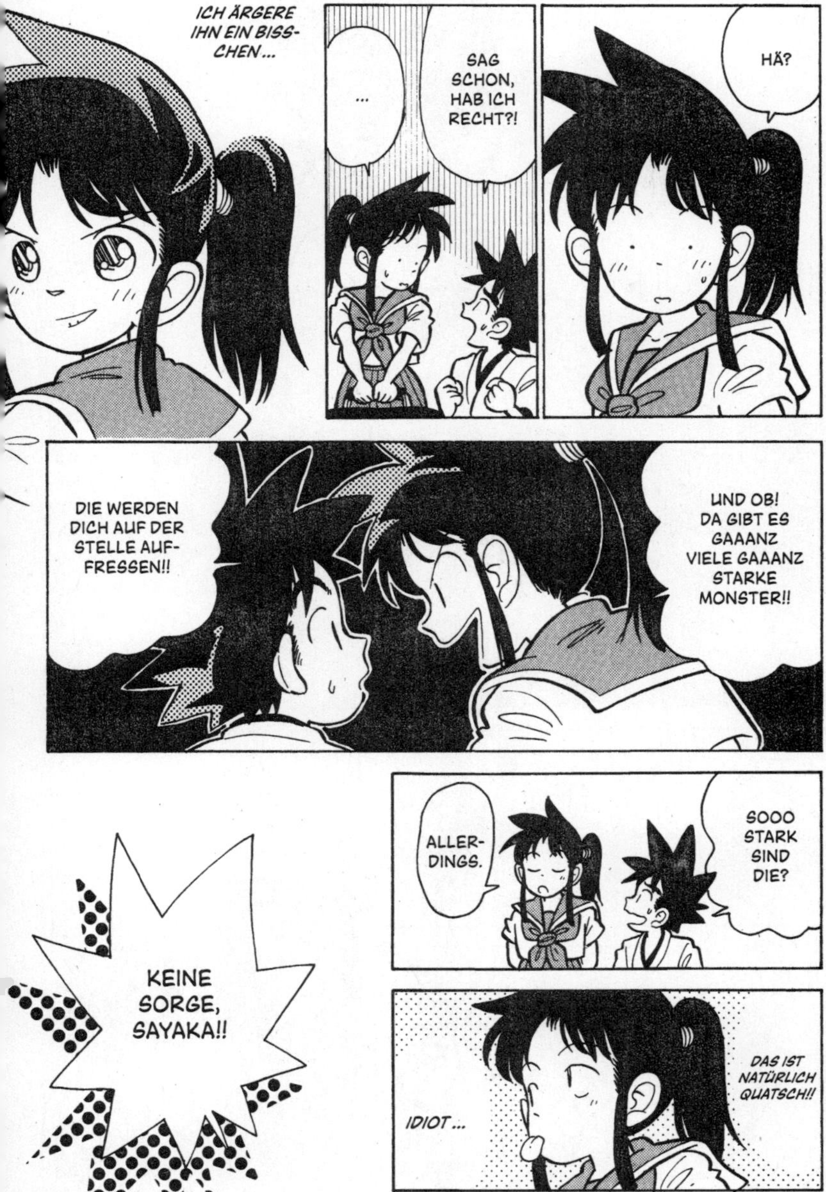
HÄ?
SAG SCHON, HAB ICH RECHT?!
...
ICH ÄRGERE IHN EIN BISSCHEN ...
UND OB! DA GIBT ES GAAANZ VIELE GAAANZ STARKE MONSTER!!
DIE WERDEN DICH AUF DER STELLE AUFFRESSEN!!
SOOO STARK SIND DIE?
ALLERDINGS.
DAS IST NATÜRLICH QUATSCH!!
IDIOT ...
KEINE SORGE, SAYAKA!!

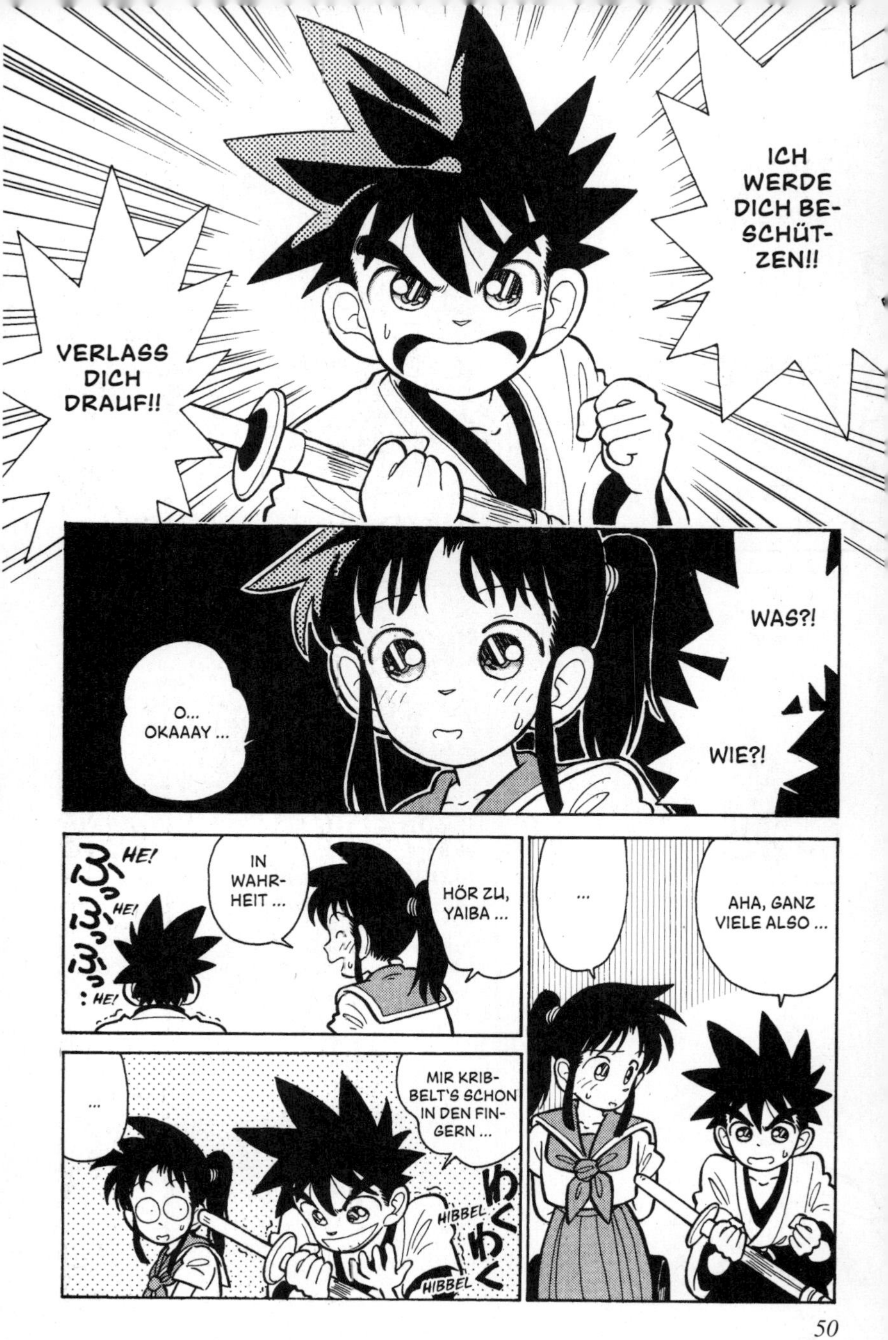
ICH WERDE DICH BESCHÜTZEN!!
VERLASS DICH DRAUF!!
WAS?!
WIE?!
O... OKAAAY ...
HE!
HE!
HE!
IN WAHRHEIT ...
HÖR ZU, YAIBA ...
AHA, GANZ VIELE ALSO ...
...
MIR KRIBBELT'S SCHON IN DEN FINGERN ...
...
HIBBEL
HIBBEL

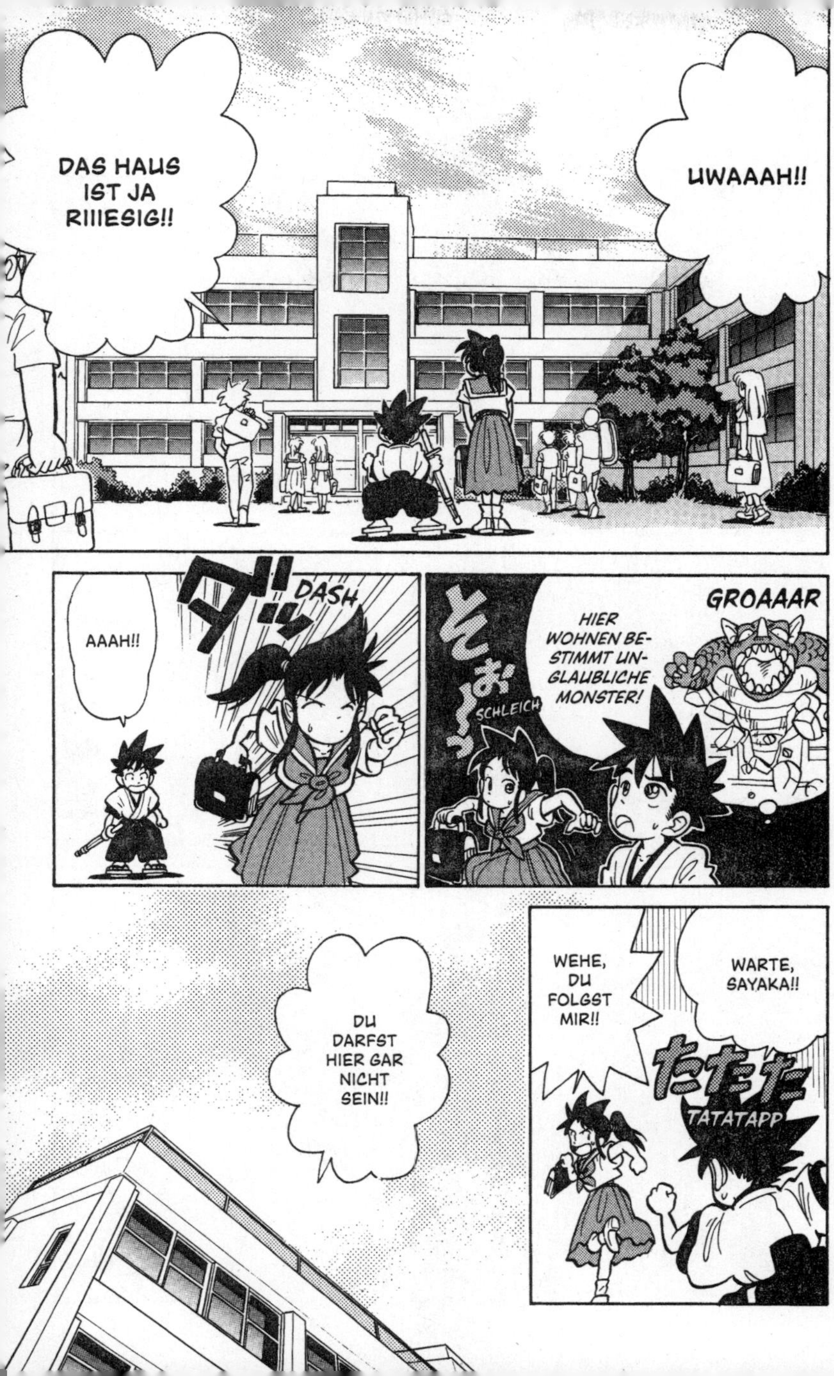
UWAAAH!!
DAS HAUS IST JA RIIIESIG!!
GROAAAR
HIER WOHNEN BESTIMMT UNGLAUBLICHE MONSTER!
SCHLEICH
DASH
AAAH!!
WARTE, SAYAKA!!
WEHE, DU FOLGST MIR!!
TATATAPP
DU DARFST HIER GAR NICHT SEIN!!

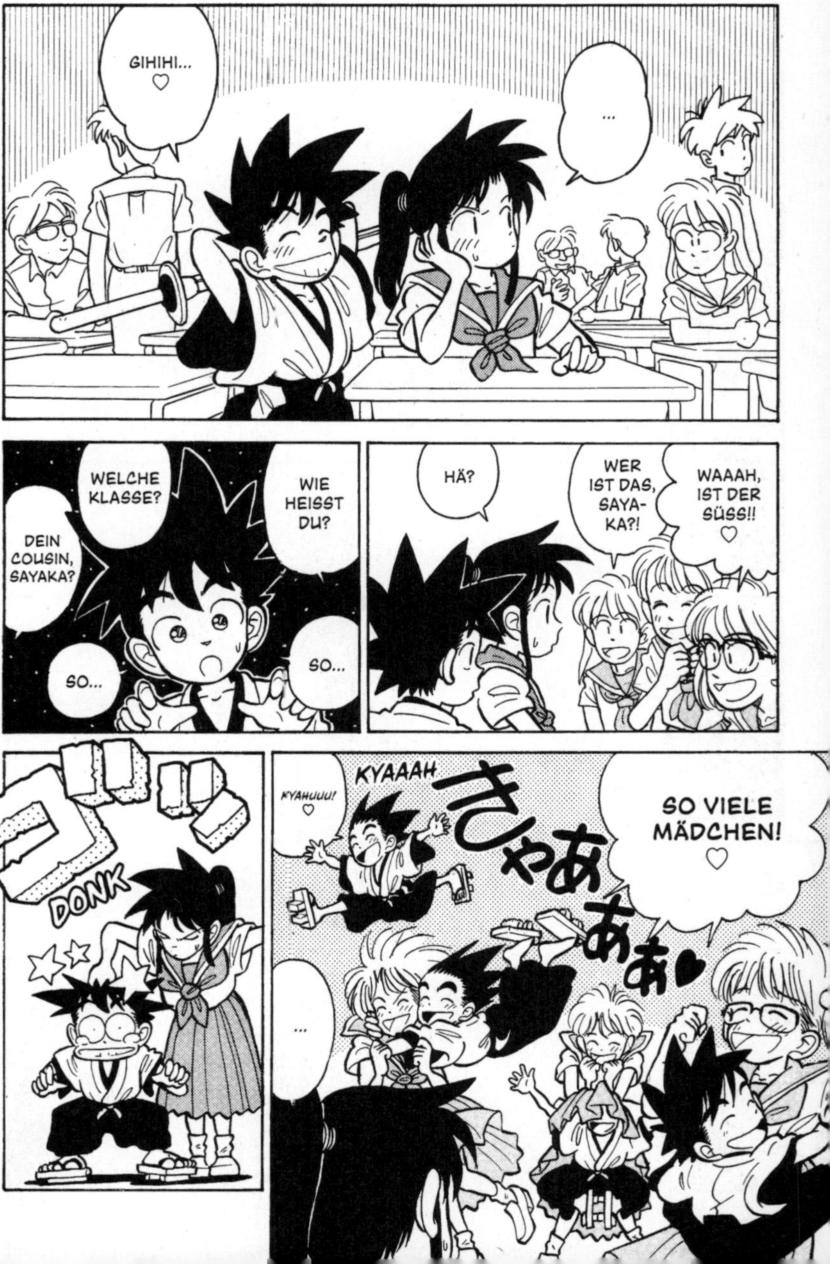
...
GIHIHI... ♡
WAAAH, IST DER SÜSS!! ♡
WER IST DAS, SAYAKA?!
HÄ?
WIE HEISST DU?
WELCHE KLASSE?
DEIN COUSIN, SAYAKA?
SO...
SO...
SO VIELE MÄDCHEN! ♡
きゃあぁぁ♥
KYAAAH
KYAHUUU! ♡
...
DONK

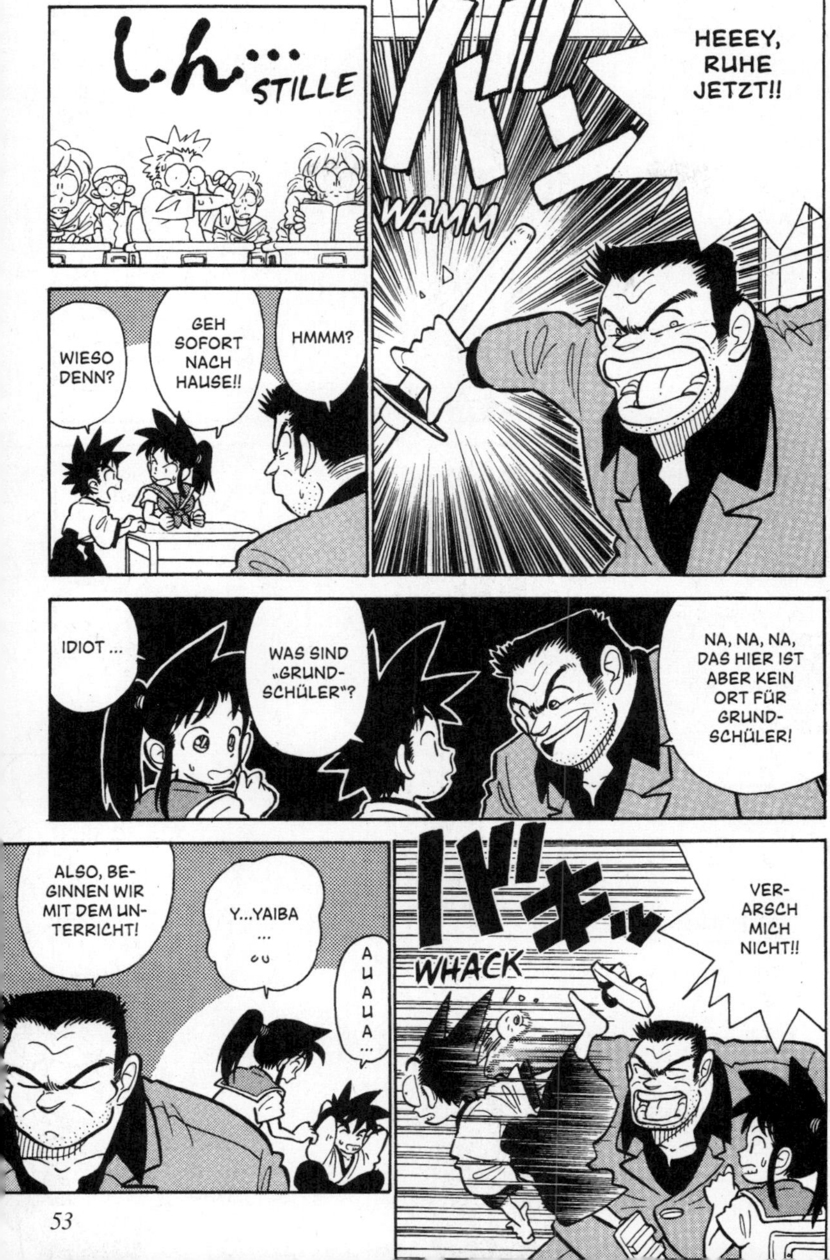
HEEEY, RUHE JETZT!!
WAMM
STILLE
HMMM?
GEH SOFORT NACH HAUSE!!
WIESO DENN?
NA, NA, NA, DAS HIER IST ABER KEIN ORT FÜR GRUND-SCHÜLER!
WAS SIND »GRUND-SCHÜLER«?
IDIOT ...
VER-ARSCH MICH NICHT!!
WHACK
ALSO, BE-GINNEN WIR MIT DEM UN-TERRICHT!
Y...YAIBA ...
AUAUA ...

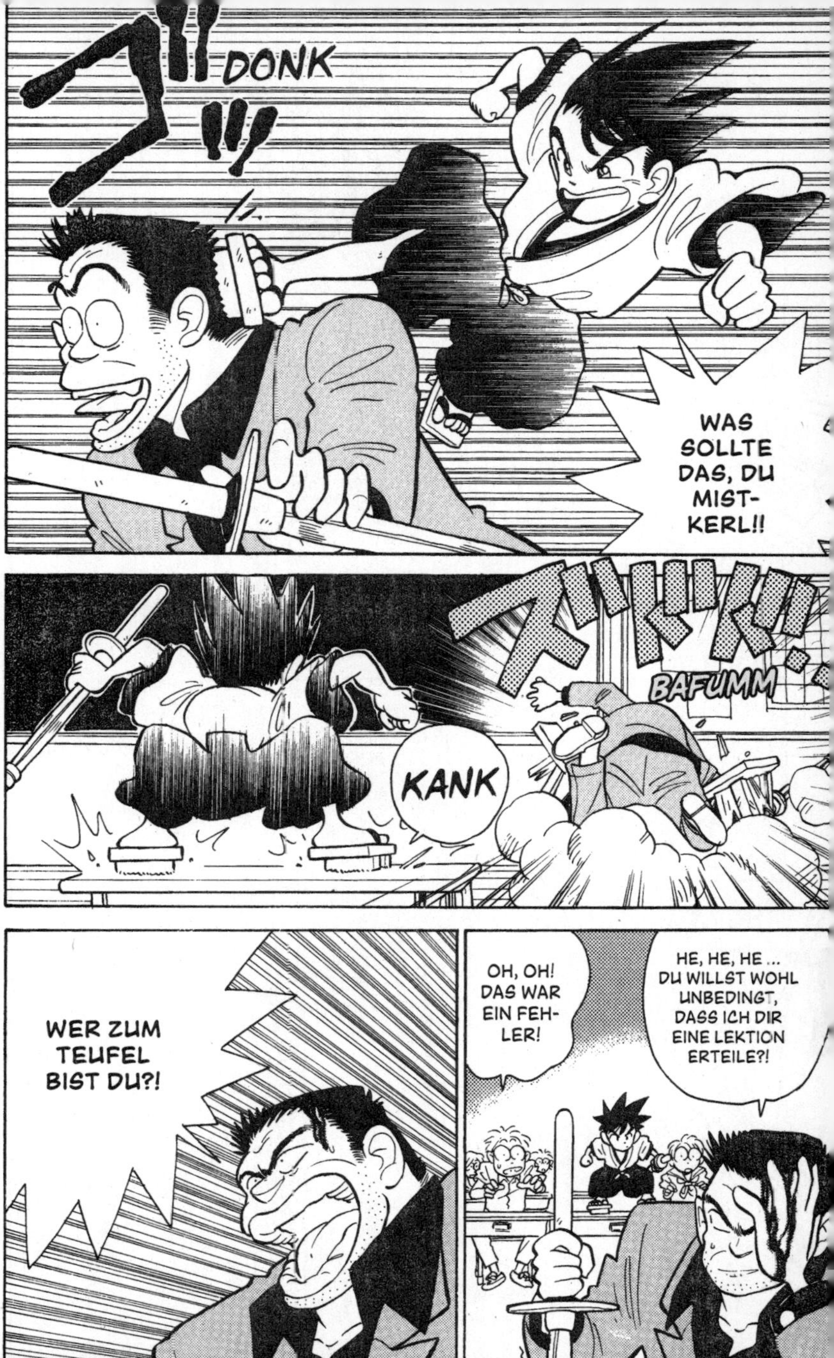
DONK
WAS SOLLTE DAS, DU MIST-KERL!!
BAFUMM
KANK
HE, HE, HE ... DU WILLST WOHL UNBEDINGT, DASS ICH DIR EINE LEKTION ERTEILE?!
OH, OH! DAS WAR EIN FEH-LER!
WER ZUM TEUFEL BIST DU?!

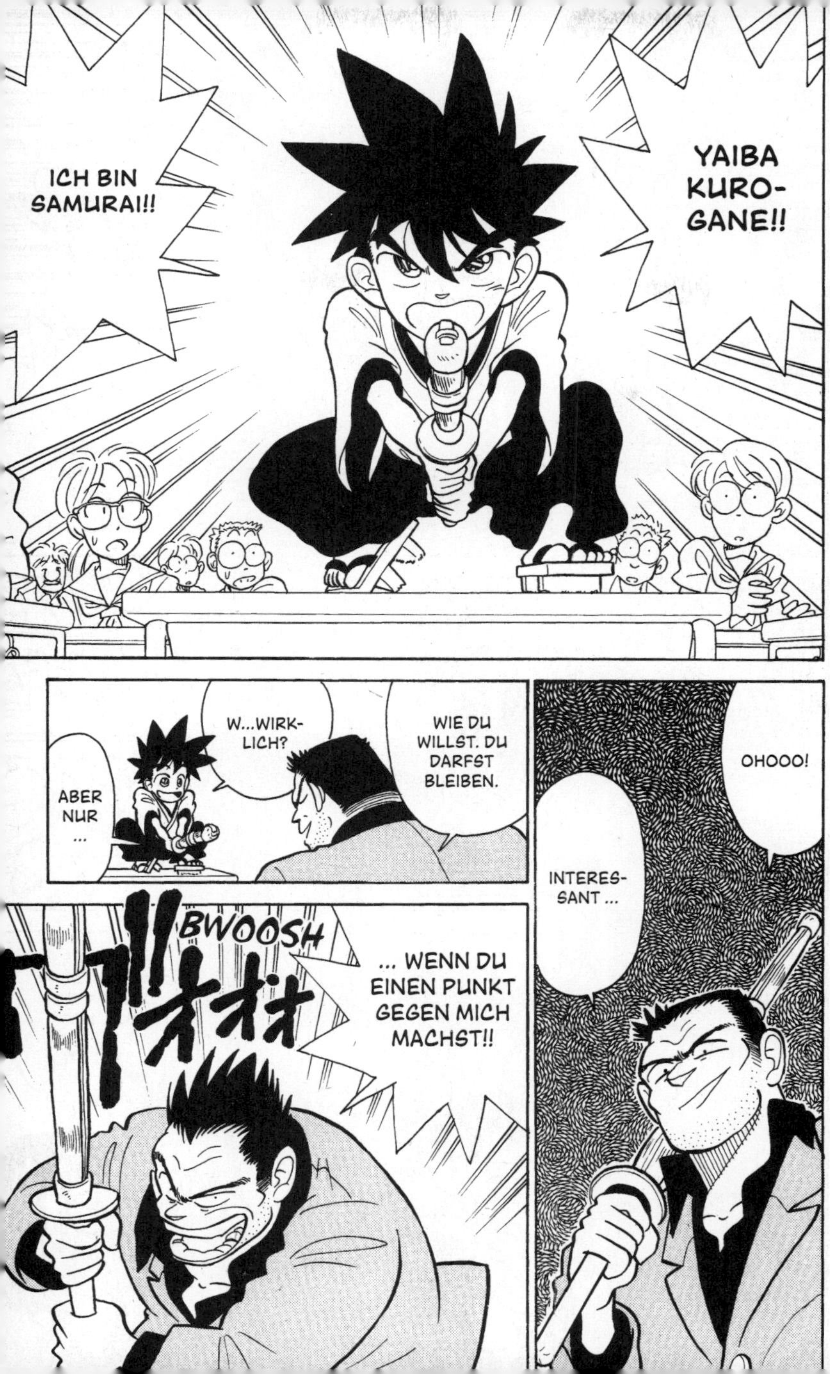
YAIBA KURO-GANE!!
ICH BIN SAMURAI!!
WIE DU WILLST. DU DARFST BLEIBEN.
W...WIRK-LICH?
ABER NUR ...
OHOOO!
INTERES-SANT ...
BWOOSH
... WENN DU EINEN PUNKT GEGEN MICH MACHST!!

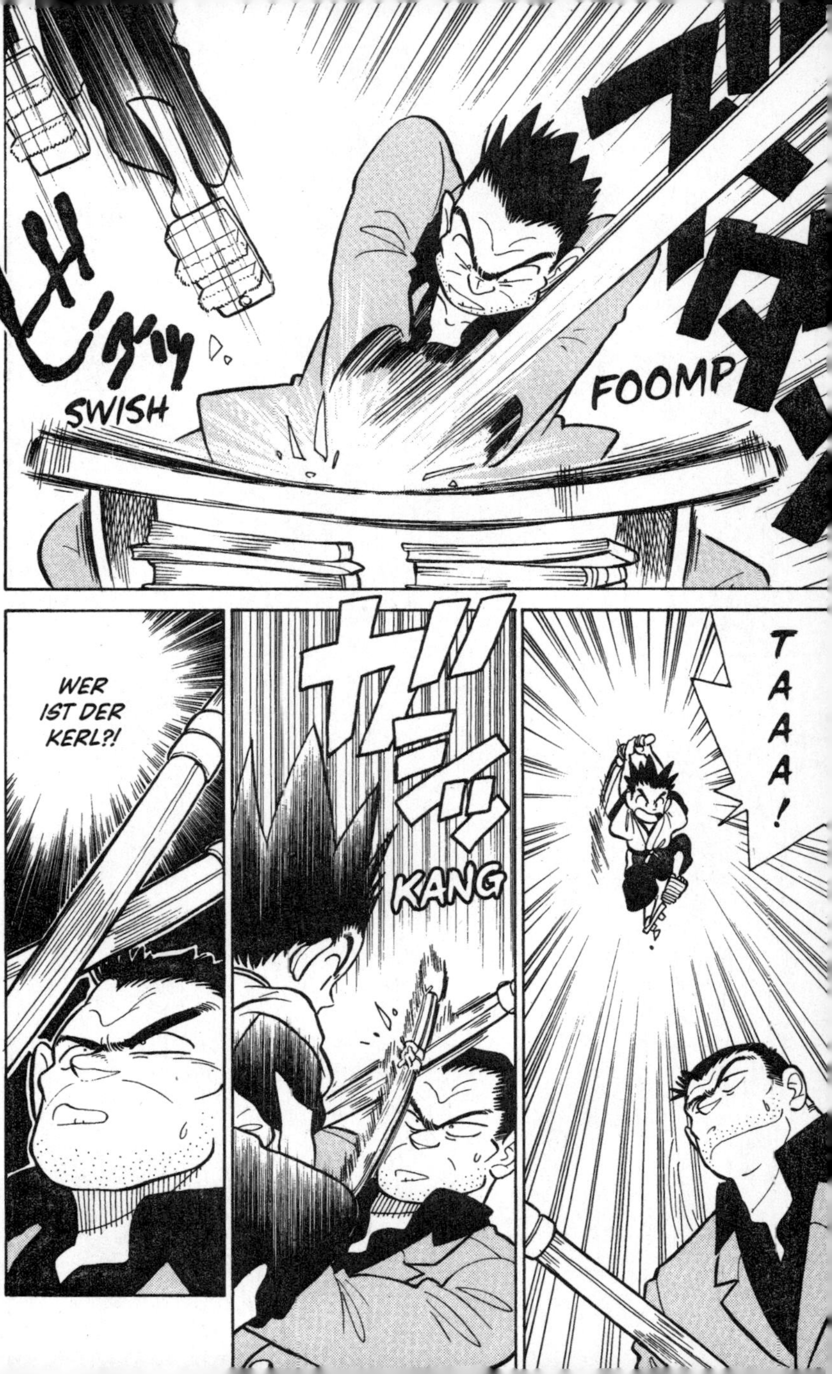
FOOMP
SWISH
TAAAA!
KANG
WER IST DER KERL?!

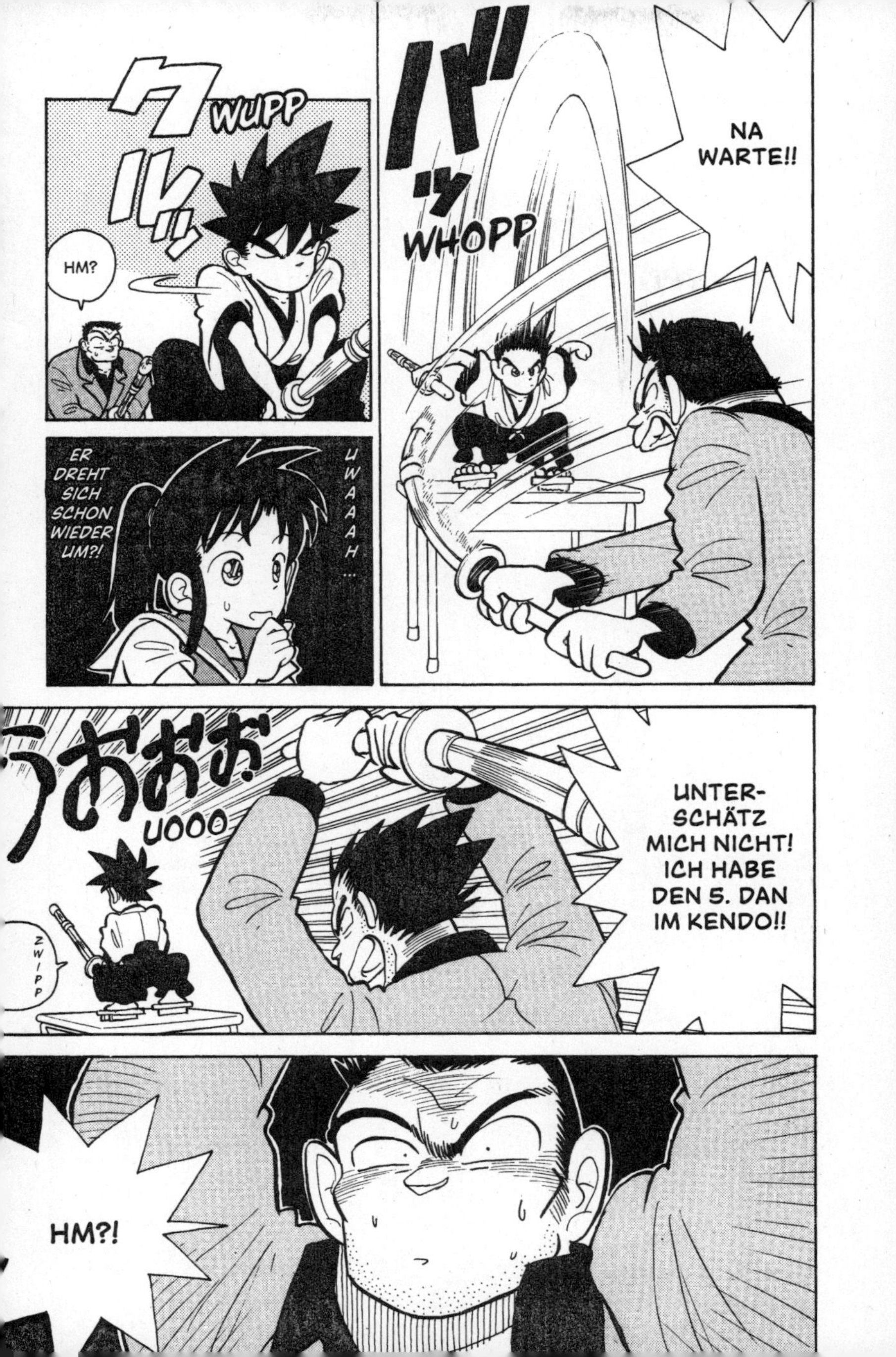

バッ
WHOPP
NA WARTE!!
クルッ
WUPP
HM?
UWAAAAH...
ER DREHT SICH SCHON WIEDER UM?!
うおおお
UOOO
UNTER-SCHÄTZ MICH NICHT! ICH HABE DEN 5. DAN IM KENDO!!
ZWIPP
HM?!

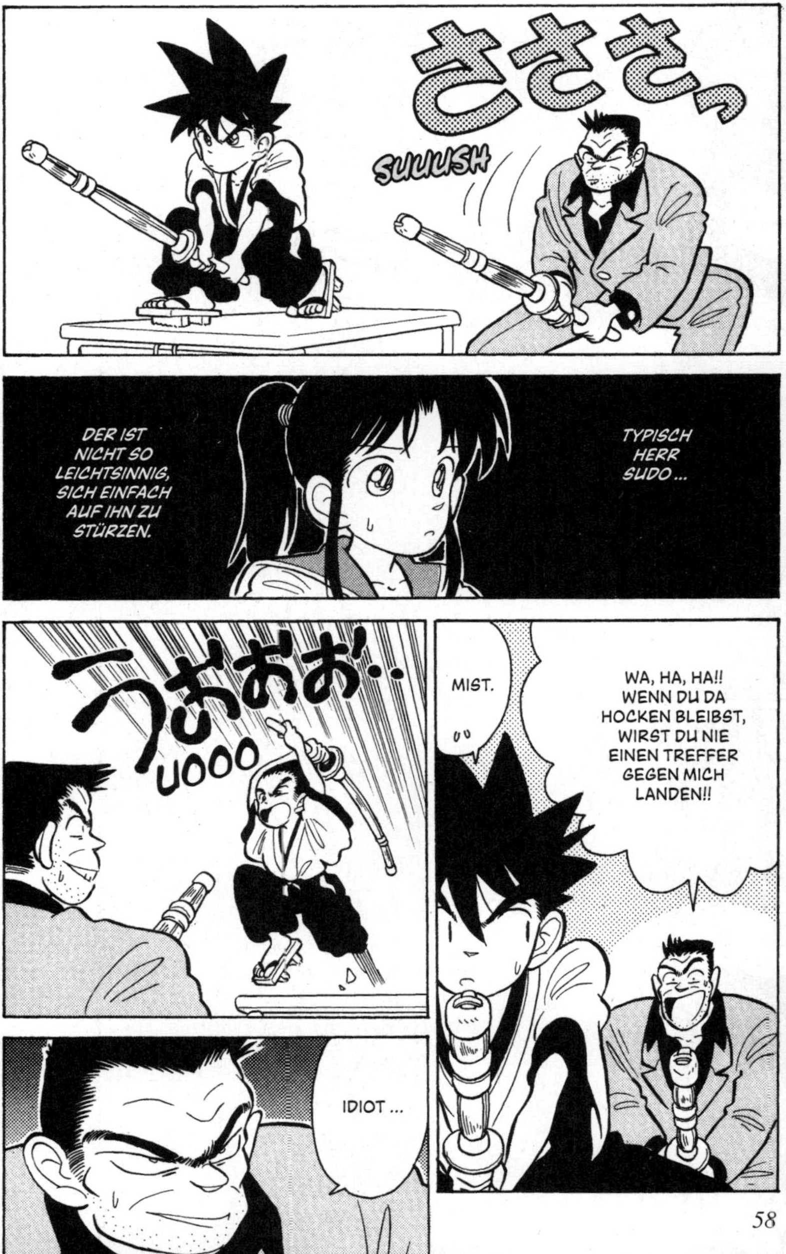
さささっ
SUUUSH
TYPISCH HERR SUDO ...
DER IST NICHT SO LEICHTSINNIG, SICH EINFACH AUF IHN ZU STÜRZEN.
WA, HA, HA!! WENN DU DA HOCKEN BLEIBST, WIRST DU NIE EINEN TREFFER GEGEN MICH LANDEN!!
MIST.
うおおお!..
UOOO
IDIOT ...

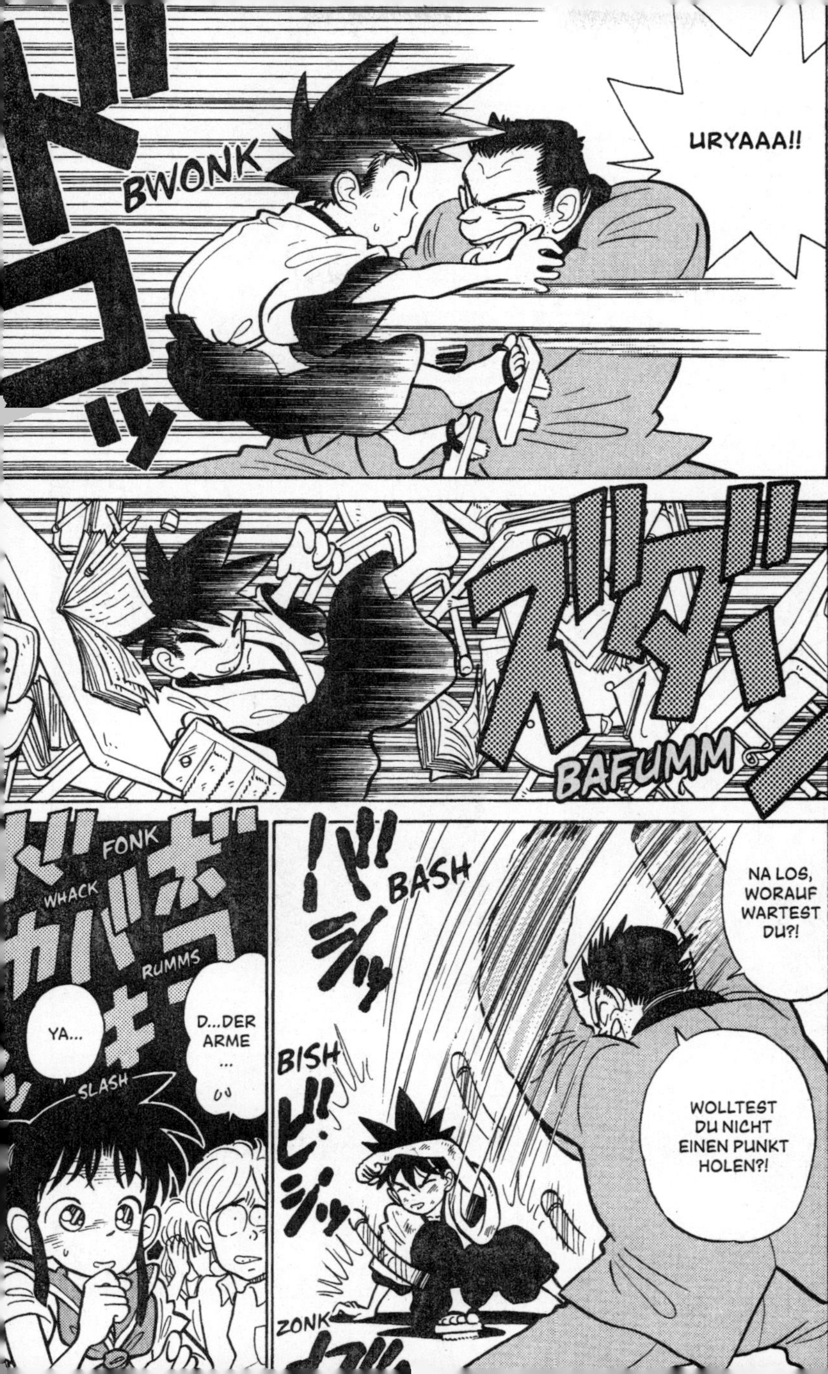
URYAAA!!
BWONK
BAFUMM
NA LOS, WORAUF WARTEST DU?!
BASH
WOLLTEST DU NICHT EINEN PUNKT HOLEN?!
BISH
ZONK
FONK
WHACK
RUMMS
D...DER ARME ...
YA...
SLASH

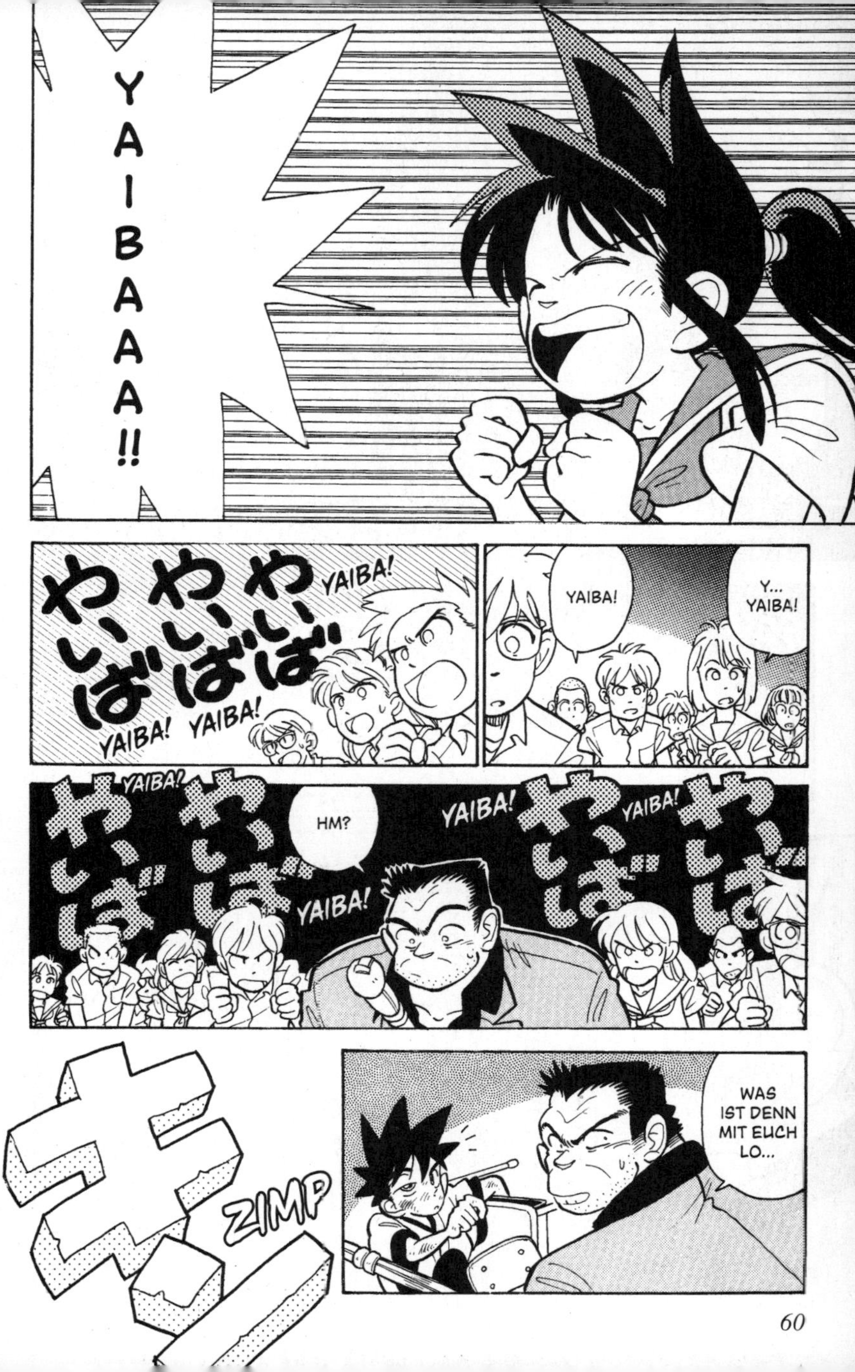
YAIBAAAA!!
Y... YAIBA!
YAIBA!
やいば
やいば
やいば
YAIBA!
YAIBA!
YAIBA!
やいば
やいば
YAIBA!
YAIBA!
YAIBA!
HM?
やいば
やいば
YAIBA!
WAS IST DENN MIT EUCH LO...
ZIMP

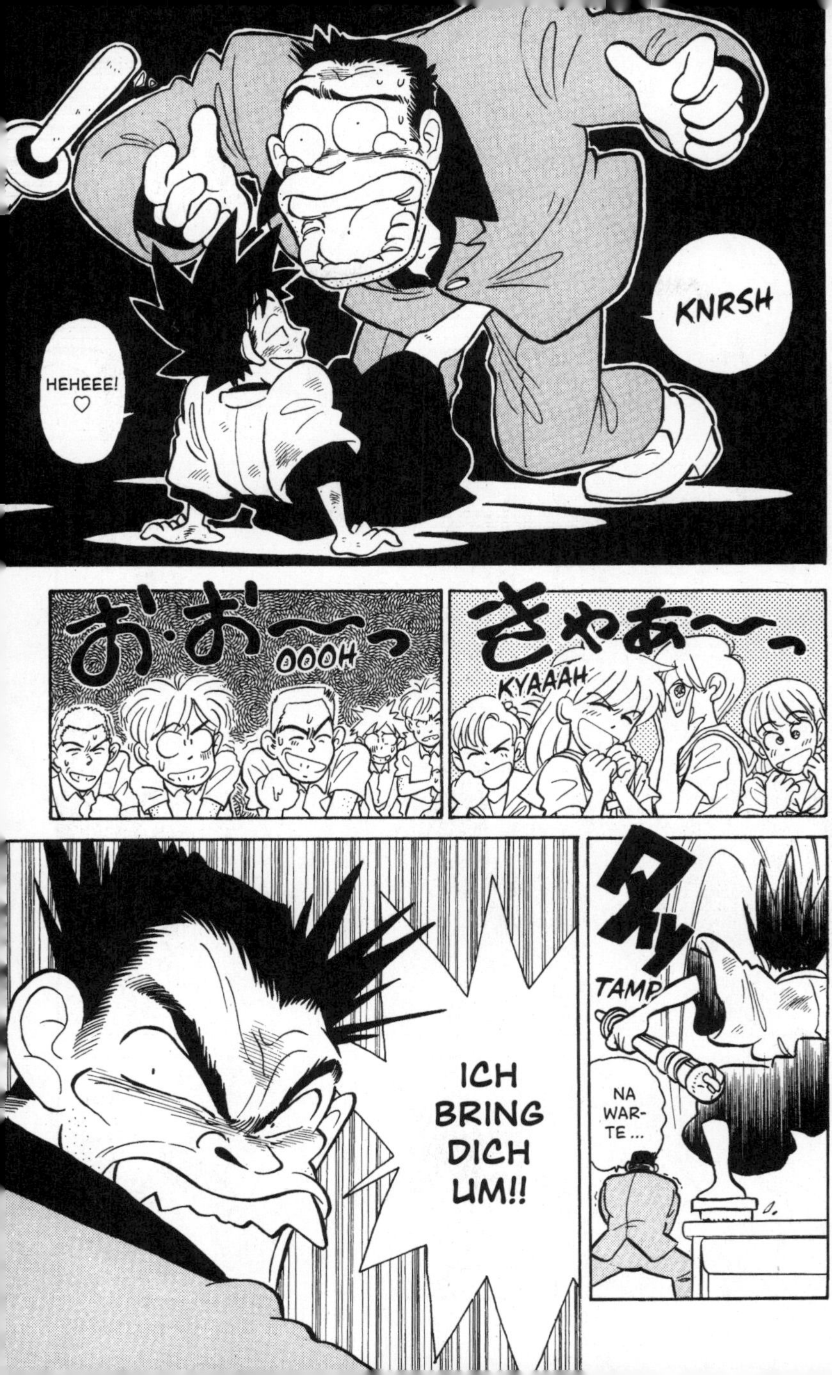

KNRSH
HEHEEE! ♡
きゃあ～～っ
KYAAAH
おお～～っ
OOOH
タッ
TAMP
NA WAR-TE ...
ICH BRING DICH UM!!

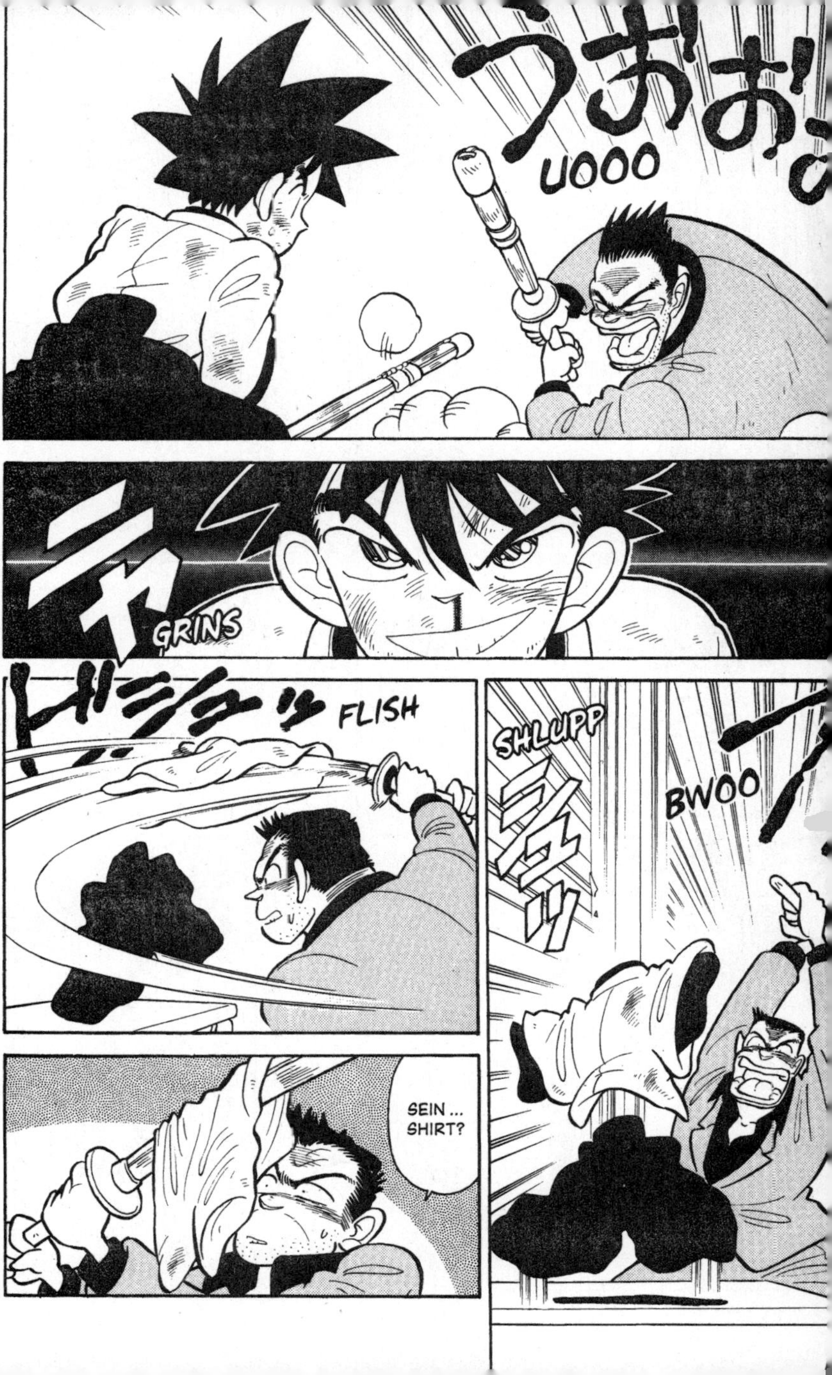
うおお!
UOOO
ニヤ
GRINS
FLISH
SHLUPP
BWOO
SEIN ...
SHIRT?

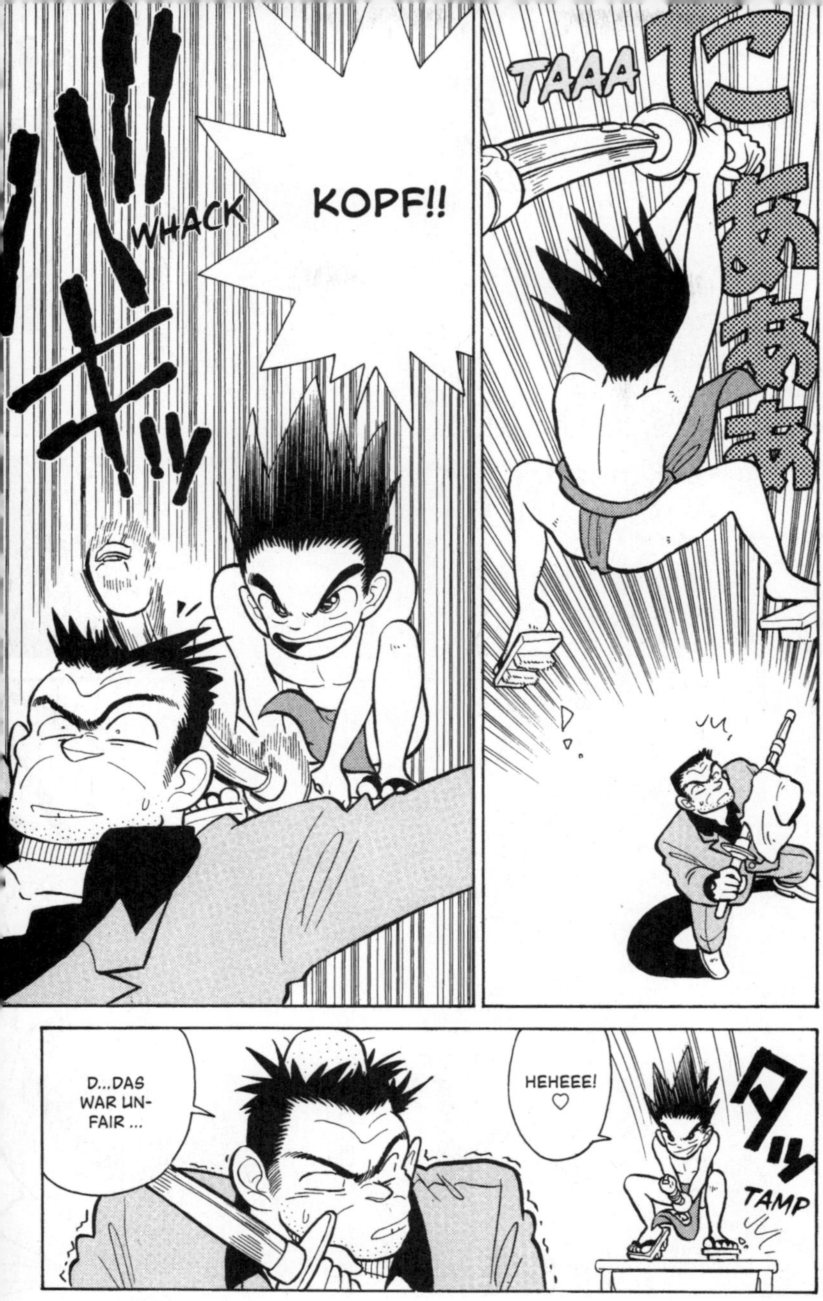
TAAA
WHACK
KOPF!!
D...DAS WAR UN-FAIR ...
HEHEEE! ♡
TAMP

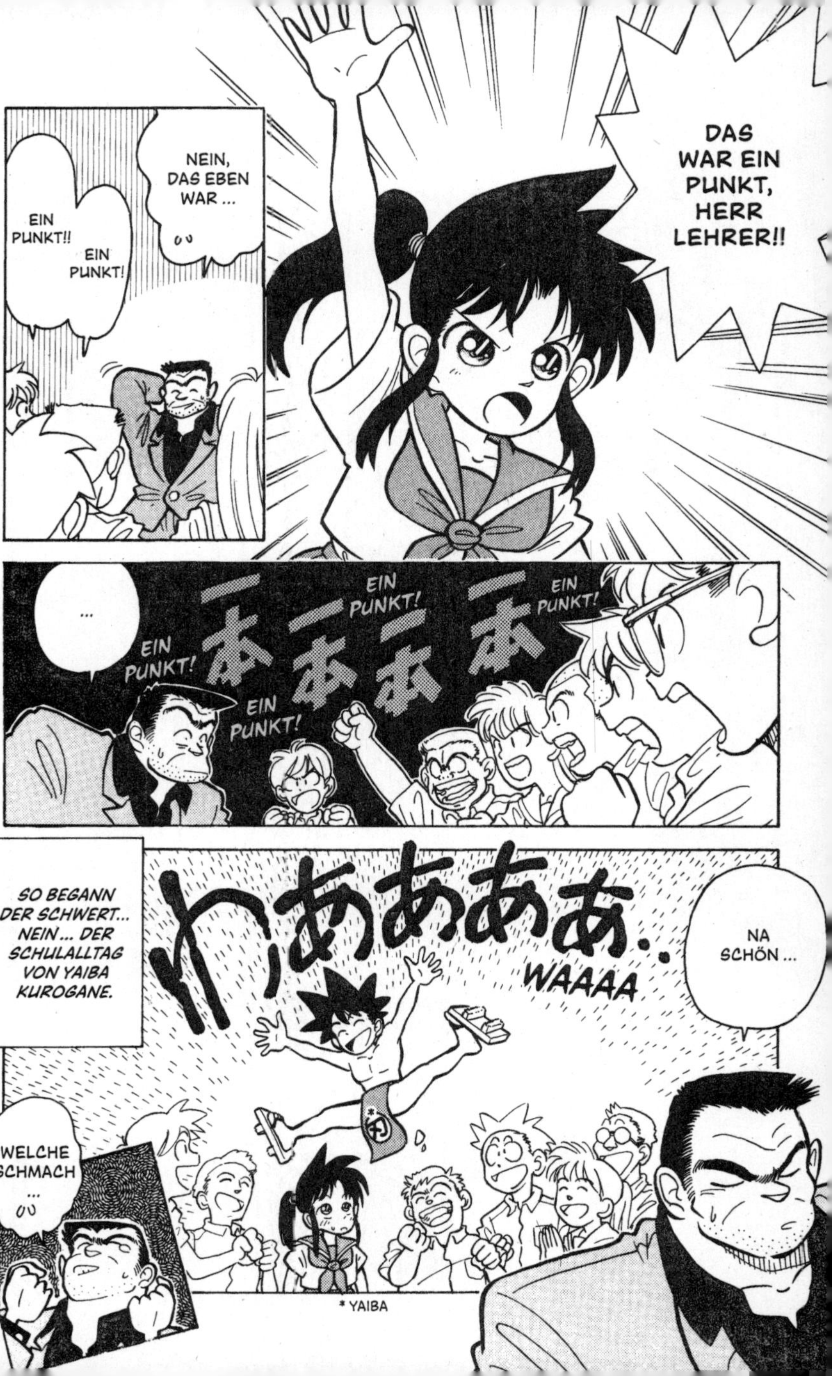
DAS WAR EIN PUNKT, HERR LEHRER!!
NEIN, DAS EBEN WAR ...
EIN PUNKT!!
EIN PUNKT!
EIN PUNKT!
EIN PUNKT!
EIN PUNKT!
EIN PUNKT!
...
NA SCHÖN ...
わあああああ
WAAAA
SO BEGANN DER SCHWERT... NEIN ... DER SCHULALLTAG VON YAIBA KUROGANE.
WELCHE SCHMACH ...
* YAIBA

KAPITEL 4:
SO VIELE SAMURAI

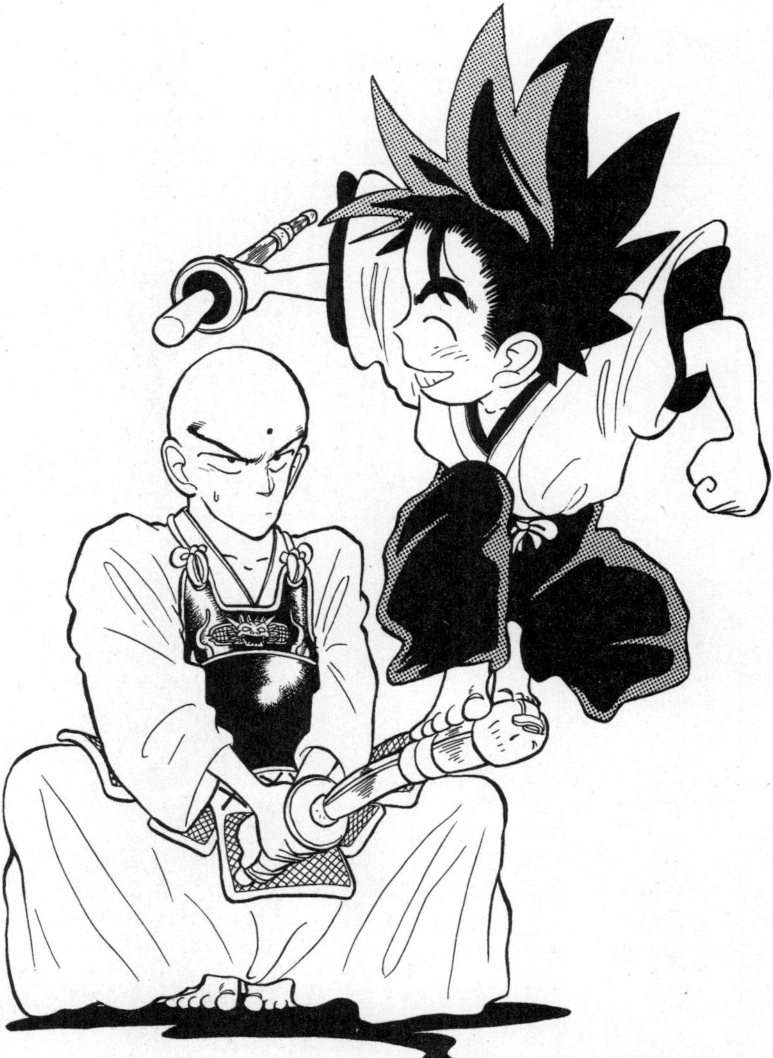

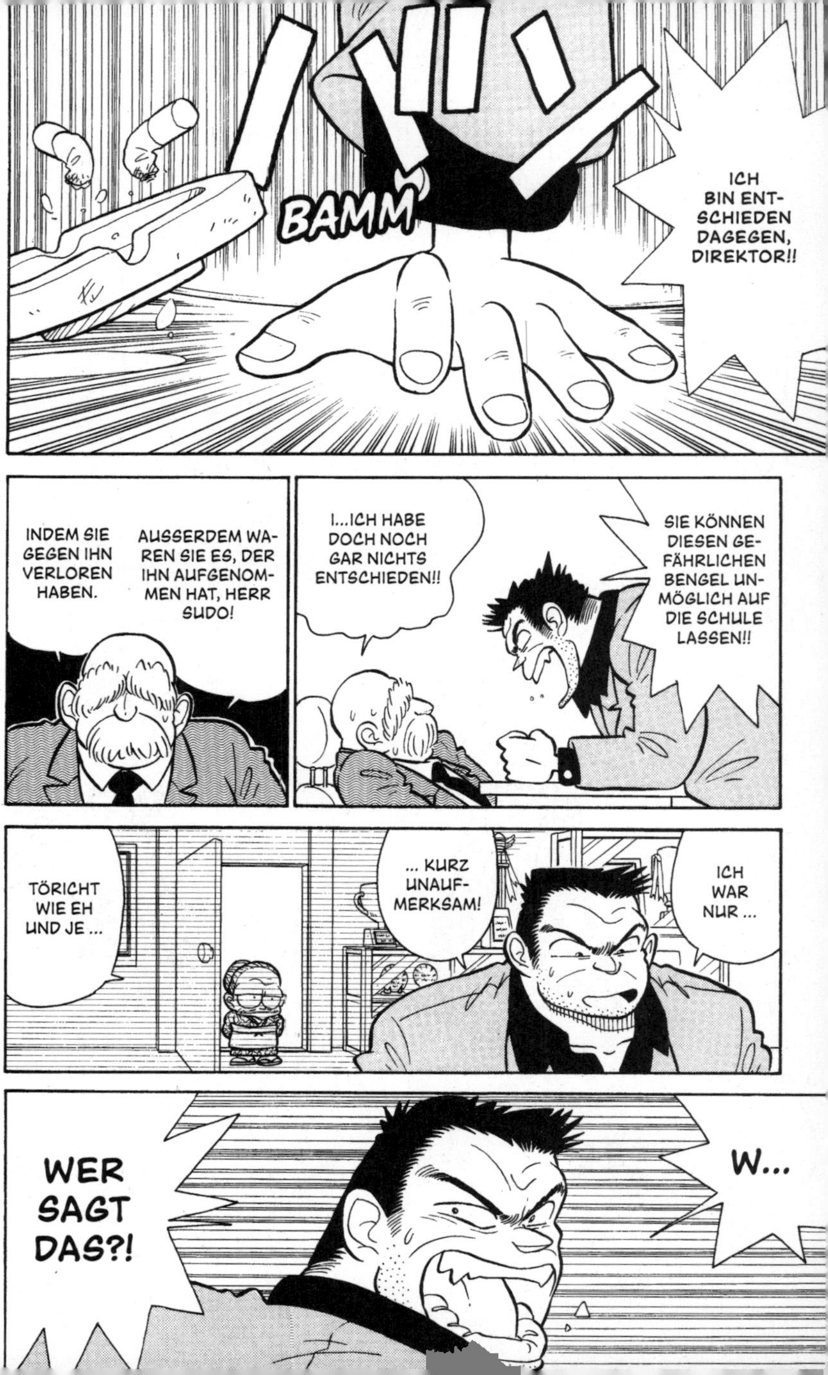
BAMM
ICH BIN ENTSCHIEDEN DAGEGEN, DIREKTOR!!
SIE KÖNNEN DIESEN GEFÄHRLICHEN BENGEL UNMÖGLICH AUF DIE SCHULE LASSEN!!
I...ICH HABE DOCH NOCH GAR NICHTS ENTSCHIEDEN!!
AUSSERDEM WAREN SIE ES, DER IHN AUFGENOMMEN HAT, HERR SUDO!
INDEM SIE GEGEN IHN VERLOREN HABEN.
ICH WAR NUR ...
... KURZ UNAUFMERKSAM!
TÖRICHT WIE EH UND JE ...
W...
WER SAGT DAS?!

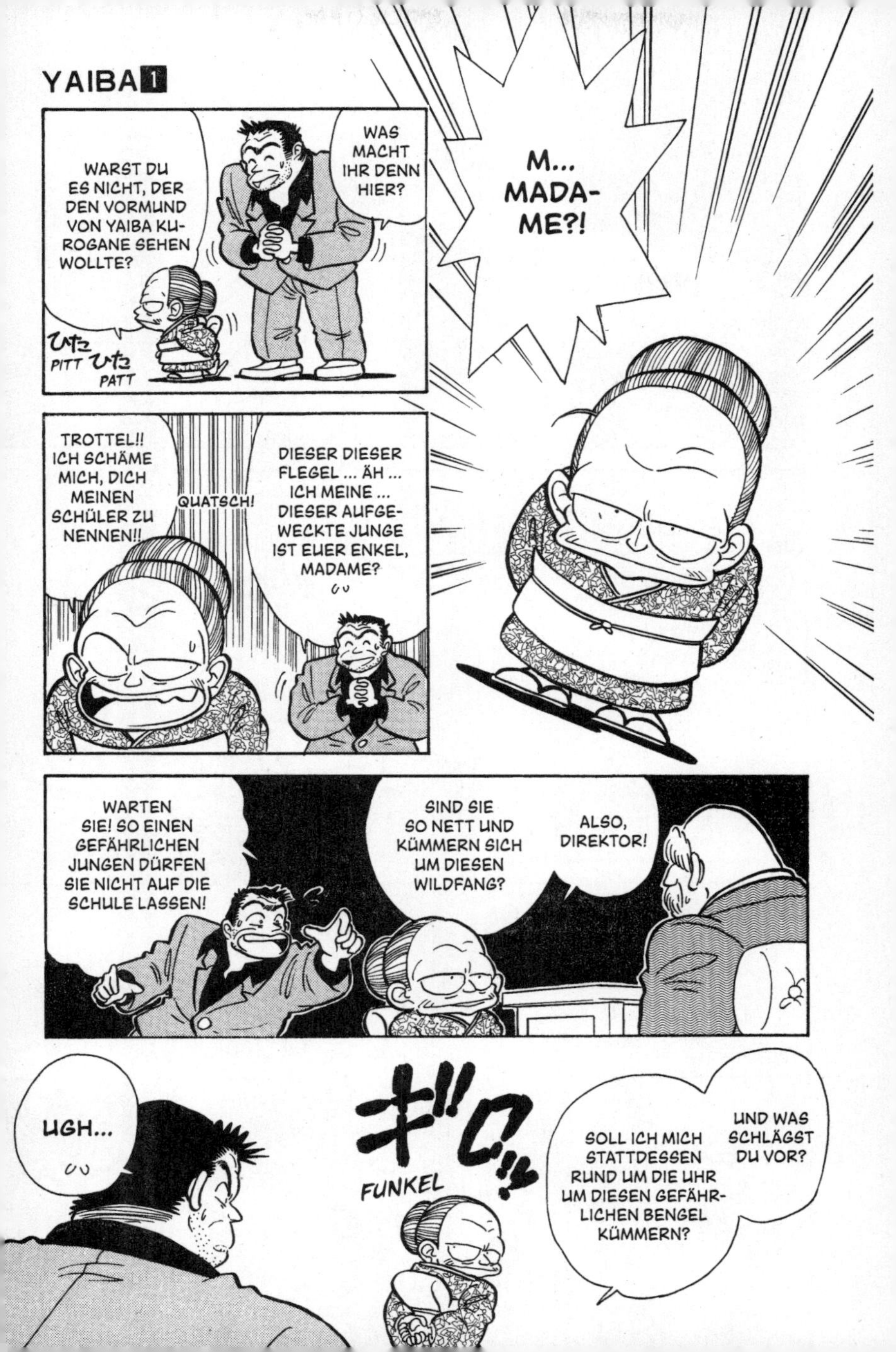
M... MADA-ME?!
WAS MACHT IHR DENN HIER?
WARST DU ES NICHT, DER DEN VORMUND VON YAIBA KUROGANE SEHEN WOLLTE?
PITT PATT
DIESER DIESER FLEGEL ... ÄH ... ICH MEINE ... DIESER AUFGEWECKTE JUNGE IST EUER ENKEL, MADAME?
QUATSCH!
TROTTEL!! ICH SCHÄME MICH, DICH MEINEN SCHÜLER ZU NENNEN!!
ALSO, DIREKTOR!
SIND SIE SO NETT UND KÜMMERN SICH UM DIESEN WILDFANG?
WARTEN SIE! SO EINEN GEFÄHRLICHEN JUNGEN DÜRFEN SIE NICHT AUF DIE SCHULE LASSEN!
UND WAS SCHLÄGST DU VOR?
SOLL ICH MICH STATTDESSEN RUND UM DIE UHR UM DIESEN GEFÄHRLICHEN BENGEL KÜMMERN?
FUNKEL
UGH...

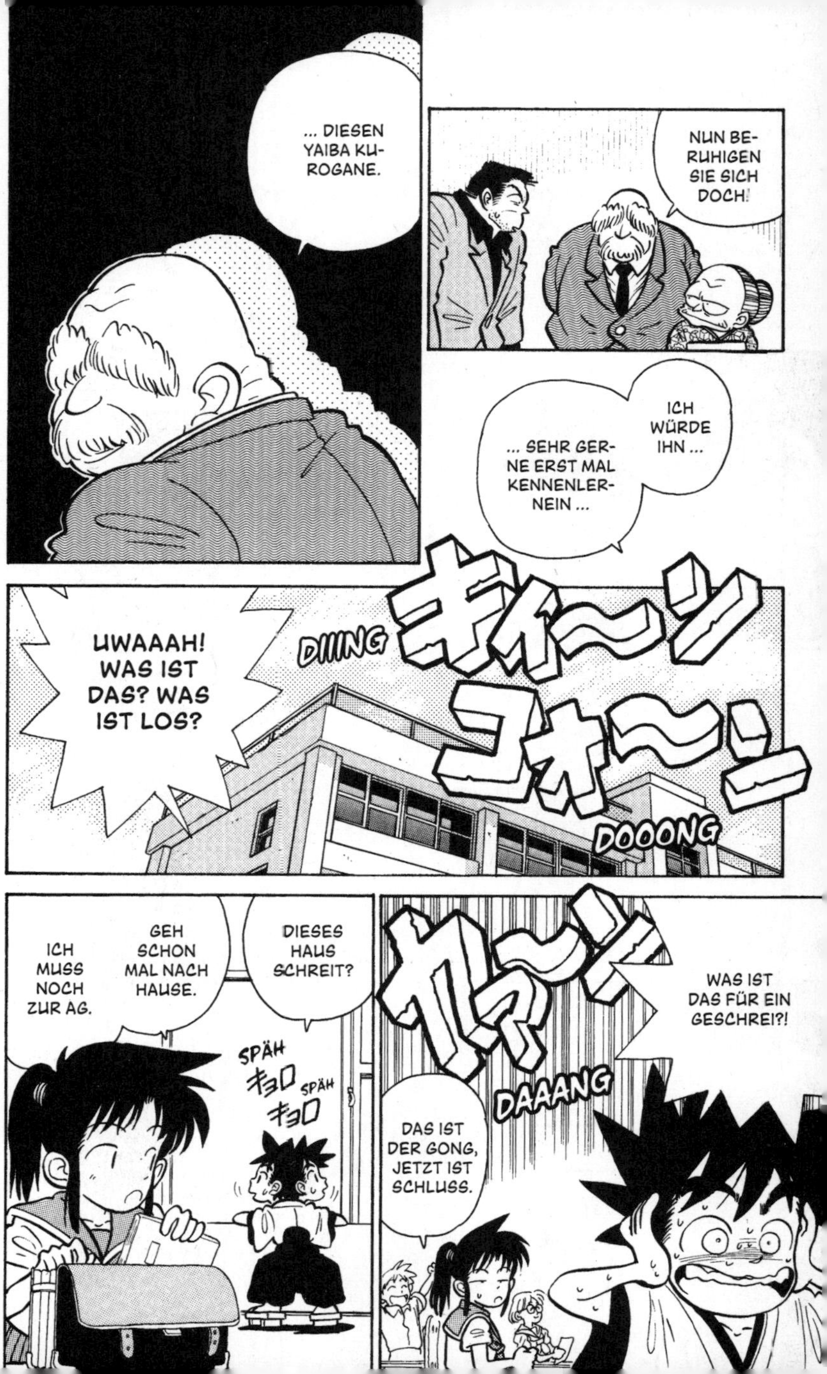
NUN BE-RUHIGEN SIE SICH DOCH!
ICH WÜRDE IHN ...
... SEHR GER-NE ERST MAL KENNENLER-NEIN ...
... DIESEN YAIBA KU-ROGANE.
DIIING
DOOONG
UWAAAH! WAS IST DAS? WAS IST LOS?
WAS IST DAS FÜR EIN GESCHREI?!
DAAANG
DAS IST DER GONG, JETZT IST SCHLUSS.
DIESES HAUS SCHREIT?
SPÄH キョロ SPÄH キョロ
GEH SCHON MAL NACH HAUSE.
ICH MUSS NOCH ZUR AG.

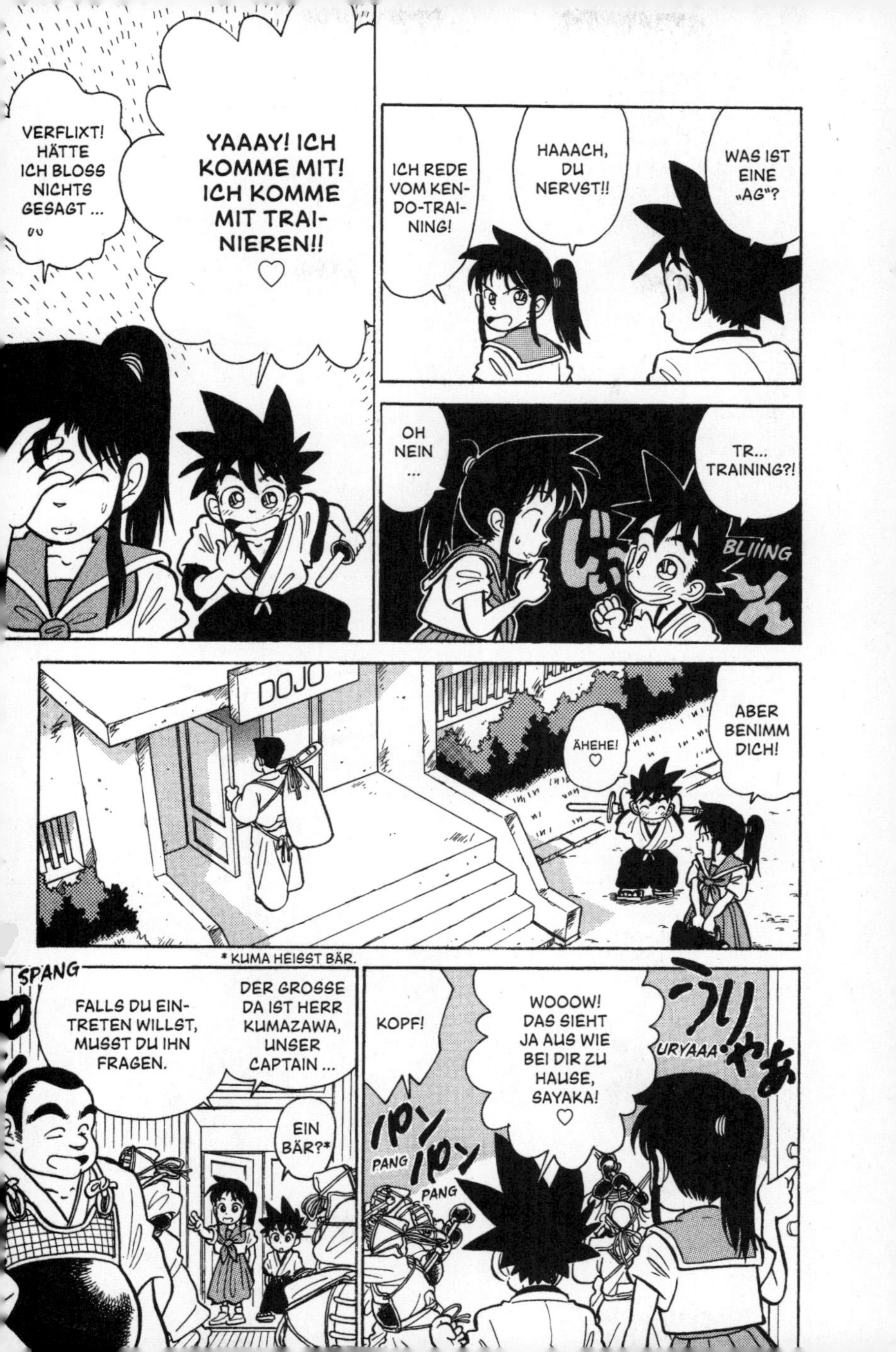
WAS IST EINE „AG“?
HAAACH, DU NERVST!!
ICH REDE VOM KEN-DO-TRAI-NING!
TR... TRAINING?!
BLIIING
OH NEIN ...
YAAAY! ICH KOMME MIT! ICH KOMME MIT TRAI-NIEREN!! ♡
VERFLIXT! HÄTTE ICH BLOSS NICHTS GESAGT ...
ABER BENIMM DICH!
ÄHEHE! ♡
DOJO
URYAAA
WOOOW! DAS SIEHT JA AUS WIE BEI DIR ZU HAUSE, SAYAKA! ♡
KOPF!
PANG
PANG
DER GROSSE DA IST HERR KUMAZAWA, UNSER CAPTAIN ...
EIN BÄR?*
FALLS DU EIN-TRETEN WILLST, MUSST DU IHN FRAGEN.
SPANG
* KUMA HEISST BÄR.

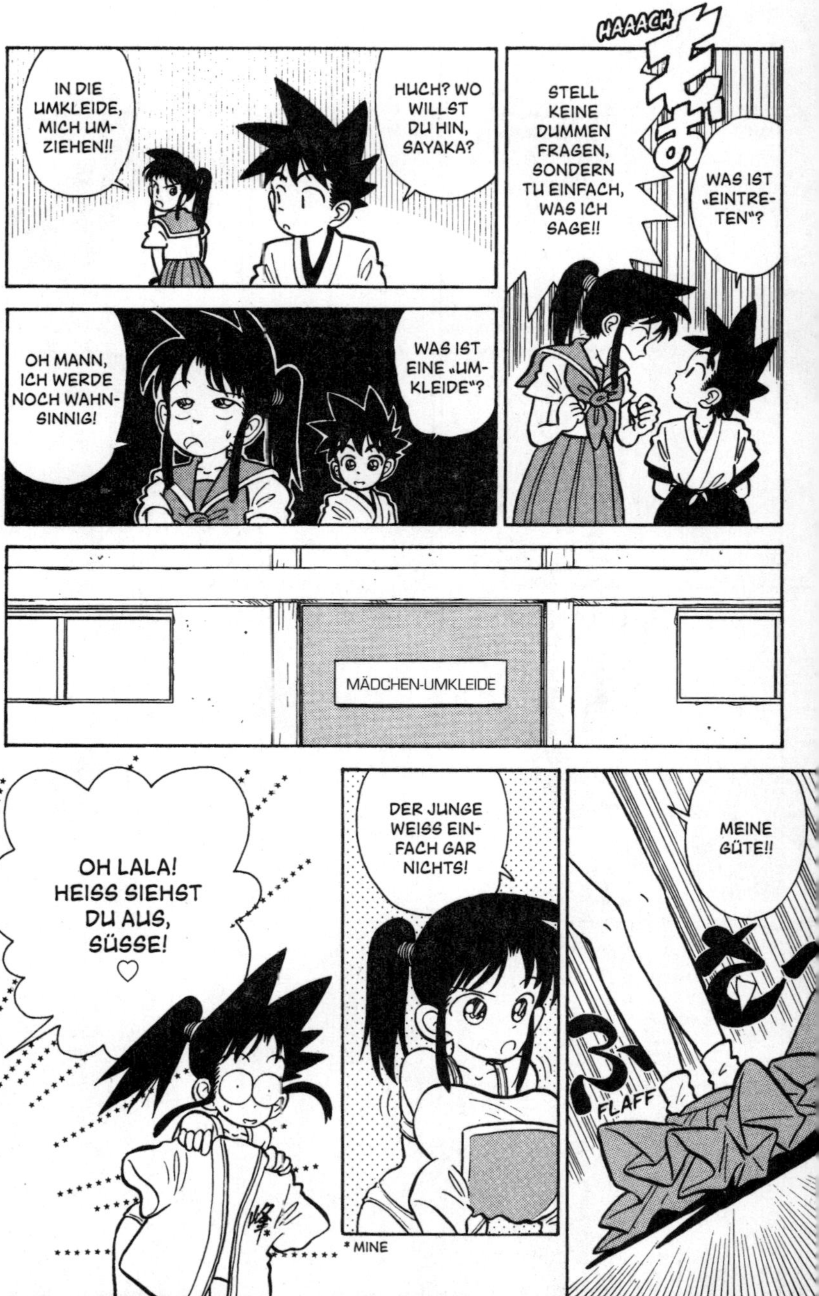
HAAACH
WAS IST »EINTRETEN«?
STELL KEINE DUMMEN FRAGEN, SONDERN TU EINFACH, WAS ICH SAGE!!
HUCH? WO WILLST DU HIN, SAYAKA?
IN DIE UMKLEIDE, MICH UMZIEHEN!!
WAS IST EINE »UMKLEIDE«?
OH MANN, ICH WERDE NOCH WAHNSINNIG!
MÄDCHEN-UMKLEIDE
MEINE GÜTE!!
FLAFF
DER JUNGE WEISS EINFACH GAR NICHTS!
OH LALA! HEISS SIEHST DU AUS, SÜSSE! ♡
* MINE

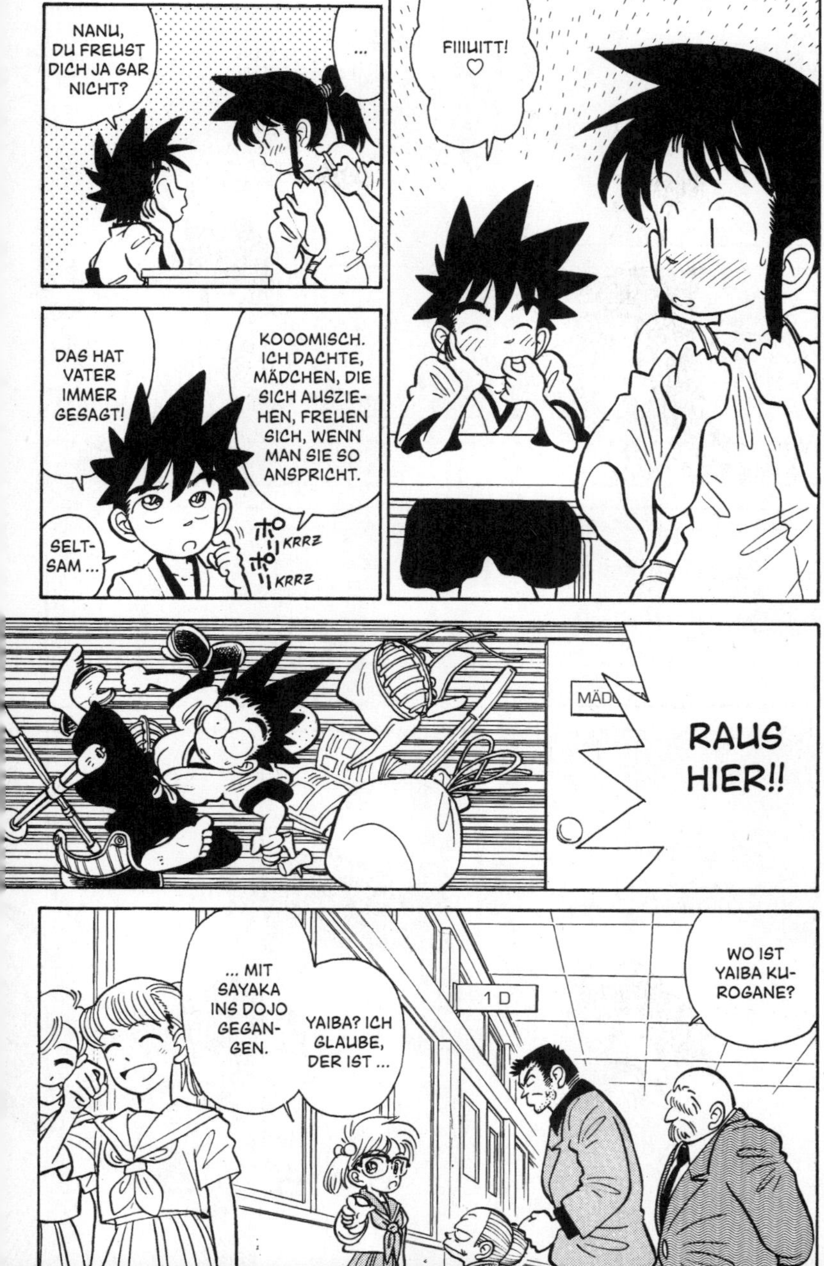
FIIIUITT! ♡
NANU, DU FREUST DICH JA GAR NICHT?
...
KOOOMISCH. ICH DACHTE, MÄDCHEN, DIE SICH AUSZIEHEN, FREUEN SICH, WENN MAN SIE SO ANSPRICHT.
DAS HAT VATER IMMER GESAGT!
KRRZ
KRRZ
SELTSAM ...
MÄDC
RAUS HIER!!
WO IST YAIBA KUROGANE?
YAIBA? ICH GLAUBE, DER IST ...
... MIT SAYAKA INS DOJO GEGANGEN.
1 D

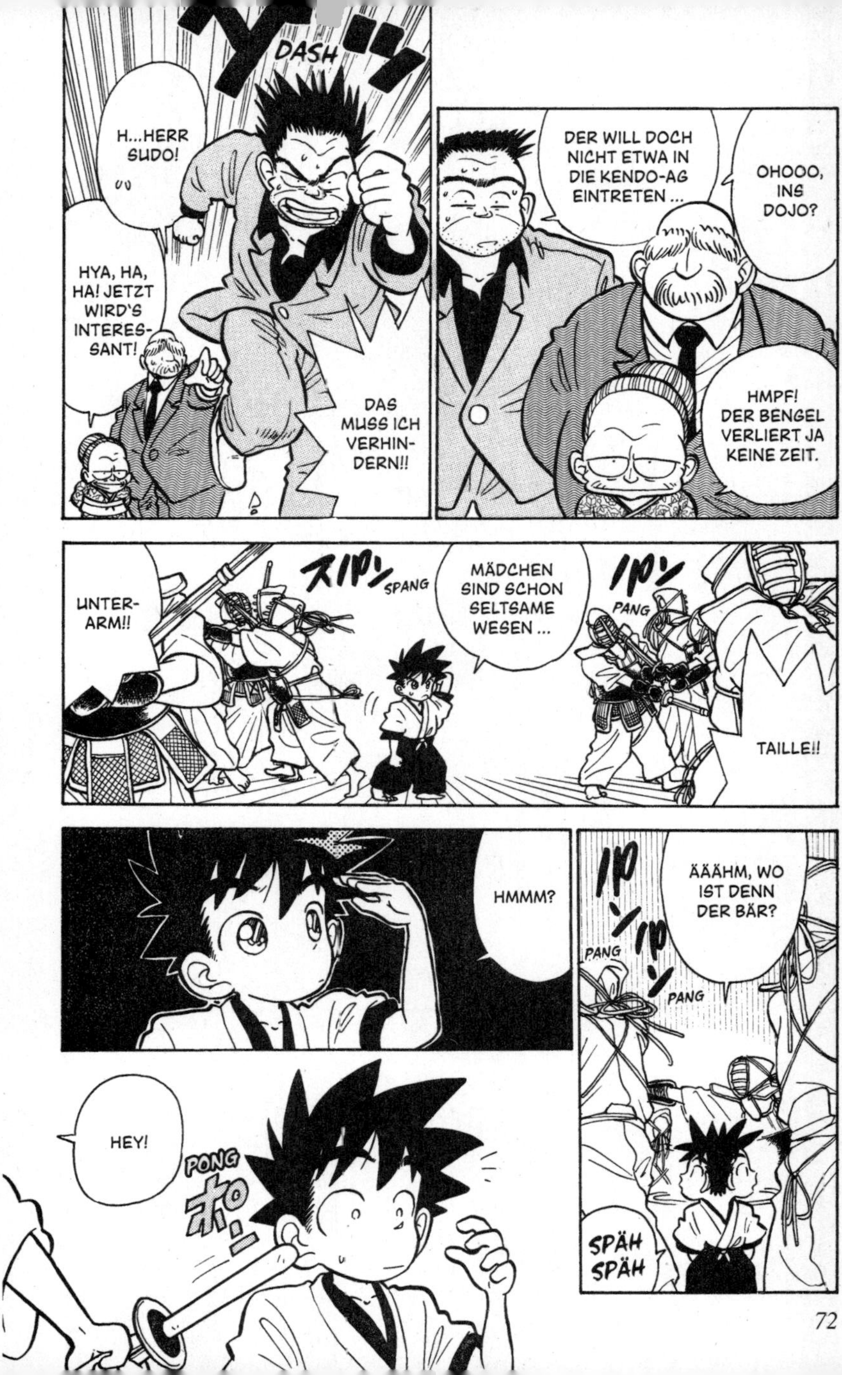
OHOOO, INS DOJO?
DER WILL DOCH NICHT ETWA IN DIE KENDO-AG EINTRETEN ...
HMPF! DER BENGEL VERLIERT JA KEINE ZEIT.
DASH
DAS MUSS ICH VERHINDERN!!
H...HERR SUDO!
HYA, HA, HA! JETZT WIRD'S INTERESSANT!
PANG
TAILLE!!
MÄDCHEN SIND SCHON SELTSAME WESEN ...
SPANG
UNTER-ARM!!
ÄÄÄHM, WO IST DENN DER BÄR?
PANG
PANG
SPÄH SPÄH
HMMM?
HEY!
PONG

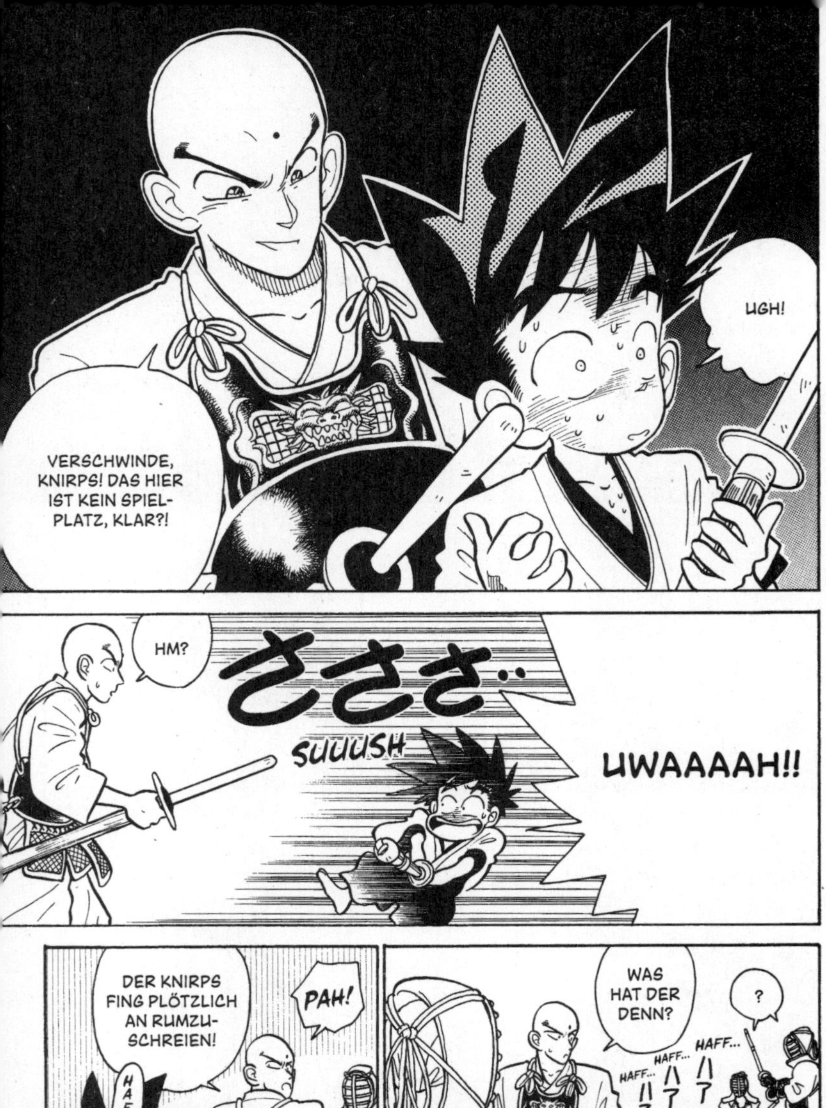
UGH!
VERSCHWINDE, KNIRPS! DAS HIER IST KEIN SPIEL-PLATZ, KLAR?!
UWAAAAH!!
SUUUSH
ささざ
HM?
?
WAS HAT DER DENN?
HAFF... HAFF... HAFF...
ハァ ハァ ハァ
HEY, WAS IST DA LOS?
PAH!
DER KNIRPS FING PLÖTZLICH AN RUMZU-SCHREIEN!
HAFF...
HAFF...
HAFF...

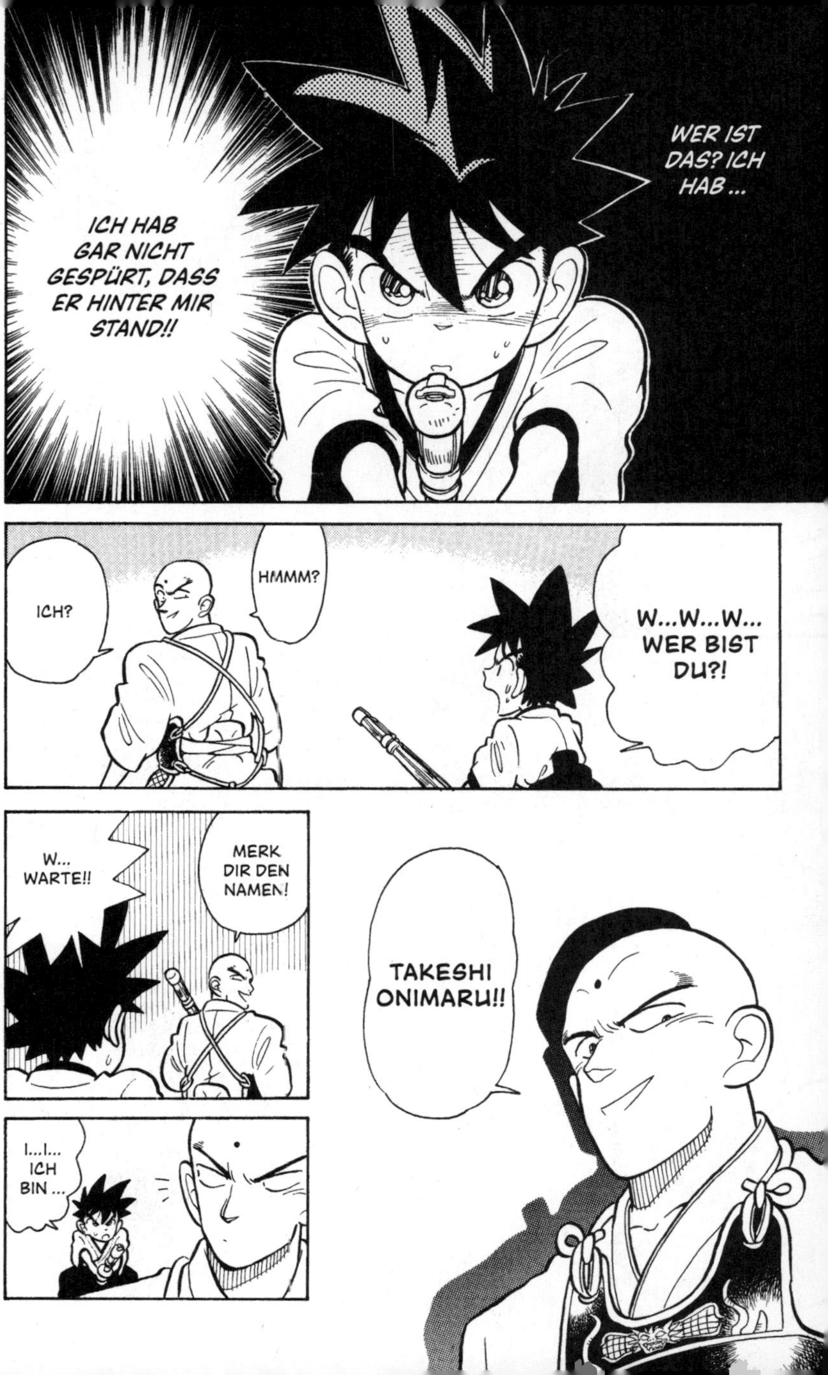
WER IST DAS? ICH HAB ...
ICH HAB GAR NICHT GESPÜRT, DASS ER HINTER MIR STAND!!
W...W...W... WER BIST DU?!
HMMM?
ICH?
TAKESHI ONIMARU!!
MERK DIR DEN NAMEN!
W... WARTE!!
I...I... ICH BIN ...

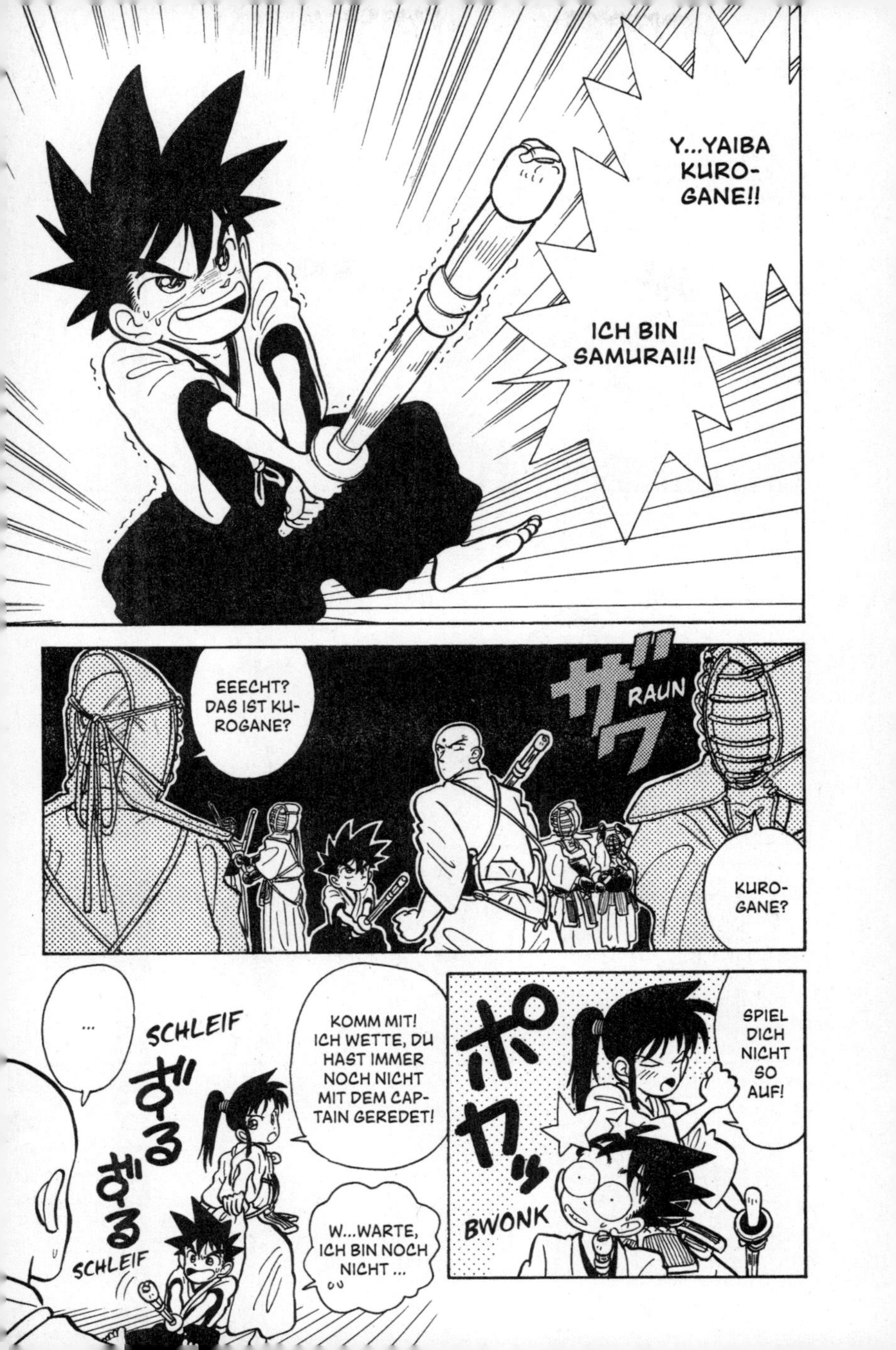

Y...YAIBA KURO-GANE!!
ICH BIN SAMURAI!!
RAUN
KURO-GANE?
EEECHT? DAS IST KU-ROGANE?
BWONK
SPIEL DICH NICHT SO AUF!
KOMM MIT! ICH WETTE, DU HAST IMMER NOCH NICHT MIT DEM CAP-TAIN GEREDET!
W...WARTE, ICH BIN NOCH NICHT ...
ずるずる
SCHLEIF
SCHLEIF
...

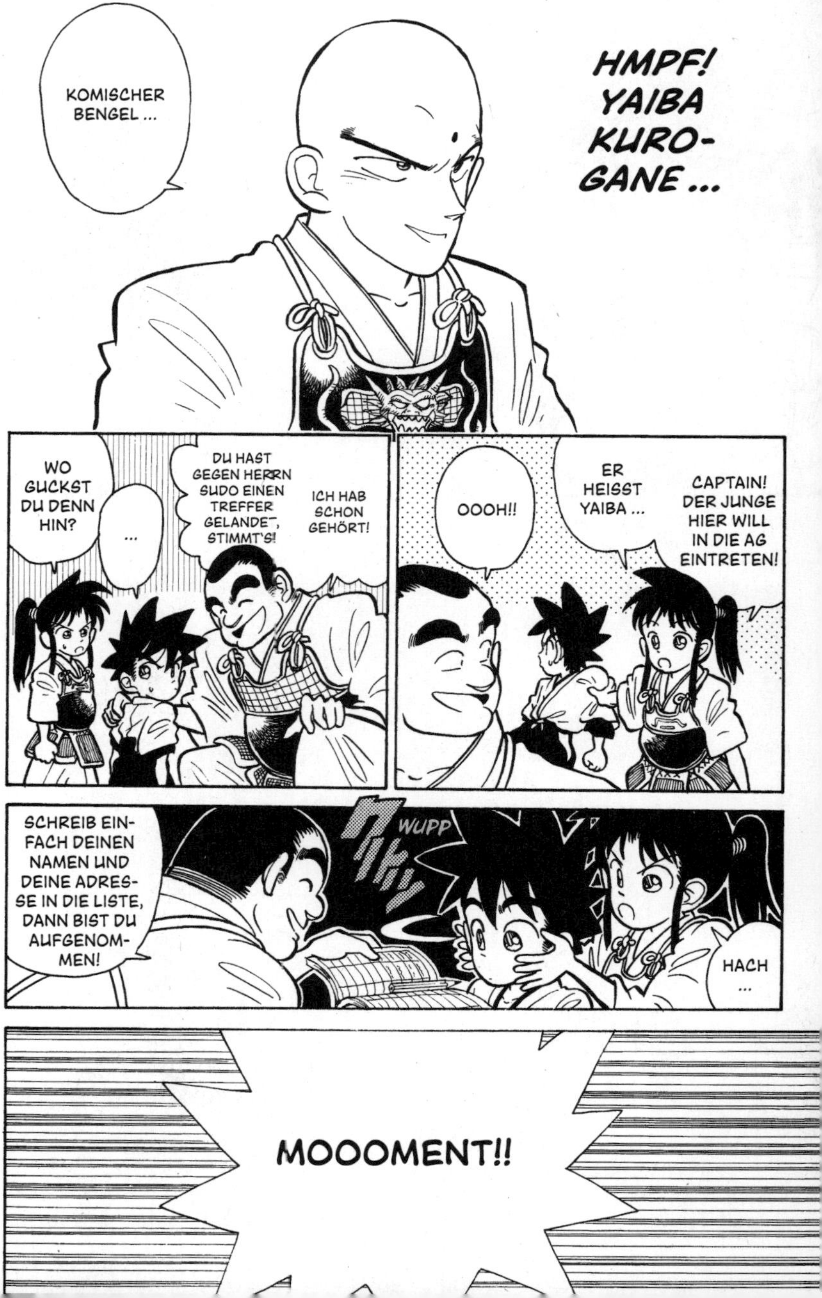
HMPF! YAIBA KURO-GANE ...
KOMISCHER BENGEL ...
CAPTAIN! DER JUNGE HIER WILL IN DIE AG EINTRETEN!
ER HEISST YAIBA ...
OOOH!!
ICH HAB SCHON GEHÖRT!
DU HAST GEGEN HERRN SUDO EINEN TREFFER GELANDET, STIMMT'S!
...
WO GUCKST DU DENN HIN?
HACH ...
WUPP
SCHREIB EINFACH DEINEN NAMEN UND DEINE ADRESSE IN DIE LISTE, DANN BIST DU AUFGENOMMEN!
MOOOMENT!!

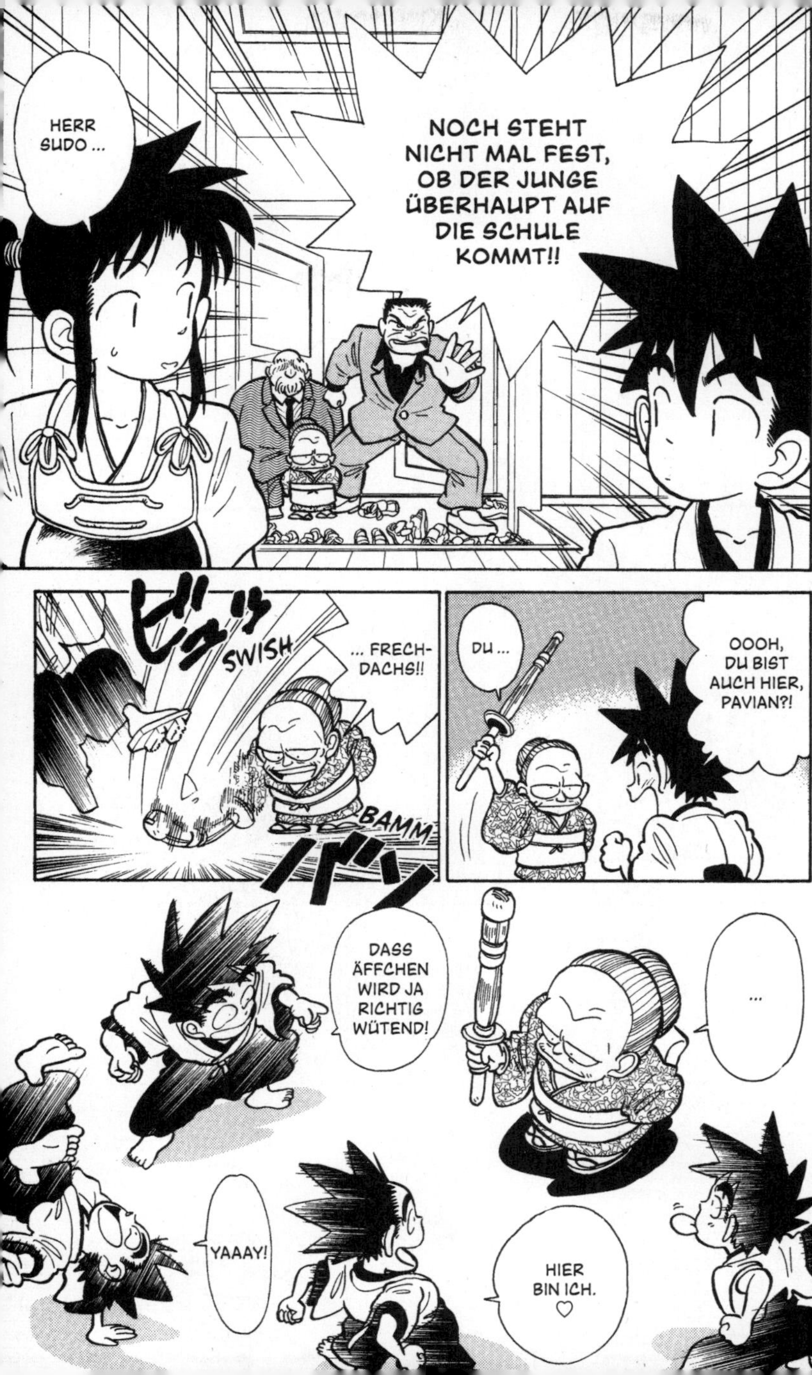
NOCH STEHT NICHT MAL FEST, OB DER JUNGE ÜBERHAUPT AUF DIE SCHULE KOMMT!!
HERR SUDO …
OOOH, DU BIST AUCH HIER, PAVIAN?!
DU …
… FRECH-DACHS!!
SWISH
BAMM
…
DASS ÄFFCHEN WIRD JA RICHTIG WÜTEND!
HIER BIN ICH. ♡
YAAAY!

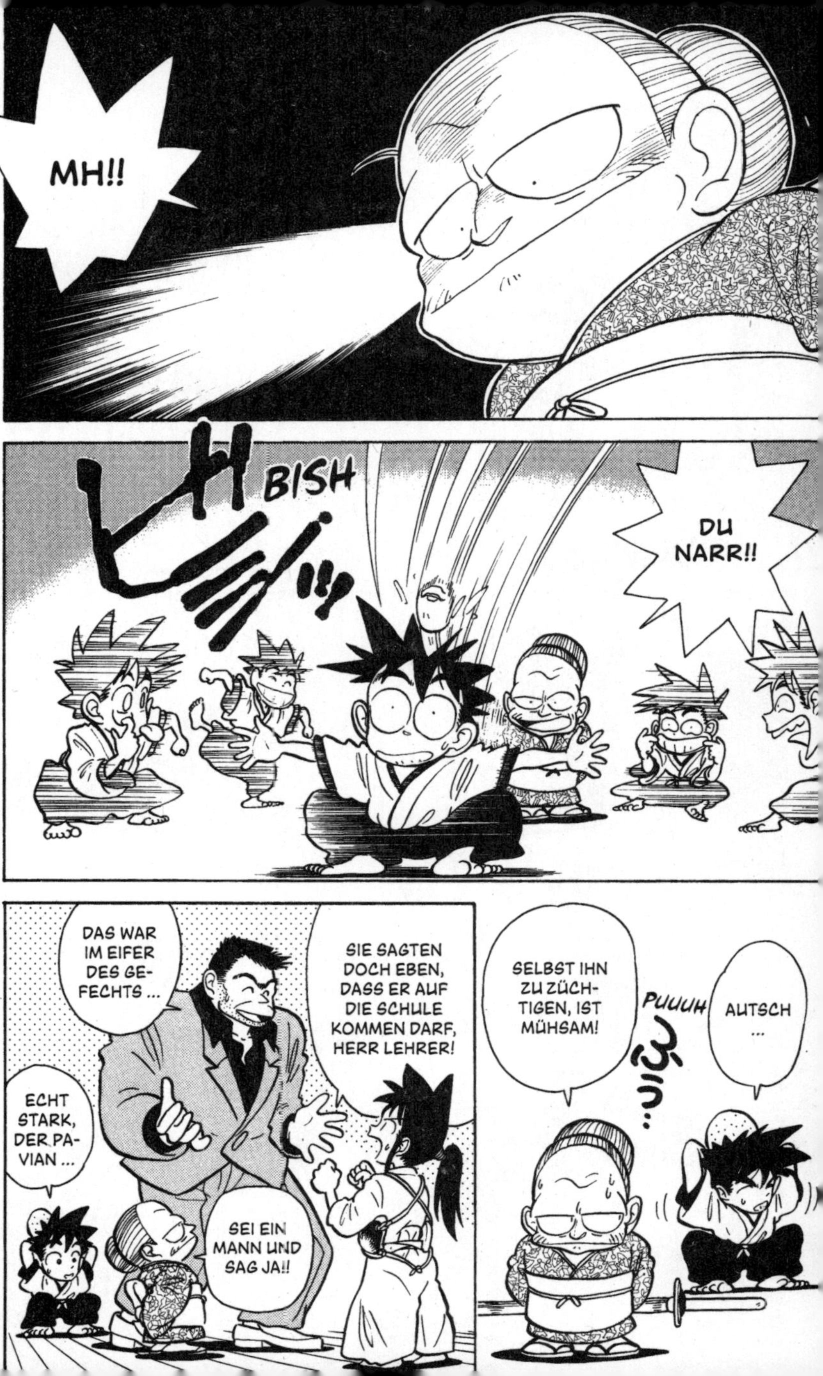
MH!!
DU NARR!!
BISH
AUTSCH ...
PUUUH
SELBST IHN ZU ZÜCHTIGEN, IST MÜHSAM!
SIE SAGTEN DOCH EBEN, DASS ER AUF DIE SCHULE KOMMEN DARF, HERR LEHRER!
DAS WAR IM EIFER DES GEFECHTS ...
SEI EIN MANN UND SAG JA!!
ECHT STARK, DER PAVIAN ...

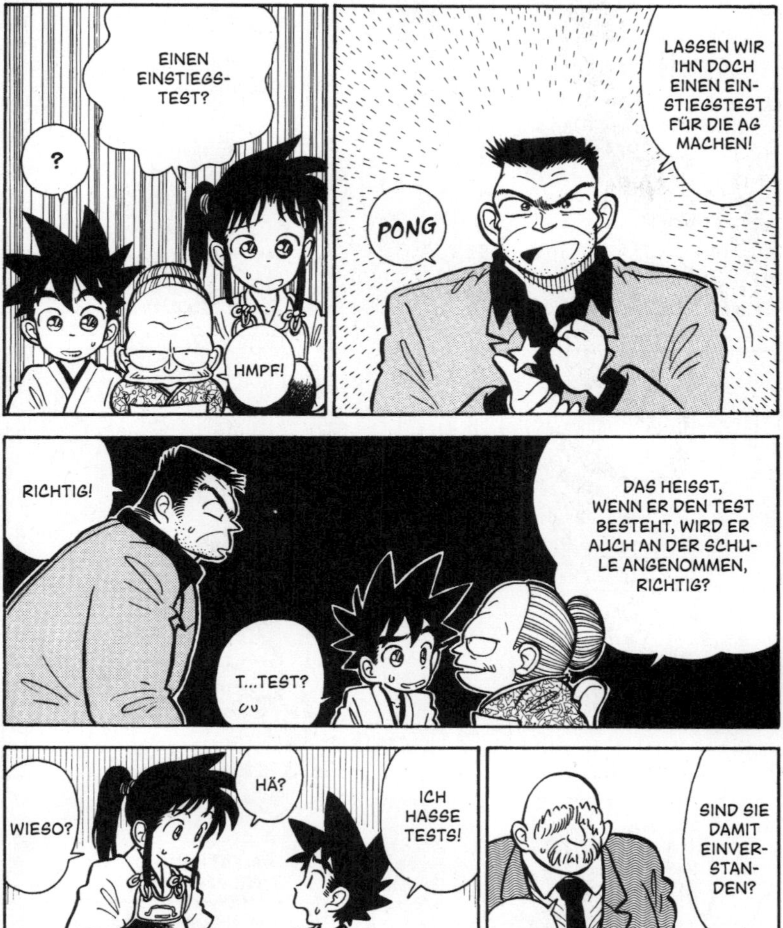
LASSEN WIR IHN DOCH EINEN EIN-STIEGSTEST FÜR DIE AG MACHEN!
PONG
EINEN EINSTIEGS-TEST?
?
HMPF!
DAS HEISST, WENN ER DEN TEST BESTEHT, WIRD ER AUCH AN DER SCHU-LE ANGENOMMEN, RICHTIG?
T...TEST?
RICHTIG!
SIND SIE DAMIT EINVER-STAN-DEN?
JA, ÄHM ...
ICH HASSE TESTS!
HÄ?
WIESO?
TESTS SIND ÖDE UND IR-GENDWANN TUT EINEM SO DER KOPF WEH, DASS MAN DENKT, ER EXPLODIERT.
HAT MEIN VATER GESAGT.

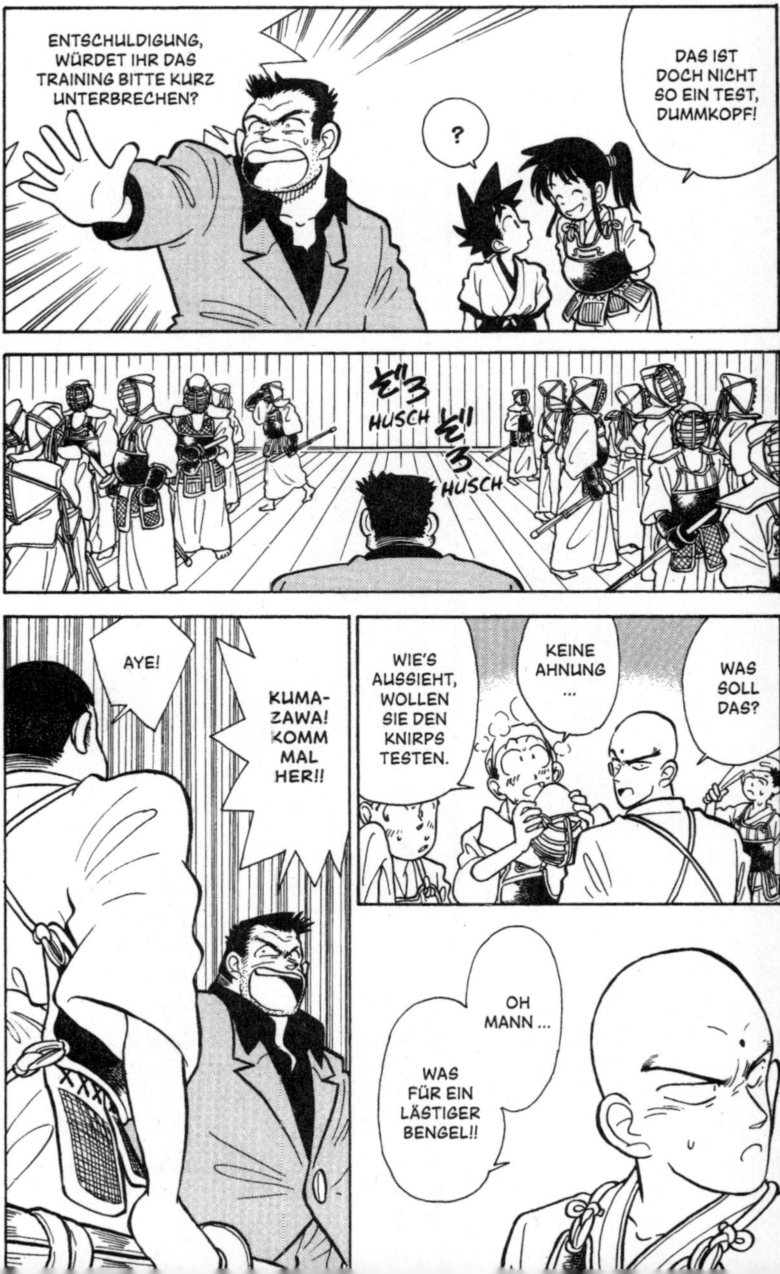
DAS IST DOCH NICHT SO EIN TEST, DUMMKOPF!
?
ENTSCHULDIGUNG, WÜRDET IHR DAS TRAINING BITTE KURZ UNTERBRECHEN?
HUSCH
HUSCH
WAS SOLL DAS?
KEINE AHNUNG ...
WIE'S AUSSIEHT, WOLLEN SIE DEN KNIRPS TESTEN.
KUMA-ZAWA! KOMM MAL HER!!
AYE!
OH MANN ...
WAS FÜR EIN LÄSTIGER BENGEL!!

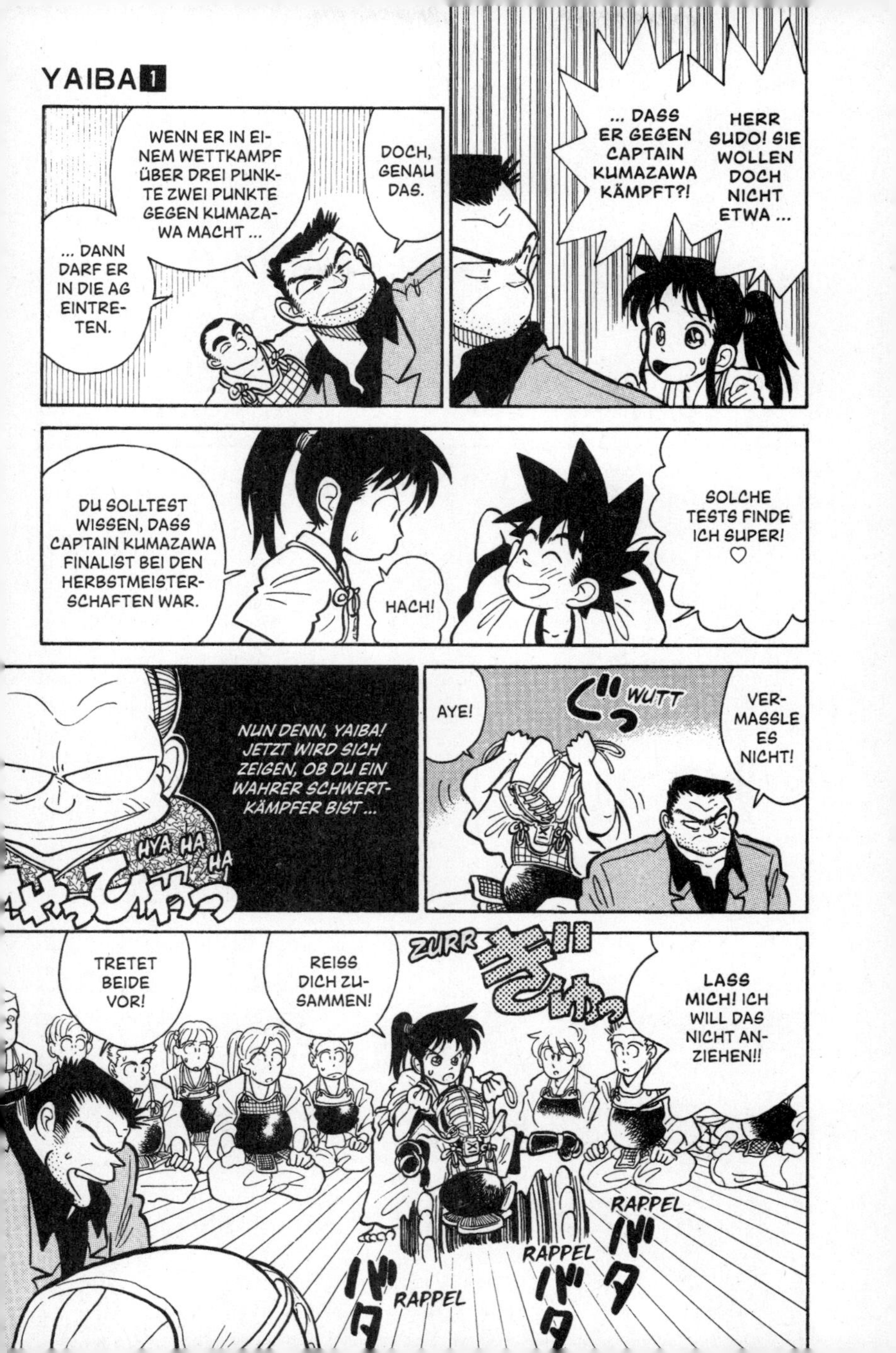
HERR SUDO! SIE WOLLEN DOCH NICHT ETWA ...
... DASS ER GEGEN CAPTAIN KUMAZAWA KÄMPFT?!
DOCH, GENAU DAS.
WENN ER IN EINEM WETTKAMPF ÜBER DREI PUNKTE ZWEI PUNKTE GEGEN KUMAZAWA MACHT ...
... DANN DARF ER IN DIE AG EINTRETEN.
SOLCHE TESTS FINDE ICH SUPER! ♡
HACH!
DU SOLLTEST WISSEN, DASS CAPTAIN KUMAZAWA FINALIST BEI DEN HERBSTMEISTERSCHAFTEN WAR.
VERMASSLE ES NICHT!
ぐっ WUTT
AYE!
NUN DENN, YAIBA! JETZT WIRD SICH ZEIGEN, OB DU EIN WAHRER SCHWERTKÄMPFER BIST ...
HYA HA HA
LASS MICH! ICH WILL DAS NICHT ANZIEHEN!!
ZURR
REISS DICH ZUSAMMEN!
TRETET BEIDE VOR!
RAPPEL
RAPPEL
RAPPEL

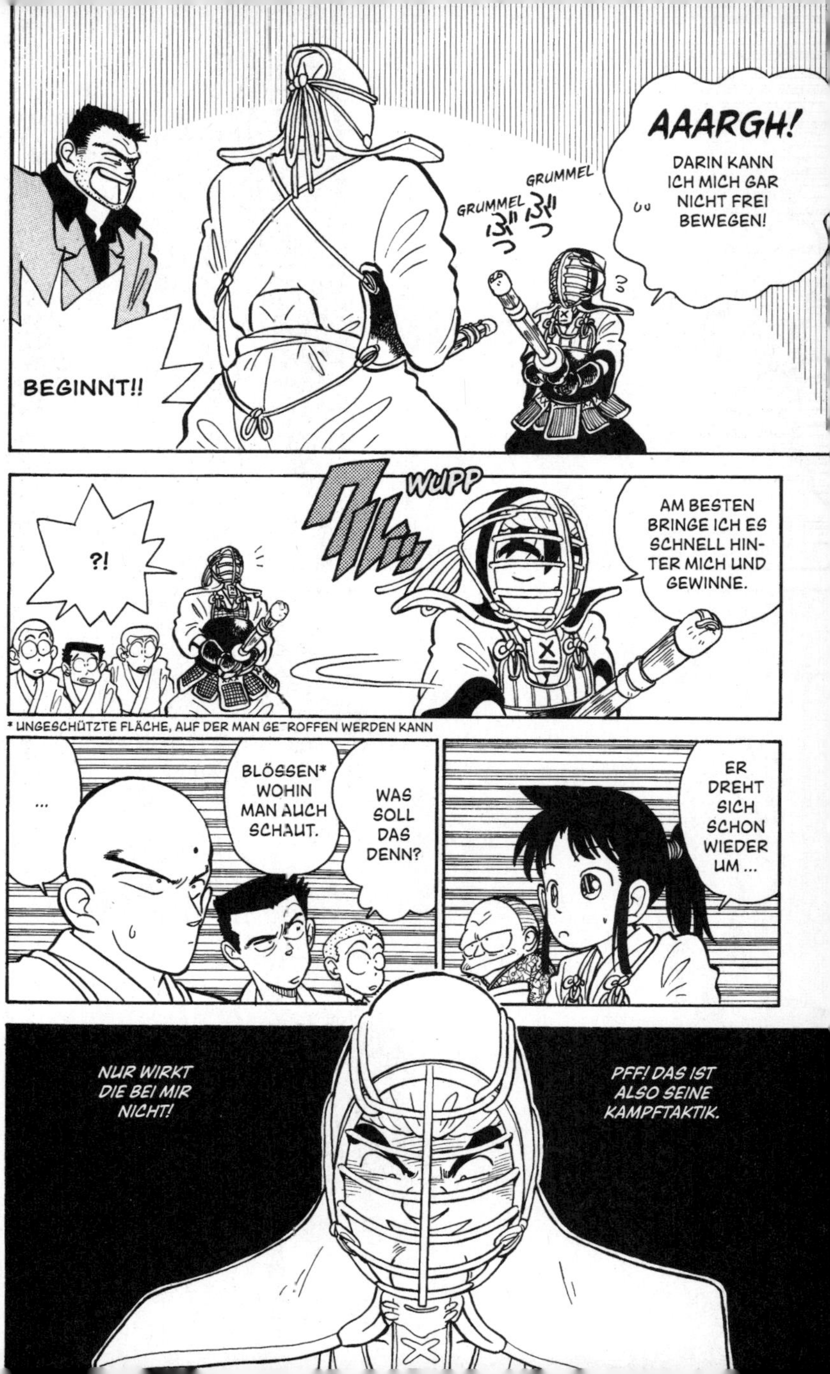

* UNGESCHÜTZTE FLÄCHE, AUF DER MAN GETROFFEN WERDEN KANN

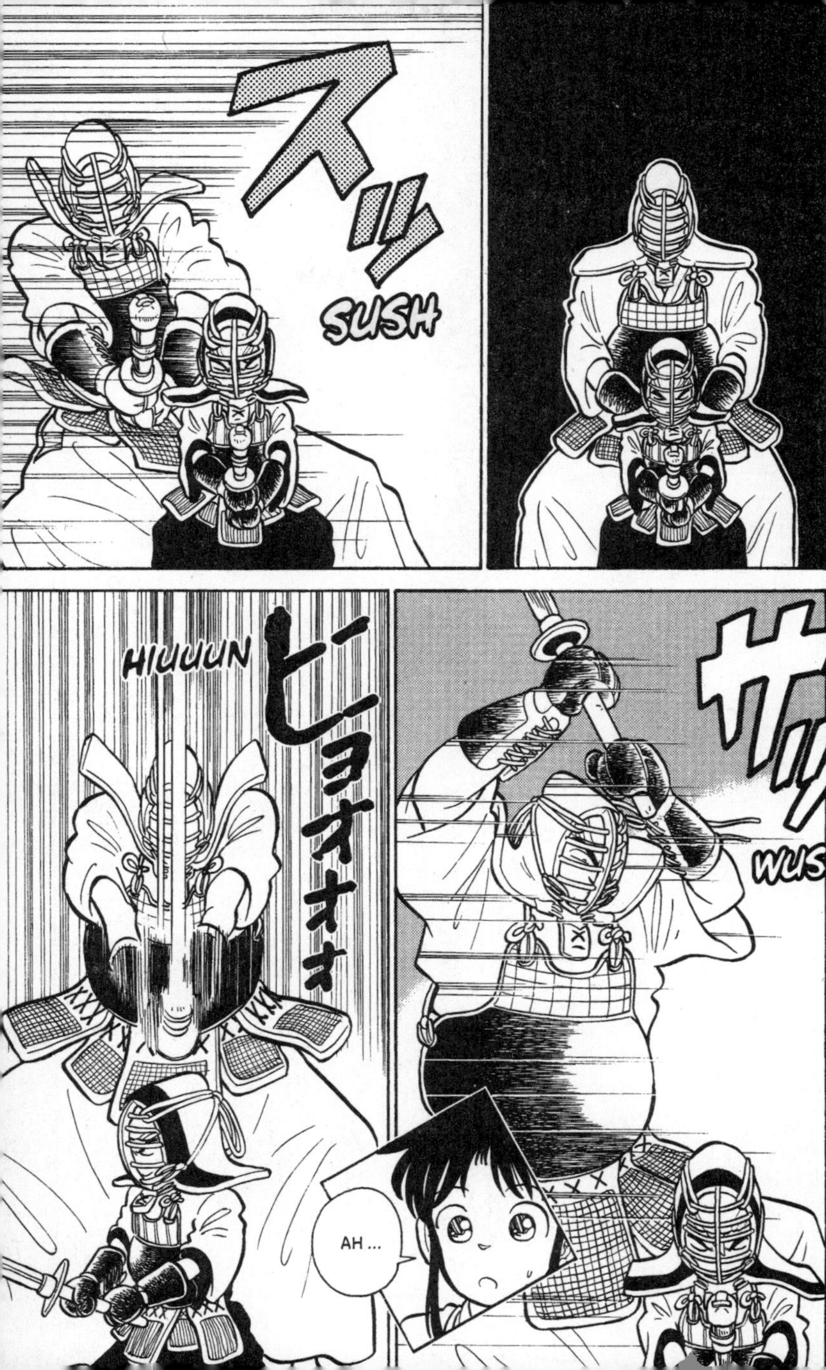

スッ
SUSH
ザッ
WUSCH
AH ...
ビョオオォ
HIUUUN

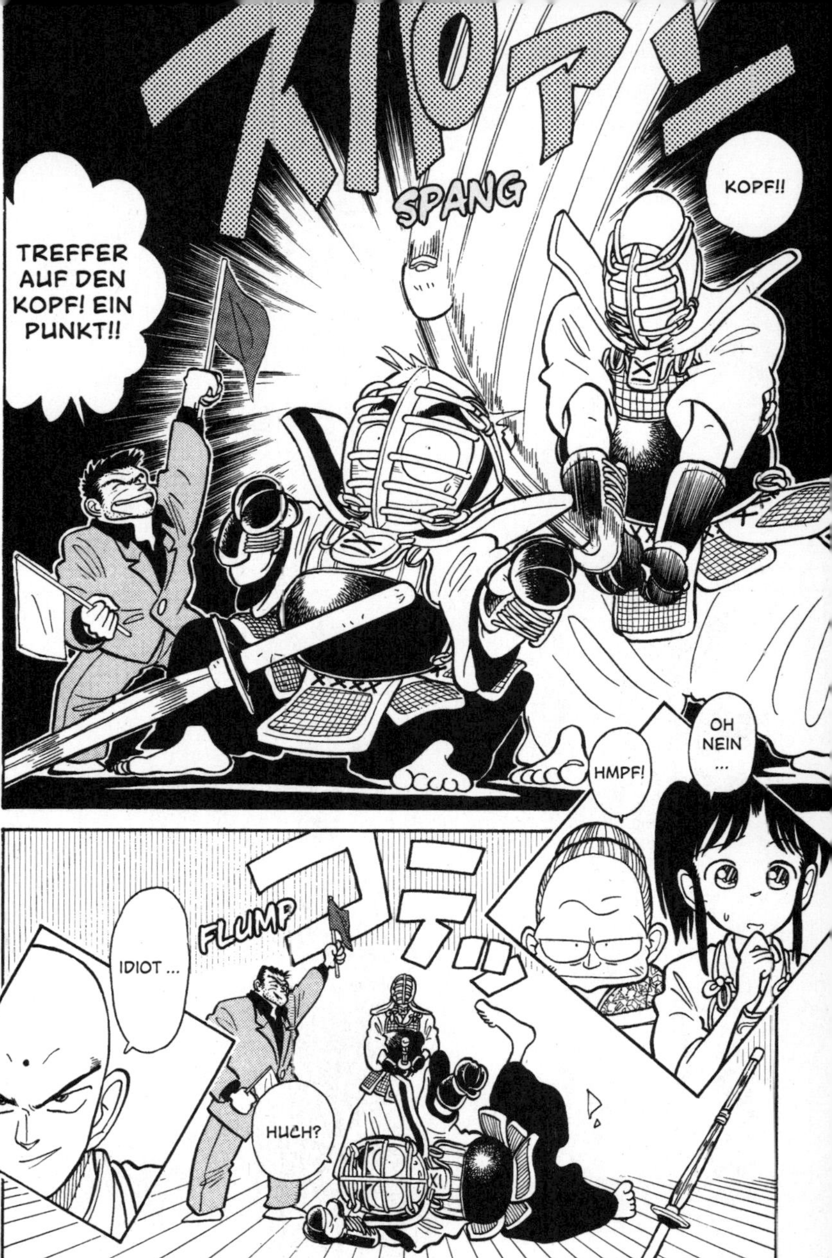
SPANG
KOPF!!
TREFFER AUF DEN KOPF! EIN PUNKT!!
OH NEIN ...
HMPF!
FLUMP
IDIOT ...
HUCH?

KAPITEL 5: HALTE DICH NICHT ZURÜCK

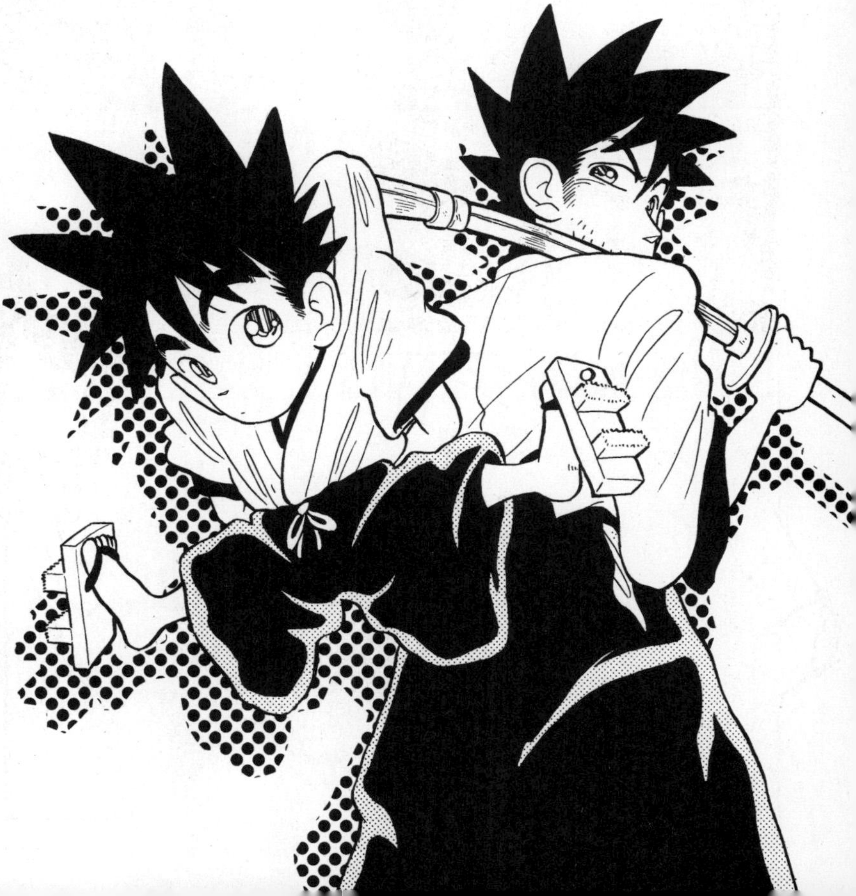

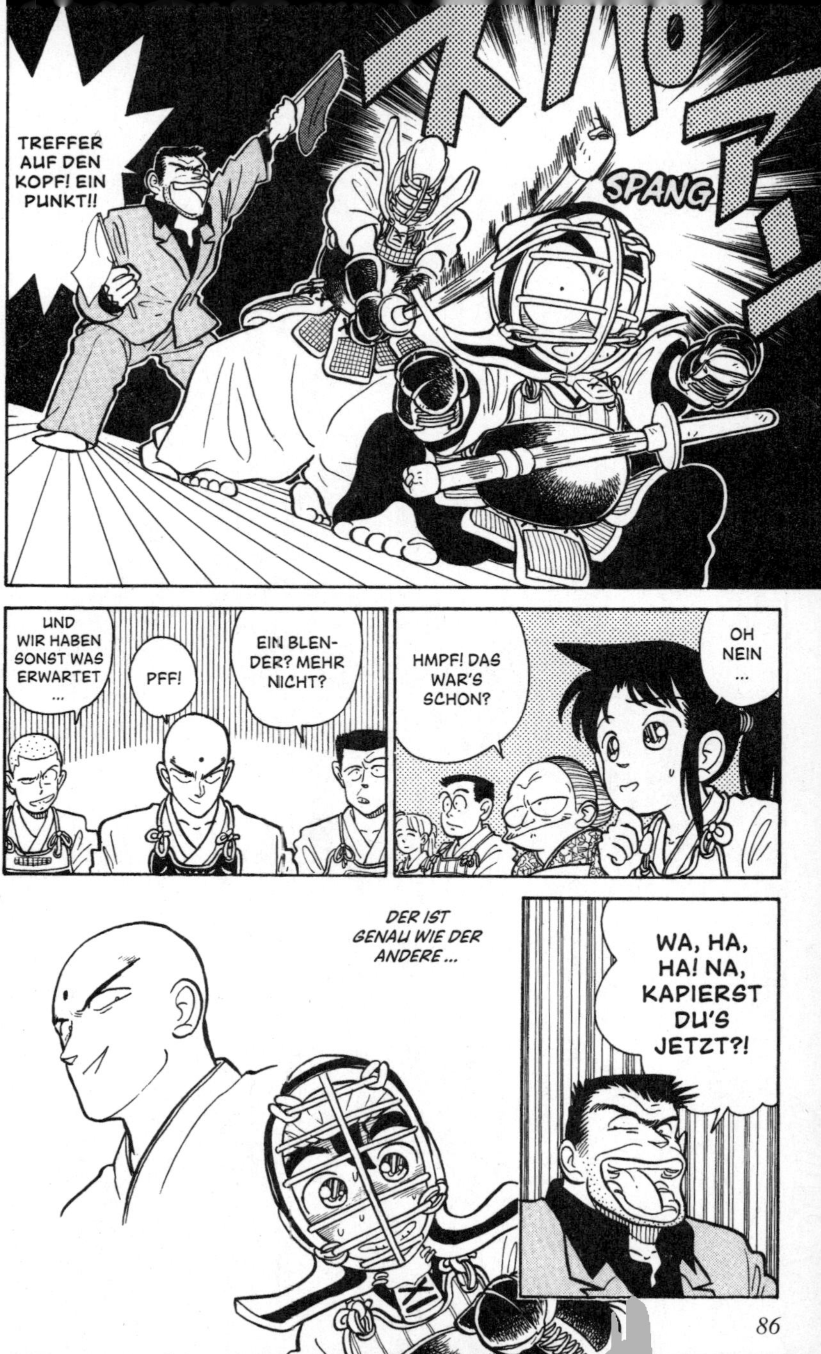
SPANG
TREFFER AUF DEN KOPF! EIN PUNKT!!
OH NEIN ...
HMPF! DAS WAR'S SCHON?
EIN BLENDER? MEHR NICHT?
PFF!
UND WIR HABEN SONST WAS ERWARTET ...
WA, HA, HA! NA, KAPIERST DU'S JETZT?!
DER IST GENAU WIE DER ANDERE ...

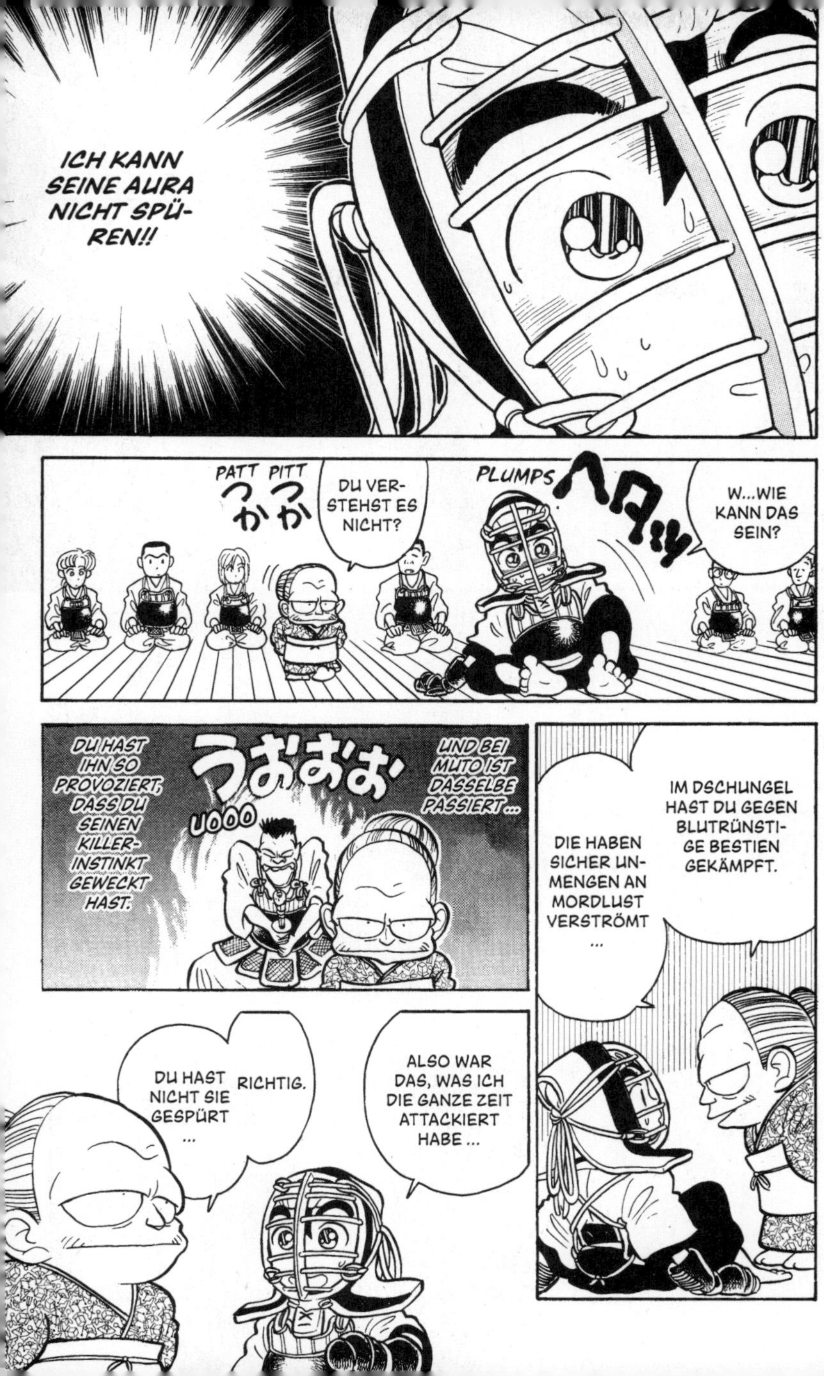
ICH KANN SEINE AURA NICHT SPÜ-REN!!
W...WIE KANN DAS SEIN?
PLUMPS
DU VER-STEHST ES NICHT?
PATT PITT
IM DSCHUNGEL HAST DU GEGEN BLUTRÜNSTI-GE BESTIEN GEKÄMPFT.
DIE HABEN SICHER UN-MENGEN AN MORDLUST VERSTRÖMT ...
UND BEI MUTO IST DASSELBE PASSIERT ...
UOOO
DU HAST IHN SO PROVOZIERT, DASS DU SEINEN KILLER-INSTINKT GEWECKT HAST.
ALSO WAR DAS, WAS ICH DIE GANZE ZEIT ATTACKIERT HABE ...
RICHTIG.
DU HAST NICHT SIE GESPÜRT ...

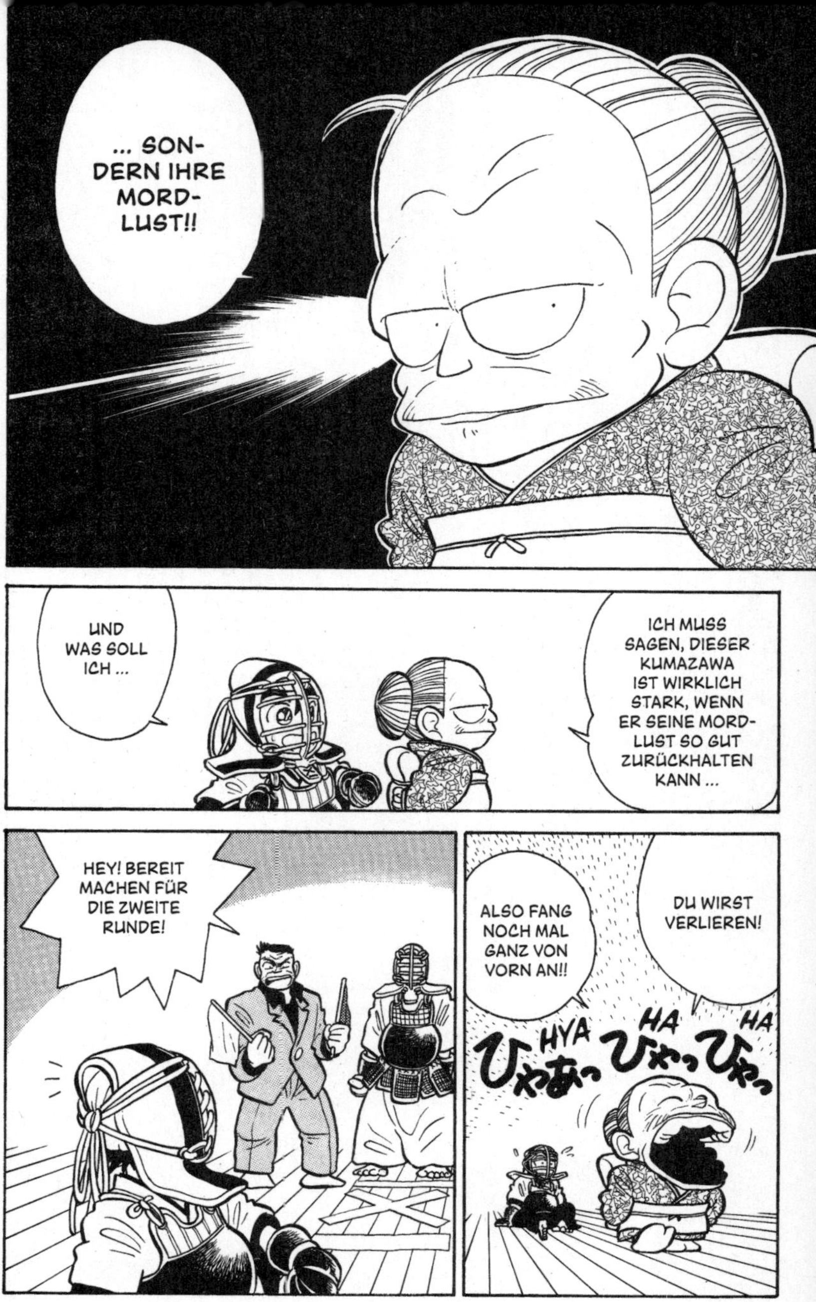
... SON-
DERN IHRE
MORD-
LUST!!
ICH MUSS SAGEN, DIESER KUMAZAWA IST WIRKLICH STARK, WENN ER SEINE MORD-LUST SO GUT ZURÜCKHALTEN KANN ...
UND WAS SOLL ICH ...
DU WIRST VERLIEREN!
ALSO FANG NOCH MAL GANZ VON VORN AN!!
HYA HA HA
ひゃあっ ひゃっ ひゃっ
HEY! BEREIT MACHEN FÜR DIE ZWEITE RUNDE!

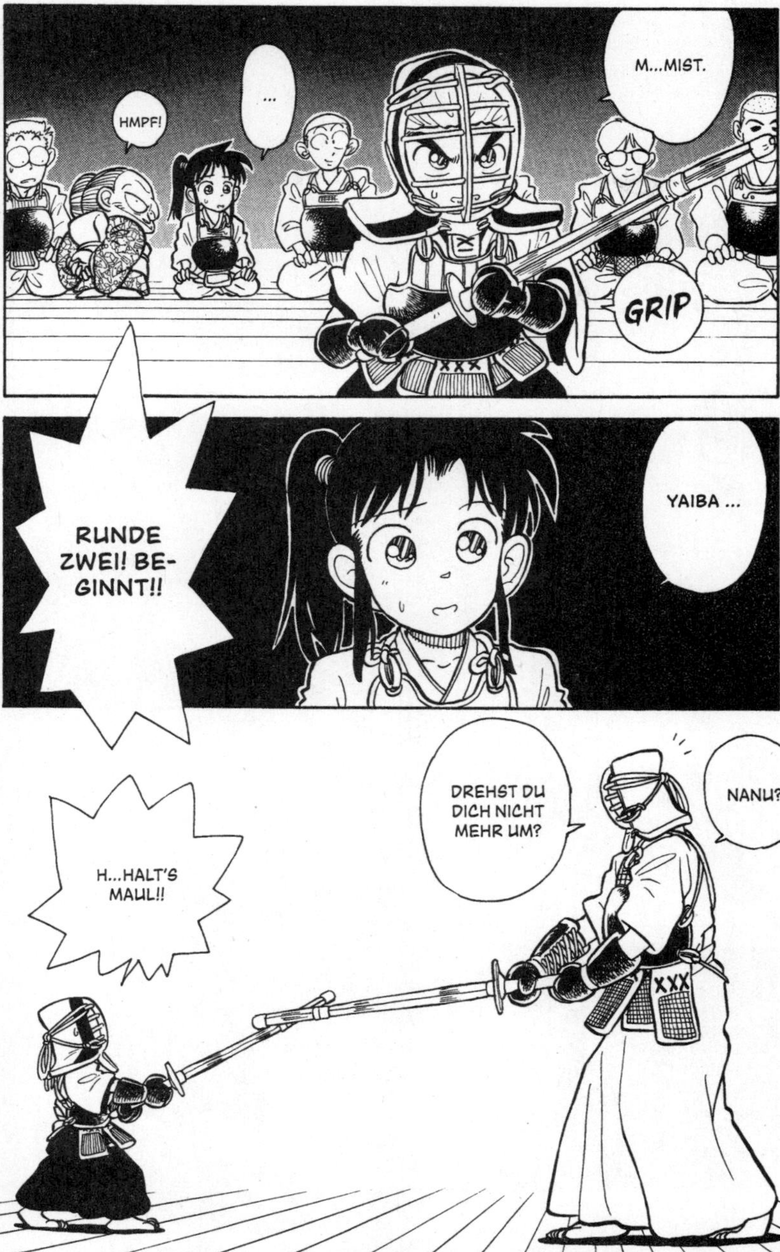
M...MIST.
GRIP
...
HMPF!
YAIBA ...
RUNDE ZWEI! BEGINNT!!
NANU?
DREHST DU DICH NICHT MEHR UM?
H...HALT'S MAUL!!

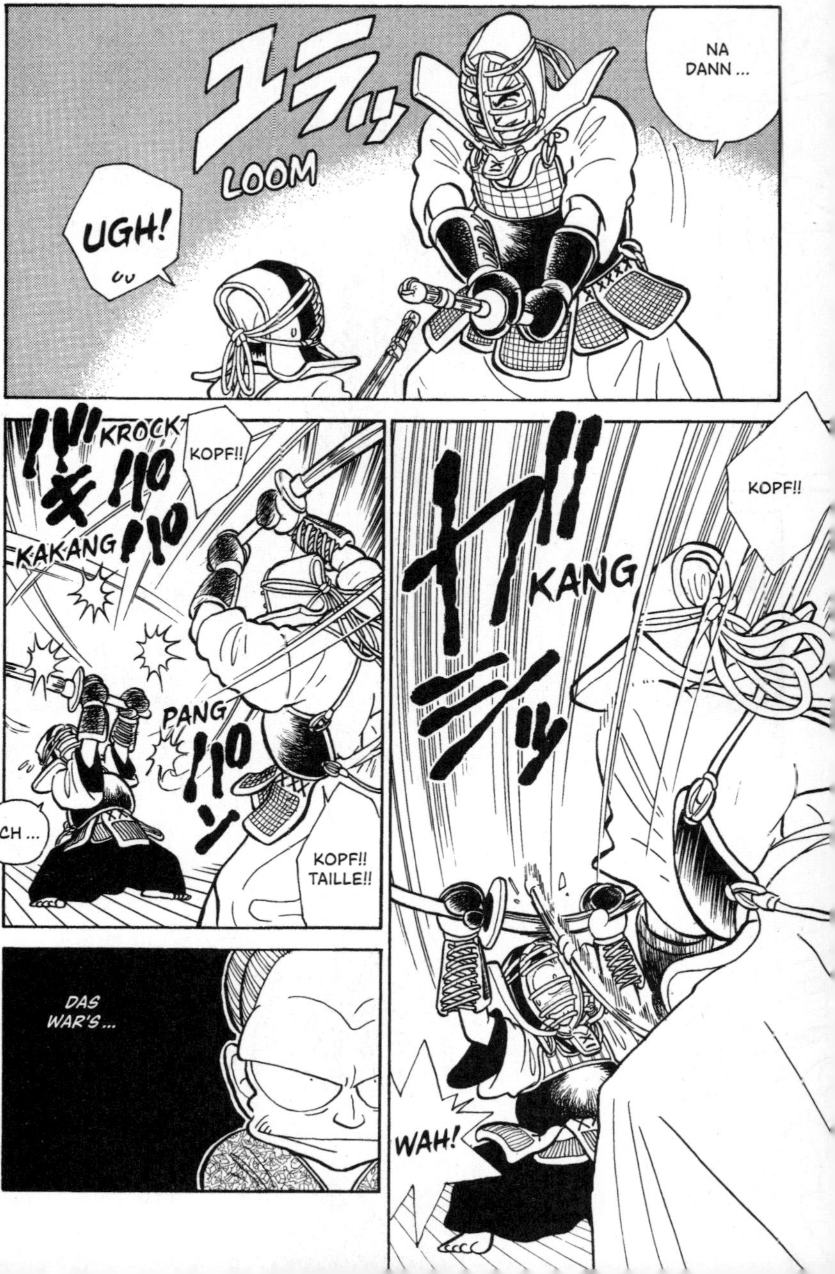
NA DANN ...
LOOM
UGH!
KOPF!!
KANG
WAH!
KOPF!!
KROCK
KAKANG
PANG
KOPF!! TAILLE!!
ICH ...
DAS WAR'S ...

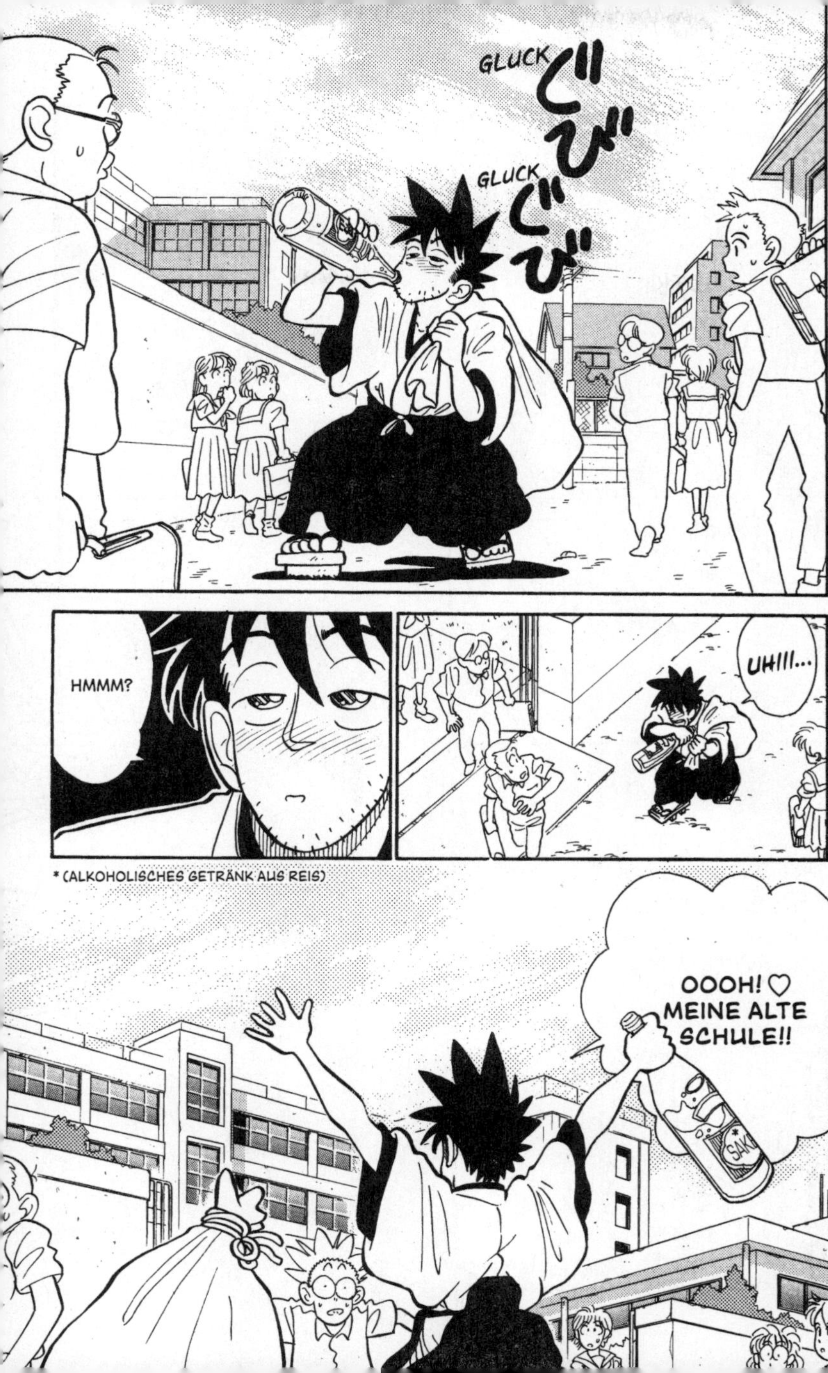

* (ALKOHOLISCHES GETRÄNK AUS REIS)

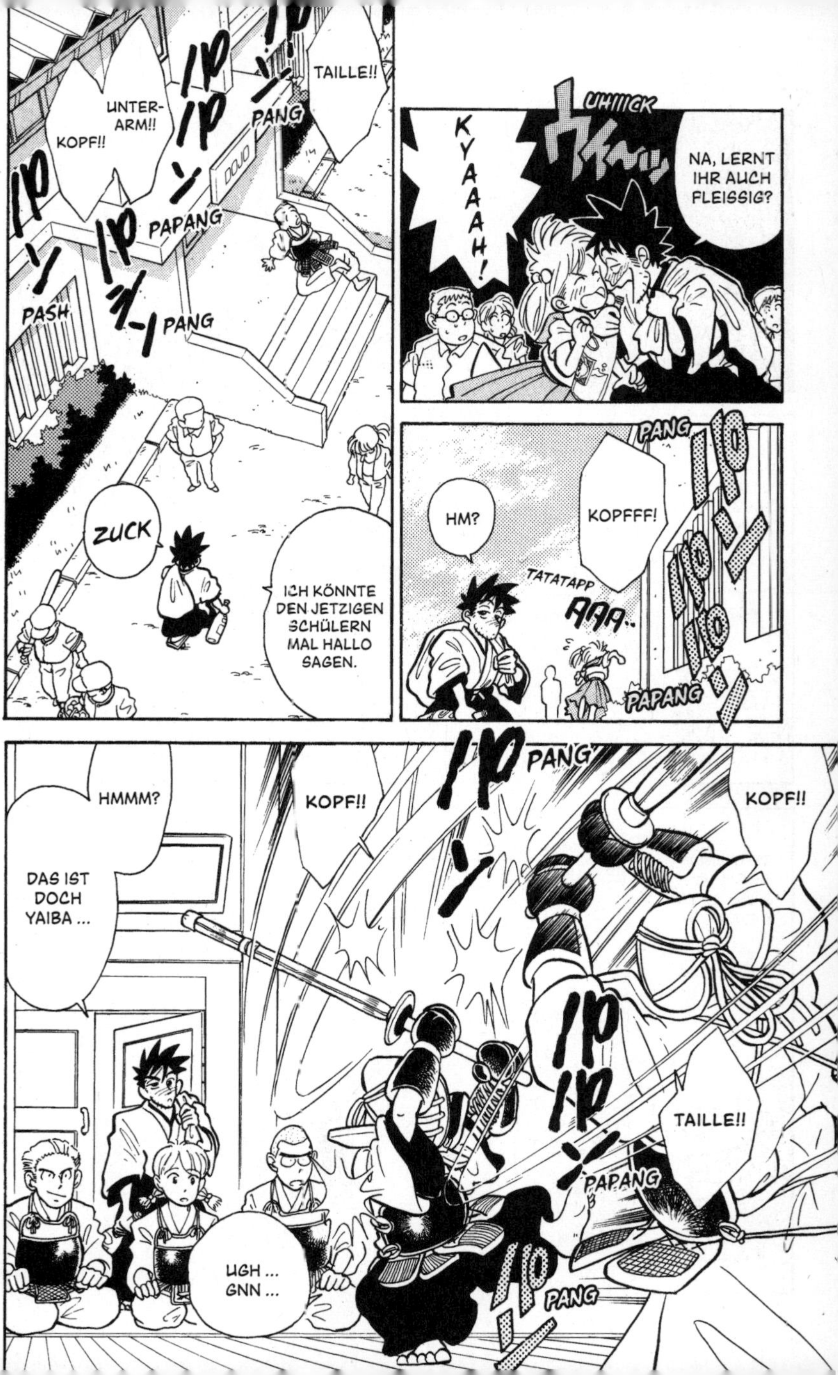
TAILLE!!
PANG
UNTER-ARM!!
KOPF!!
PAPANG
PASH
PANG
DOJO
ICH KÖNNTE DEN JETZIGEN SCHÜLERN MAL HALLO SAGEN.
ZUCK
UHIIICK
NA, LERNT IHR AUCH FLEISSIG?
KYAAAH!
PANG
KOPFFF!
HM?
TATATAPP
PAPANG
KOPF!!
PANG
KOPF!!
HMMM?
DAS IST DOCH YAIBA ...
TAILLE!!
PAPANG
PANG
UGH ... GNN ...

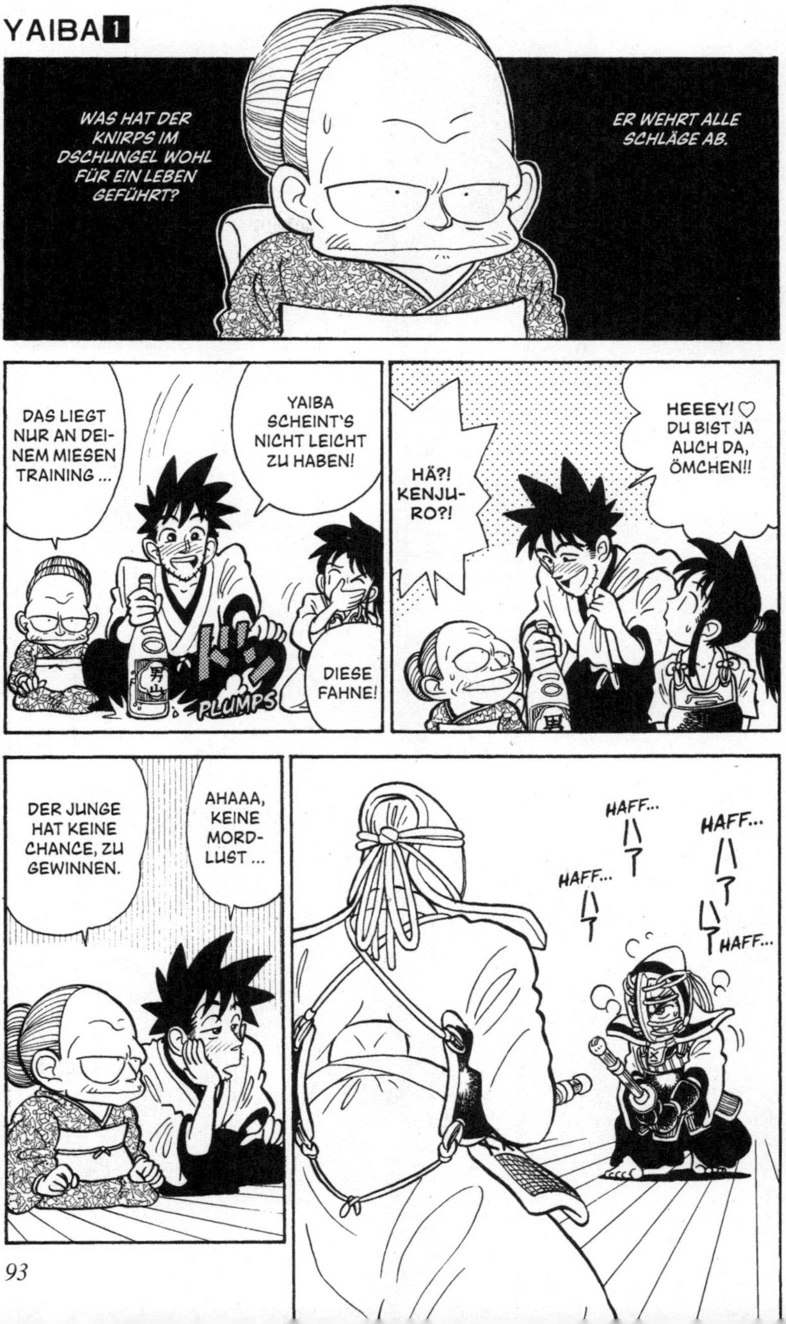
ER WEHRT ALLE SCHLÄGE AB.
WAS HAT DER KNIRPS IM DSCHUNGEL WOHL FÜR EIN LEBEN GEFÜHRT?
HÄ?! KENJURO?!
HEEEY! ♡ DU BIST JA AUCH DA, ÖMCHEN!!
YAIBA SCHEINT'S NICHT LEICHT ZU HABEN!
DAS LIEGT NUR AN DEINEM MIESEN TRAINING ...
PLUMPS
DIESE FAHNE!
HAFF...
HAFF...
HAFF...
HAFF...
AHAAA, KEINE MORDLUST ...
DER JUNGE HAT KEINE CHANCE, ZU GEWINNEN.

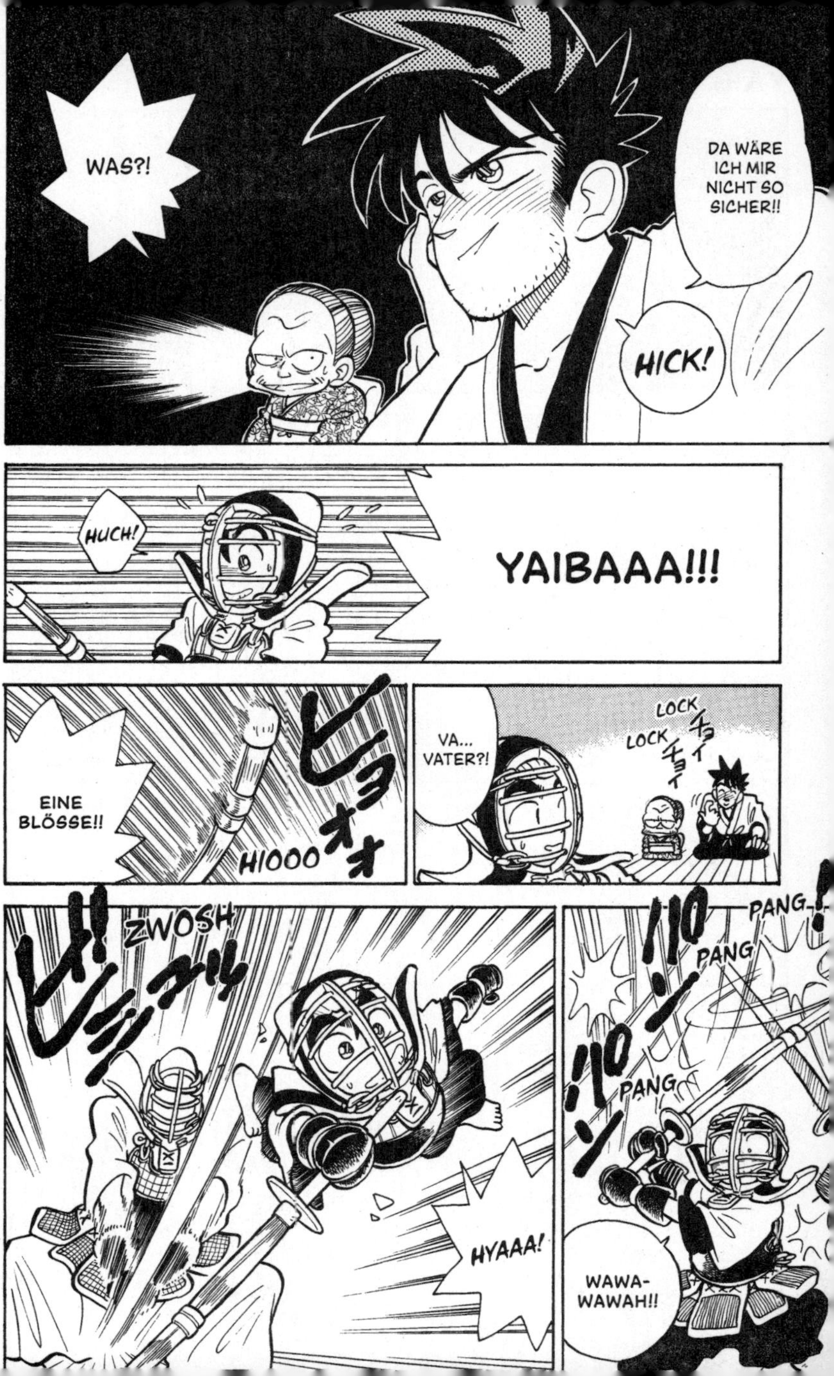
DA WÄRE ICH MIR NICHT SO SICHER!!
HICK!
WAS?!
YAIBAAA!!!
HUCH!
LOCK
LOCK
VA... VATER?!
HIOOO
EINE BLÖSSE!!
PANG
PANG
PANG
WAWA-WAWAH!!
HYAAA!
ZWOSH

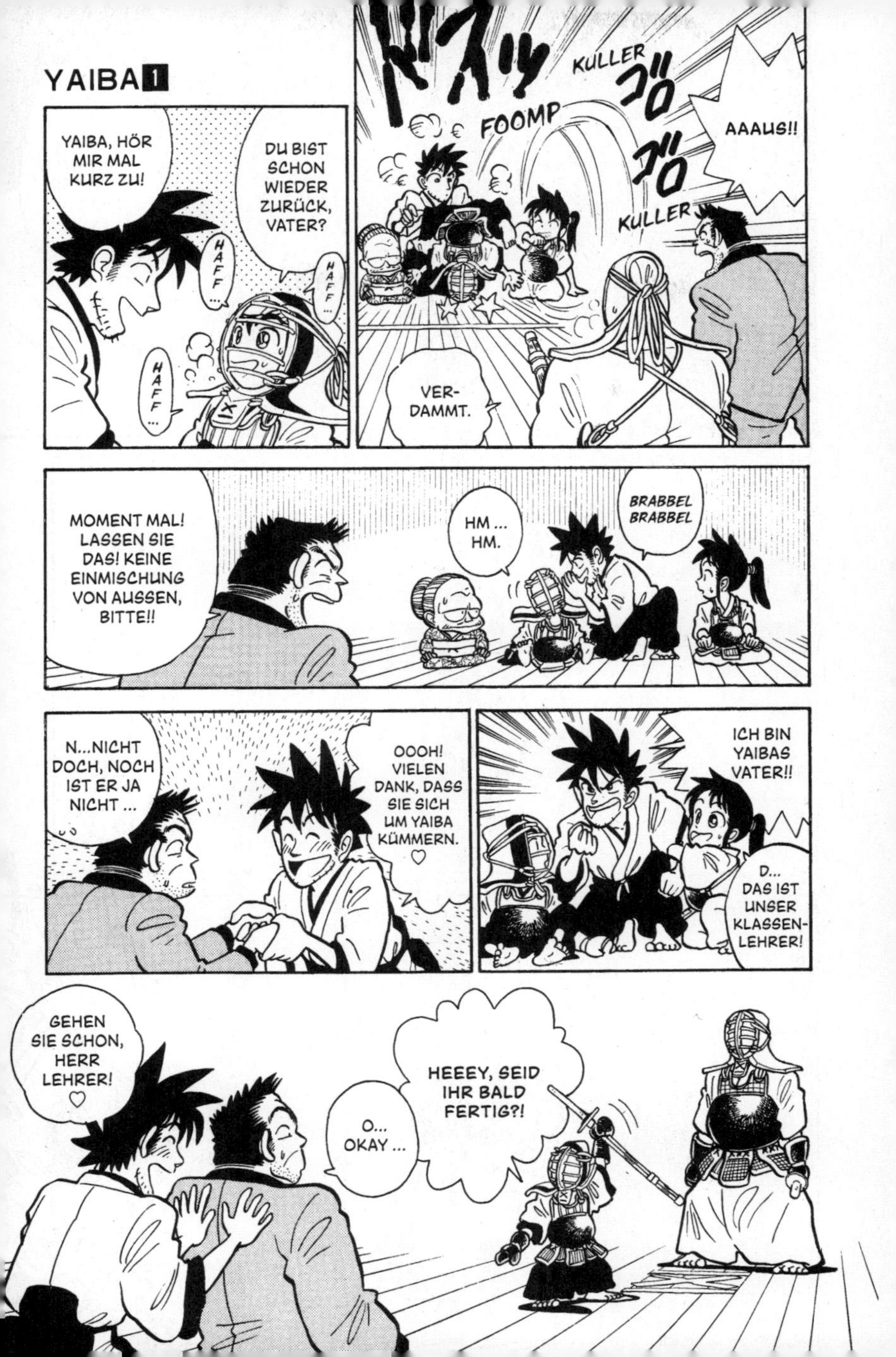
FOOMP
KULLER
KULLER
AAAUS!!
VER-DAMMT.
DU BIST SCHON WIEDER ZURÜCK, VATER?
HAFF ...
HAFF ...
YAIBA, HÖR MIR MAL KURZ ZU!
HAFF ...
HAFF ...
BRABBEL BRABBEL
HM ... HM.
MOMENT MAL! LASSEN SIE DAS! KEINE EINMISCHUNG VON AUSSEN, BITTE!!
ICH BIN YAIBAS VATER!!
D... DAS IST UNSER KLASSEN-LEHRER!
OOOH! VIELEN DANK, DASS SIE SICH UM YAIBA KÜMMERN. ♡
N...NICHT DOCH, NOCH IST ER JA NICHT ...
HEEEY, SEID IHR BALD FERTIG?!
O... OKAY ...
GEHEN SIE SCHON, HERR LEHRER! ♡

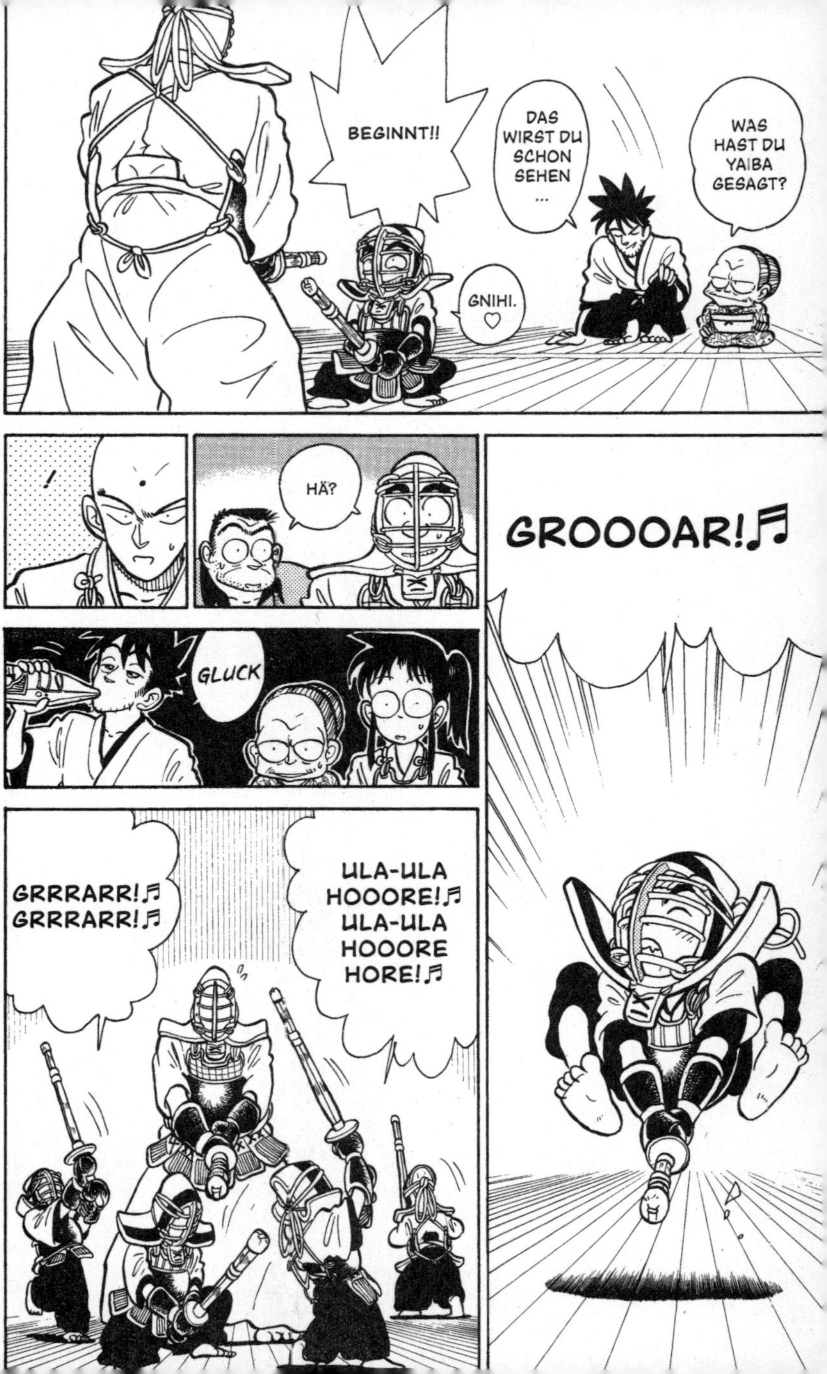

WAS HAST DU YAIBA GESAGT?
DAS WIRST DU SCHON SEHEN …
GNIHI. ♡
BEGINNT!!
GROOOAR!♬
HÄ?
!
GLUCK
ULA-ULA HOOORE!♬ ULA-ULA HOOORE HORE!♬
GRRRARR!♬ GRRRARR!♬

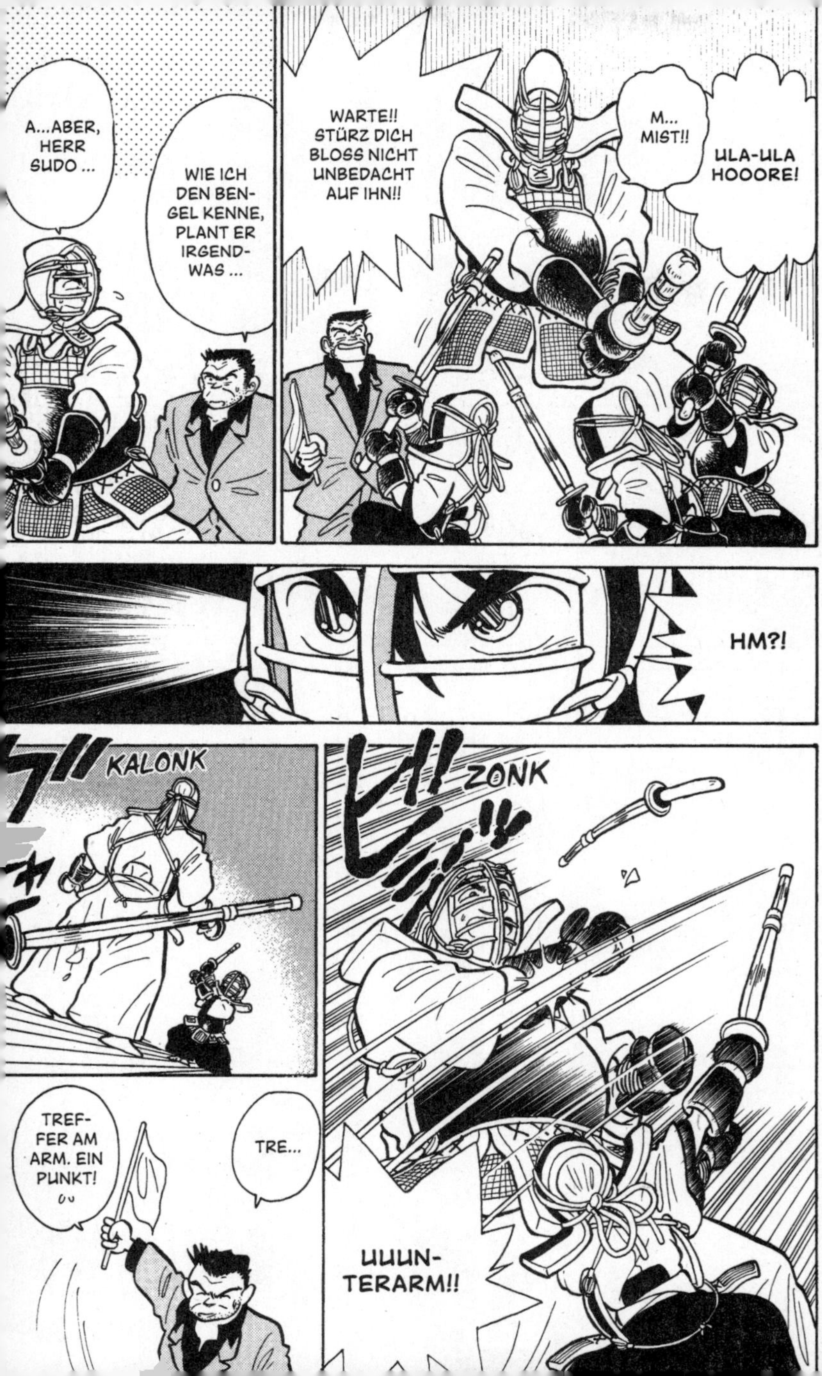
ULA-ULA HOOORE!
M... MIST!!
WARTE!! STÜRZ DICH BLOSS NICHT UNBEDACHT AUF IHN!!
WIE ICH DEN BEN-GEL KENNE, PLANT ER IRGEND-WAS ...
A...ABER, HERR SUDO ...
HM?!
ZONK
UUUN-TERARM!!
KALONK
TRE...
TREF-FER AM ARM. EIN PUNKT!

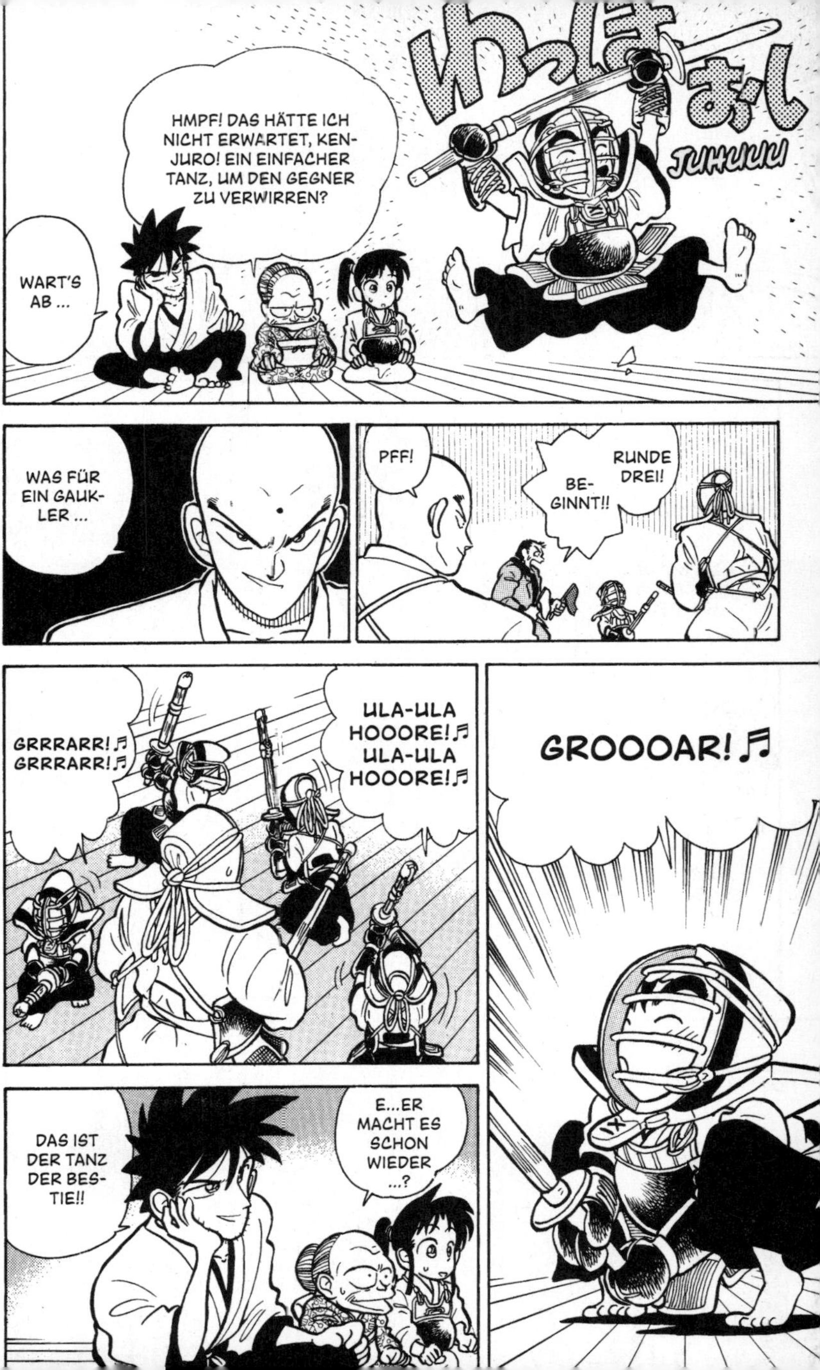
JUHUUU
HMPF! DAS HÄTTE ICH NICHT ERWARTET, KEN-JURO! EIN EINFACHER TANZ, UM DEN GEGNER ZU VERWIRREN?
WART'S AB ...
RUNDE DREI! BE-GINNT!!
PFF!
WAS FÜR EIN GAUK-LER ...
GROOOAR! ♬
ULA-ULA HOOORE! ♬ ULA-ULA HOOORE! ♬
GRRRARR! ♬ GRRRARR! ♬
E...ER MACHT ES SCHON WIEDER ...?
DAS IST DER TANZ DER BES-TIE!!

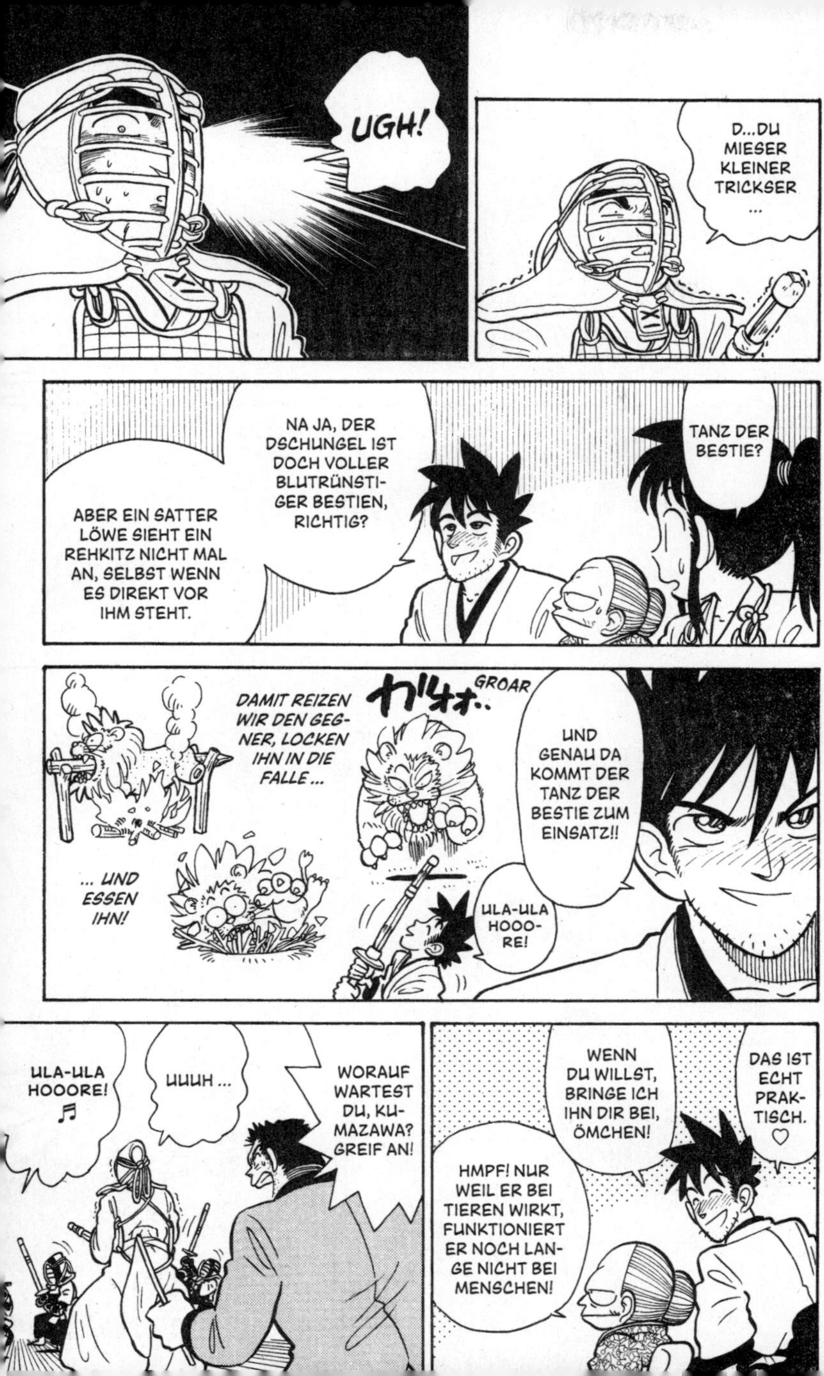
D...DU MIESER KLEINER TRICKSER ...
UGH!
TANZ DER BESTIE?
NA JA, DER DSCHUNGEL IST DOCH VOLLER BLUTRÜNSTIGER BESTIEN, RICHTIG?
ABER EIN SATTER LÖWE SIEHT EIN REHKITZ NICHT MAL AN, SELBST WENN ES DIREKT VOR IHM STEHT.
UND GENAU DA KOMMT DER TANZ DER BESTIE ZUM EINSATZ!!
ULA-ULA HOOORE!
GROAR
DAMIT REIZEN WIR DEN GEGNER, LOCKEN IHN IN DIE FALLE ...
... UND ESSEN IHN!
DAS IST ECHT PRAKTISCH. ♡
WENN DU WILLST, BRINGE ICH IHN DIR BEI, ÖMCHEN!
HMPF! NUR WEIL ER BEI TIEREN WIRKT, FUNKTIONIERT ER NOCH LANGE NICHT BEI MENSCHEN!
WORAUF WARTEST DU, KUMAZAWA? GREIF AN!
UUUH ...
ULA-ULA HOOORE! ♬

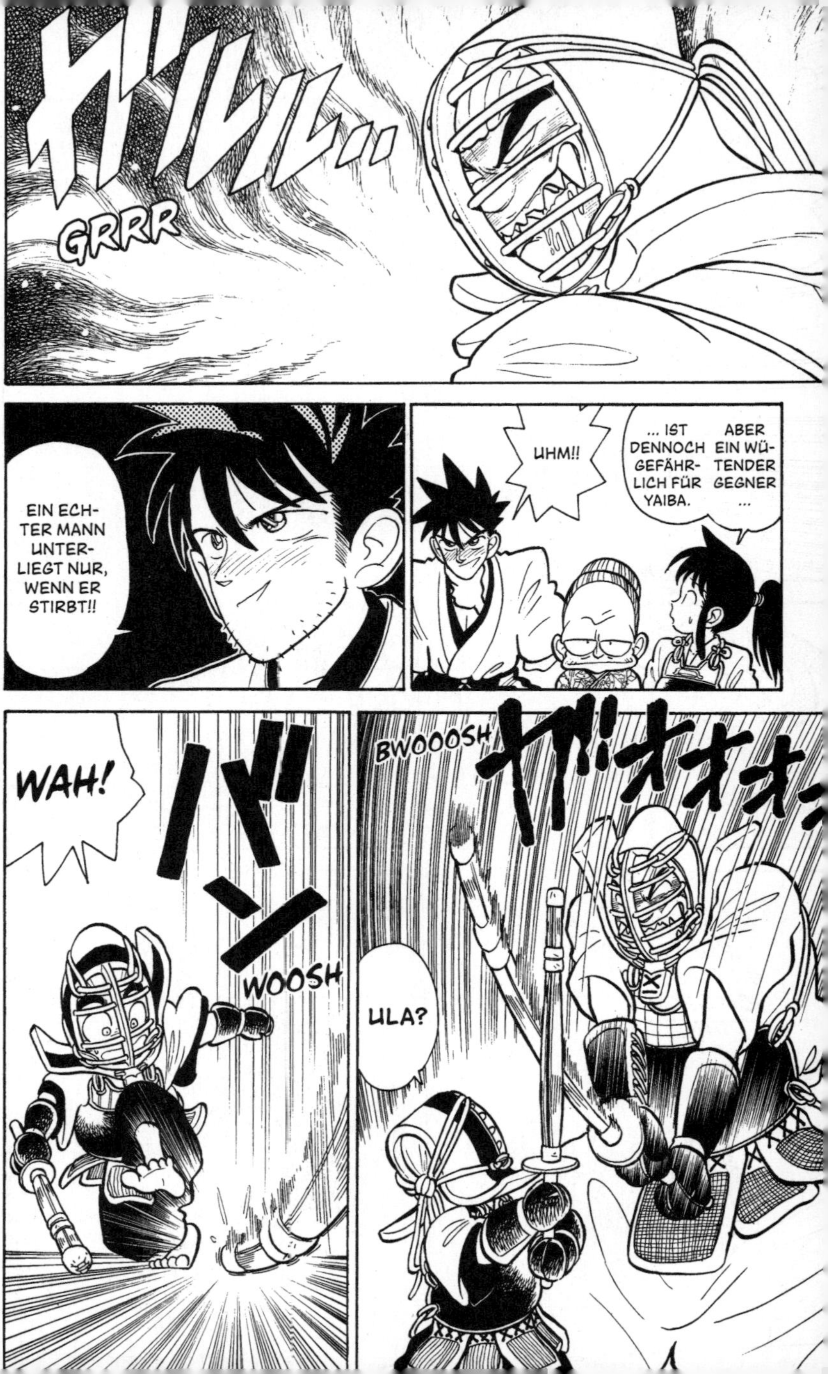

GRRR
ABER EIN WÜ- TENDER GEGNER ...
... IST DENNOCH GEFÄHR- LICH FÜR YAIBA.
UHM!!
EIN ECH- TER MANN UNTER- LIEGT NUR, WENN ER STIRBT!!
BWOOOSH
ULA?
WAH!
WOOSH

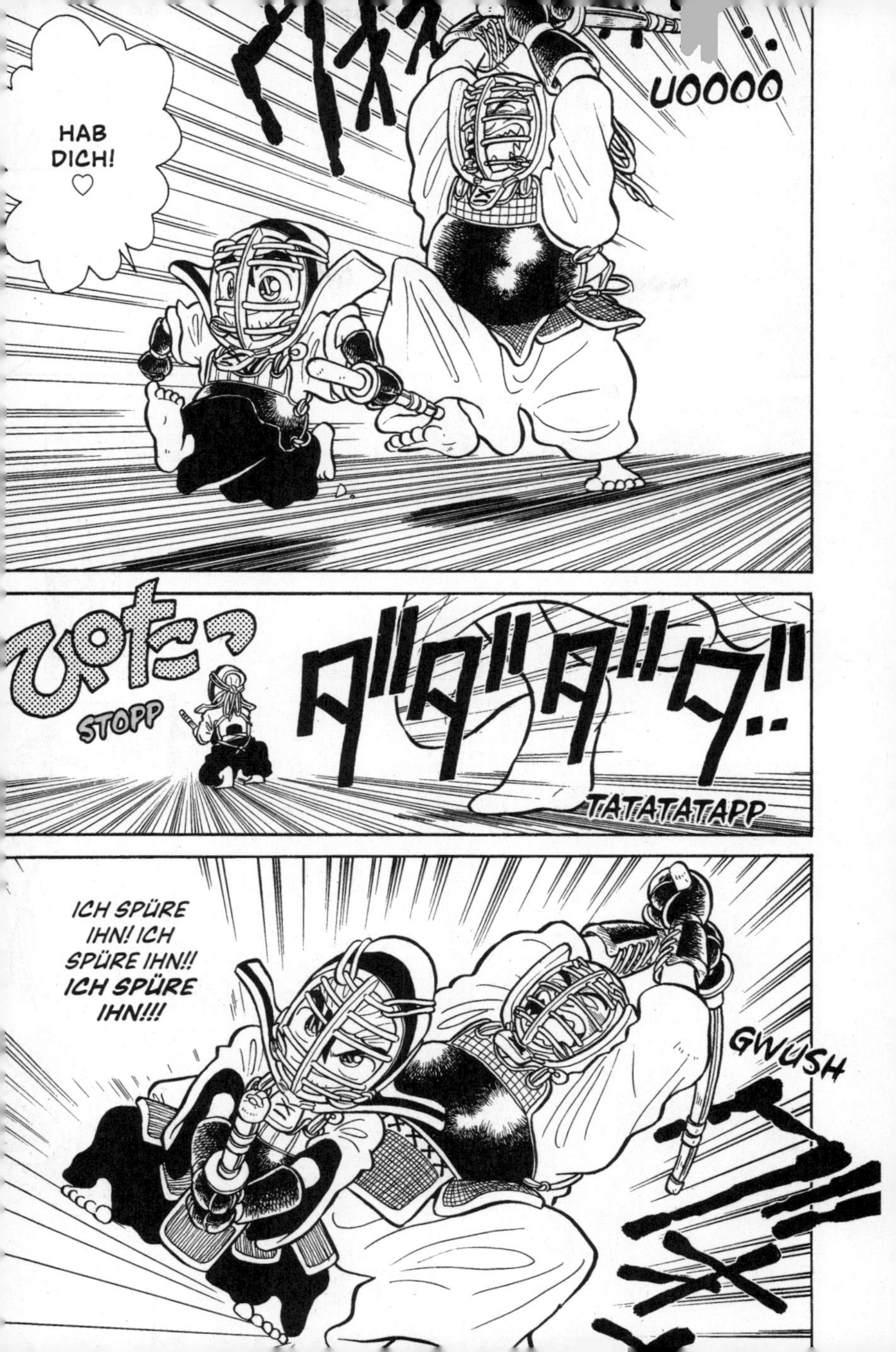
UOOOO
HAB DICH! ♡
STOPP
TATATATAPP
GWUSH
ICH SPÜRE IHN! ICH SPÜRE IHN!! ICH SPÜRE IHN!!!

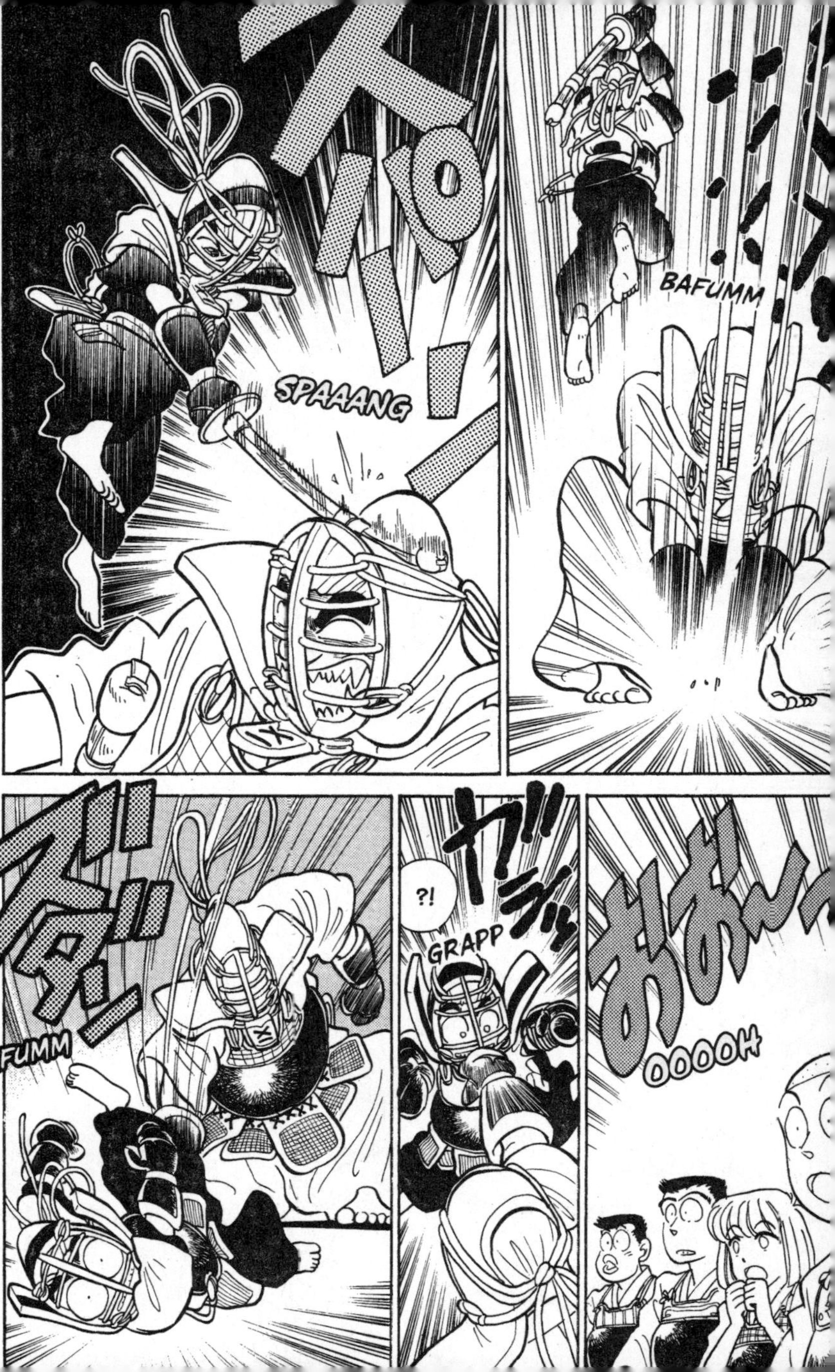

SPAAANG
BAFUMM
OOOOH
?!
GRAPP
BAFUMM

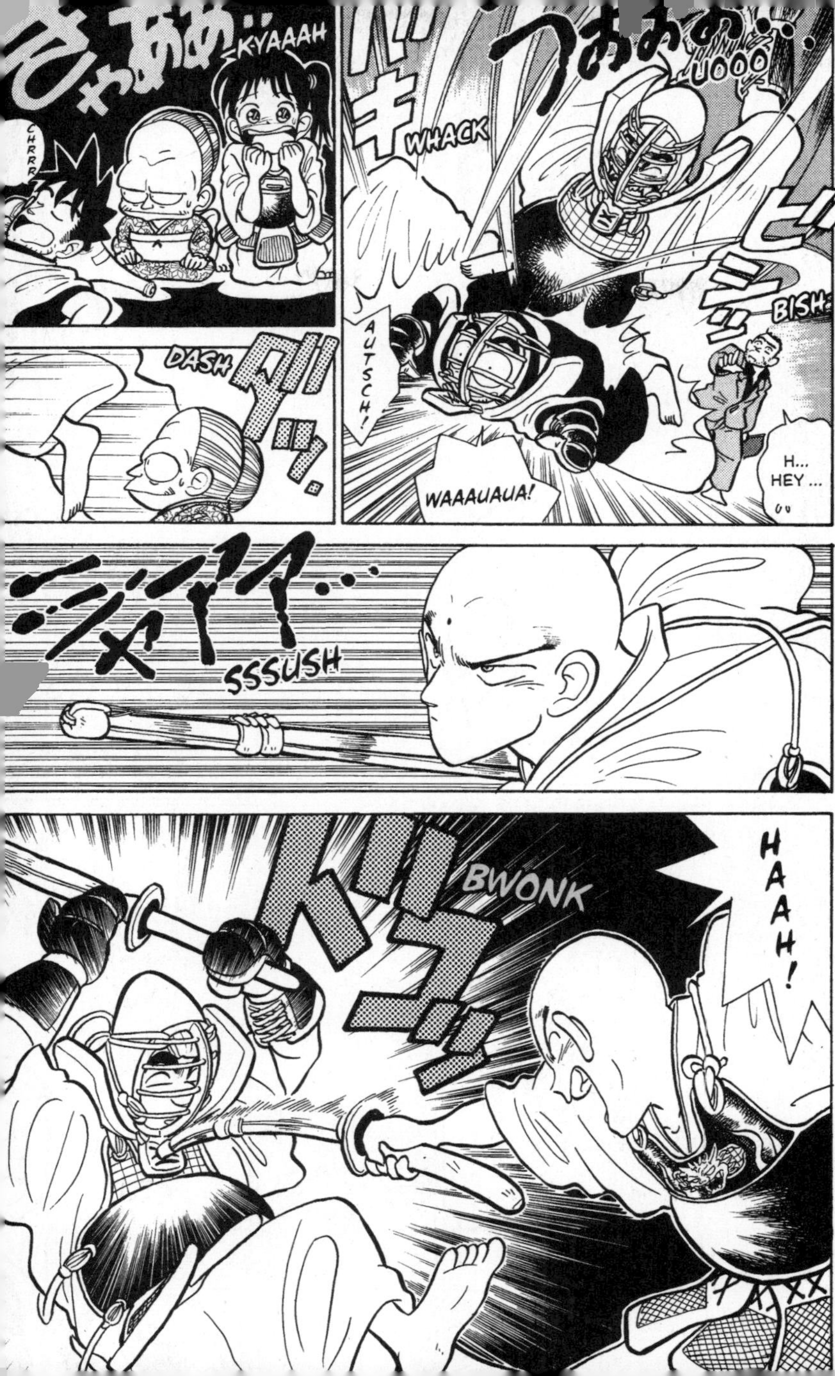
UOOO
WHACK
BISH
AUTSCH!
WAAAUAUA!
H... HEY ...
KYAAAH
CHRRR
DASH
SSSUSH
BWONK
HAAAH!

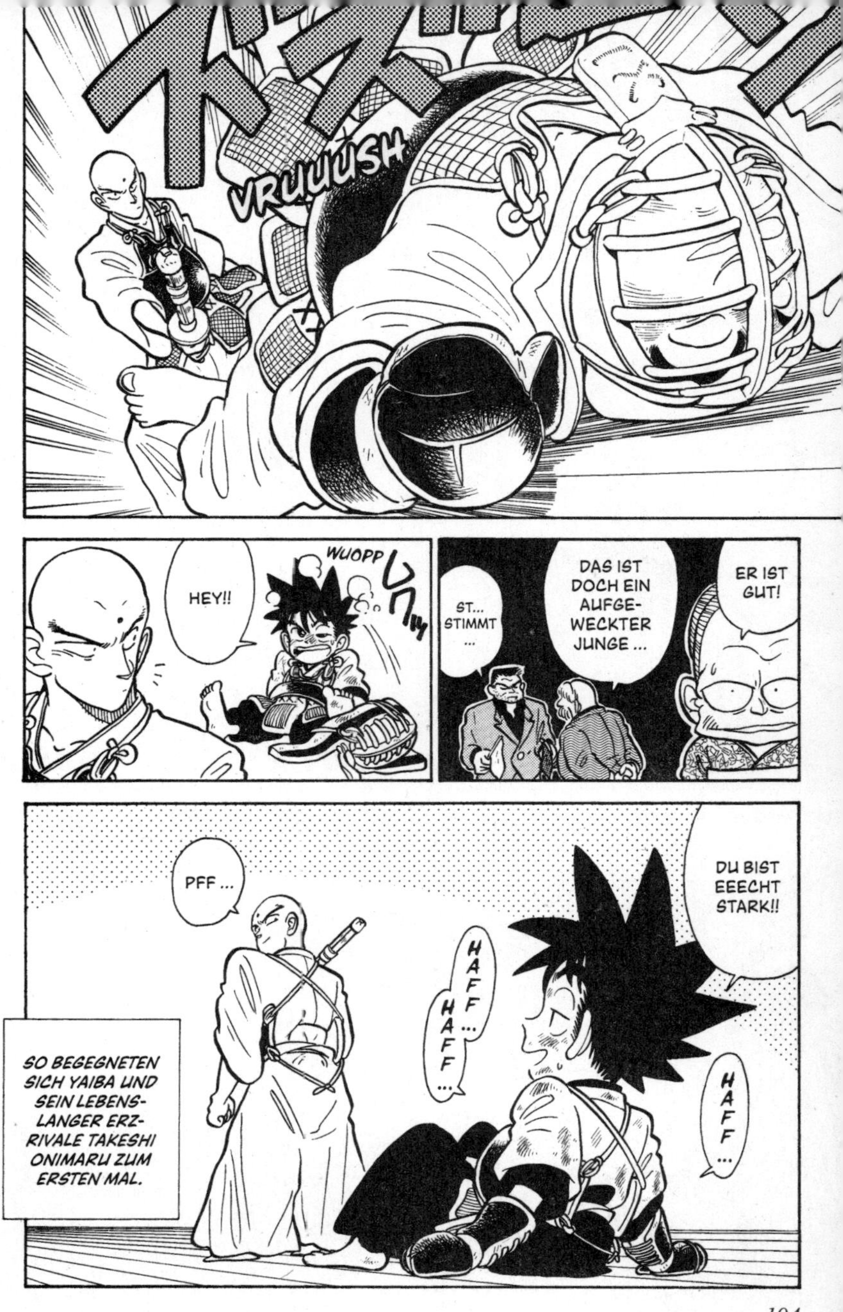
VRUUUSH
ER IST GUT!
DAS IST DOCH EIN AUFGE-WECKTER JUNGE ...
ST... STIMMT ...
WUOPP
HEY!!
DU BIST EEECHT STARK!!
HAFF ...
HAFF ... HAFF ...
PFF ...
SO BEGEGNETEN SICH YAIBA UND SEIN LEBENS-LANGER ERZ-RIVALE TAKESHI ONIMARU ZUM ERSTEN MAL.

KAPITEL 6:
ONIMARU, DU DEPP

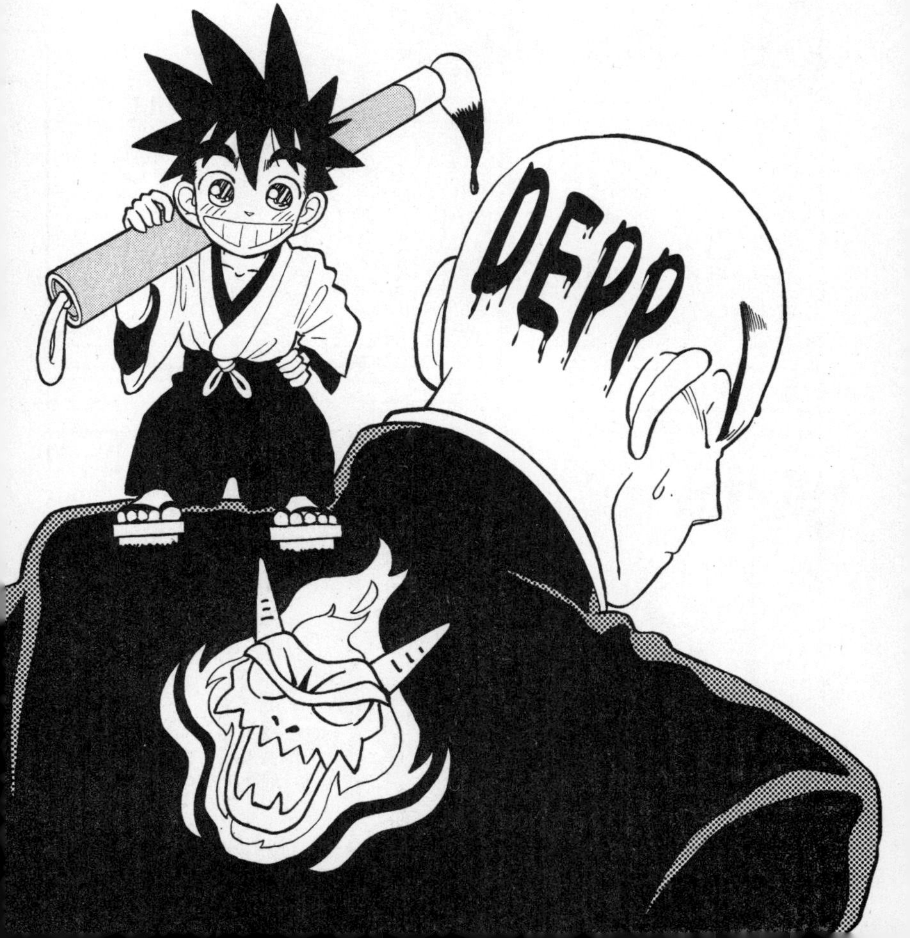

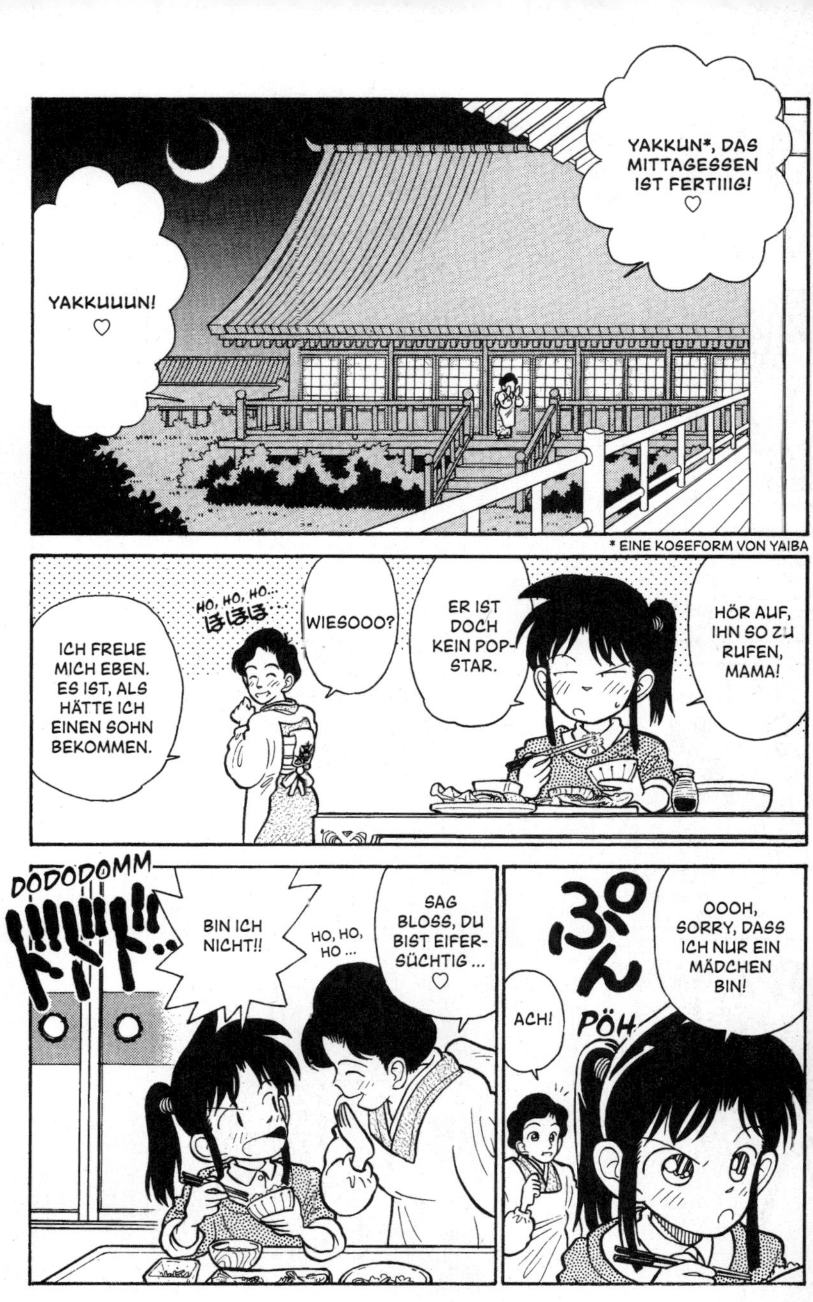

* EINE KOSEFORM VON YAIBA

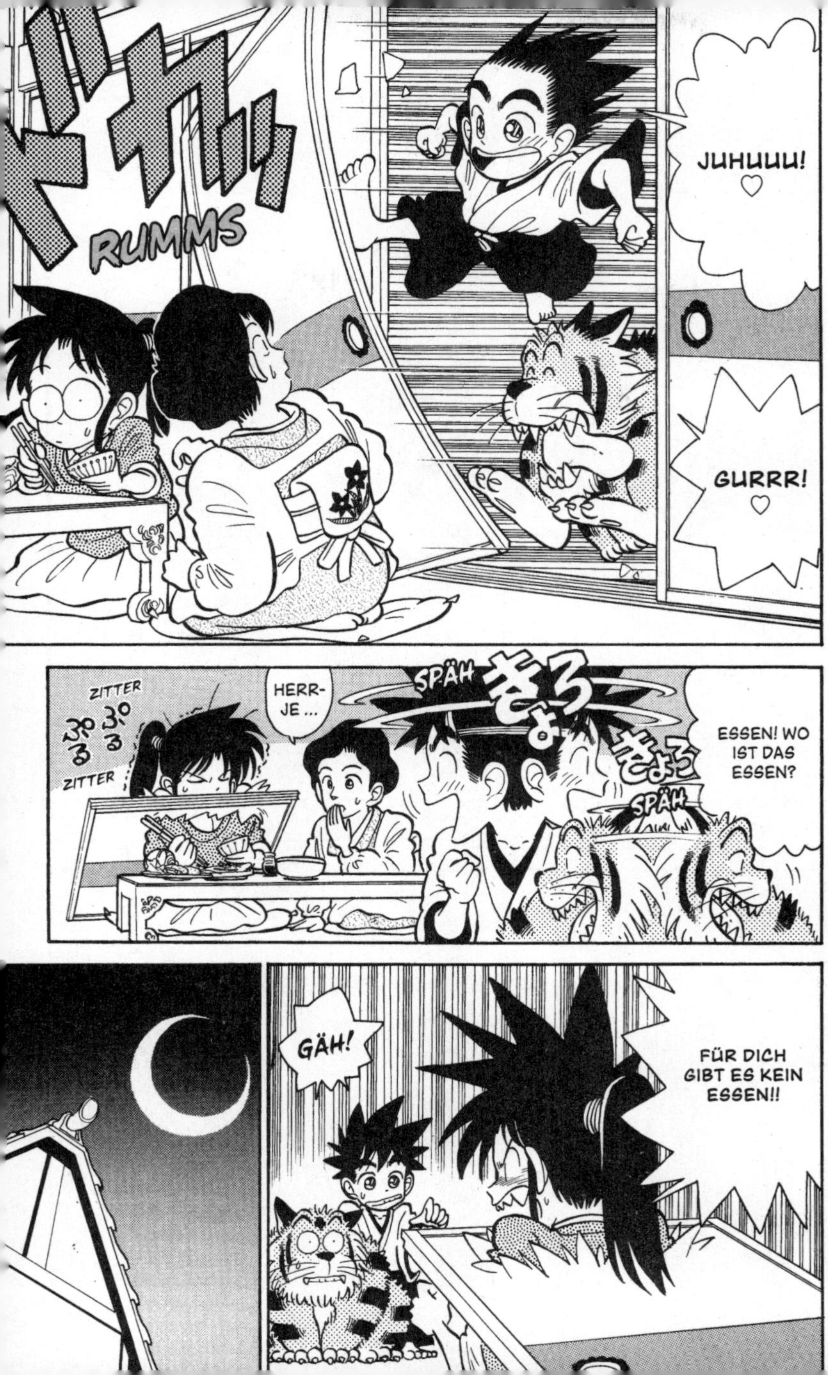

JUHUUU! ♡
GURRR! ♡
ドカッッ
RUMMS
ESSEN! WO IST DAS ESSEN?
SPÄH
きょろ
SPÄH
きょろ
HERR-JE ...
ZITTER
ぷるぷる
ZITTER
FÜR DICH GIBT ES KEIN ESSEN!!
GÄH!

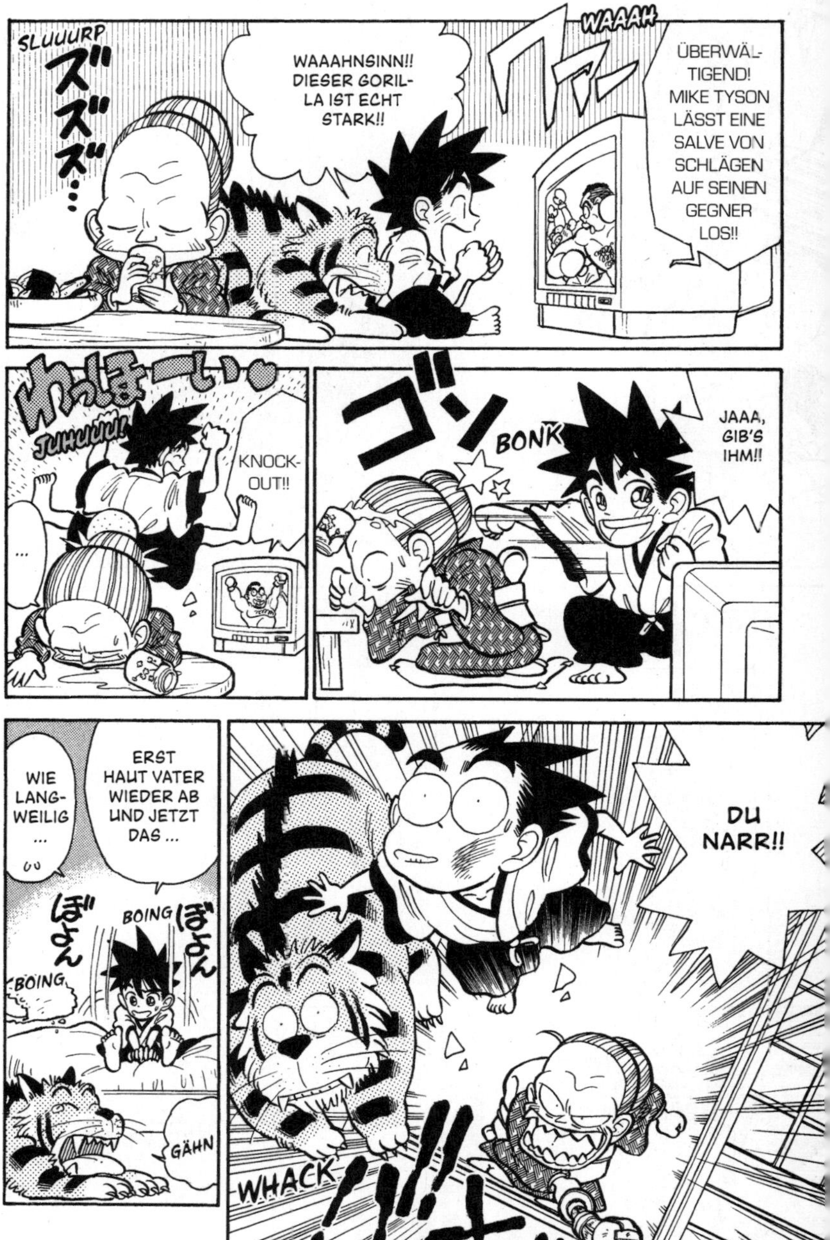
WAAAH
ÜBERWÄL-TIGEND! MIKE TYSON LÄSST EINE SALVE VON SCHLÄGEN AUF SEINEN GEGNER LOS!!
WAAAHNSINN!! DIESER GORIL-LA IST ECHT STARK!!
SLUUURP
JAAA, GIB'S IHM!!
BONK
KNOCK-OUT!!
JUHUUUU!
...
DU NARR!!
WHACK
ERST HAUT VATER WIEDER AB UND JETZT DAS ...
WIE LANG-WEILIG ...
BOING
BOING
GÄHN

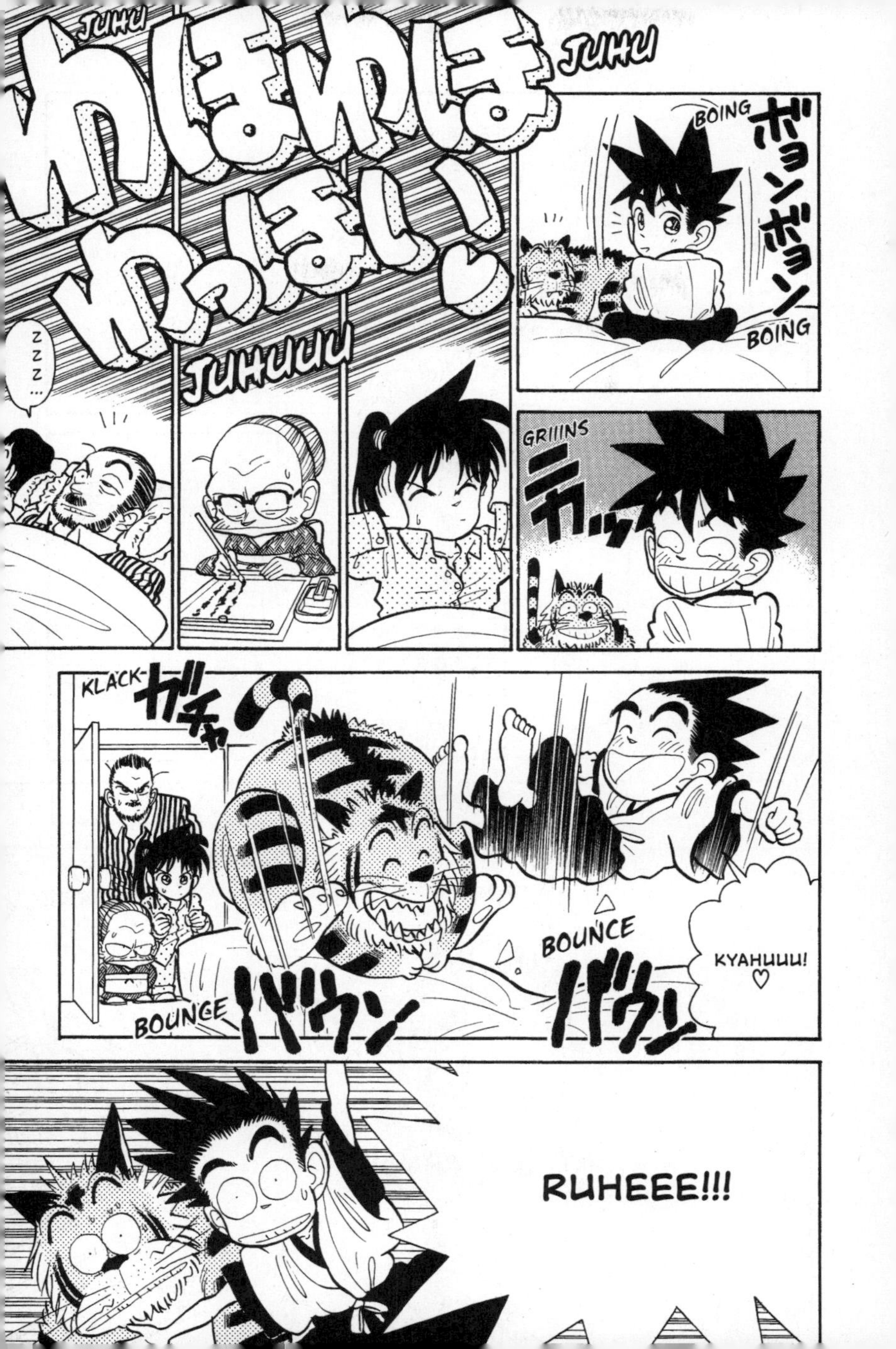

BOING
ボョンボョン
BOING
JUHU
JUHU
JUHUUU
Z Z Z ...
GRIIINS
KLÄCK
BOUNCE
BOUNCE
KYAHUUU! ♡
RUHEEE!!!

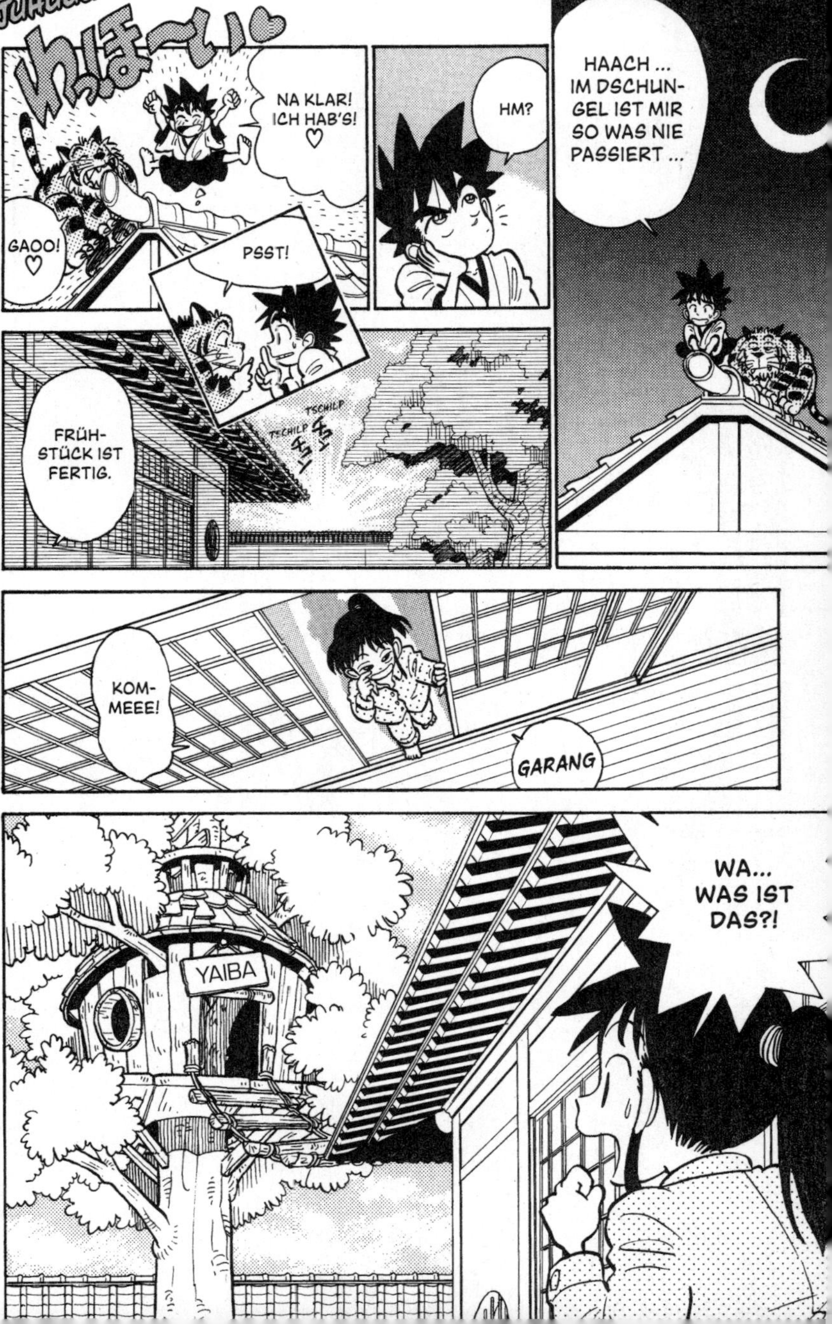

HAACH ... IM DSCHUNGEL IST MIR SO WAS NIE PASSIERT ...
HM?
NA KLAR! ICH HAB'S! ♡
JUHUUU
わっほ～い♡
GAOO! ♡
PSST!
TSCHILP
TSCHILP
FRÜHSTÜCK IST FERTIG.
GARANG
KOMMEEE!
WA... WAS IST DAS?!
YAIBA

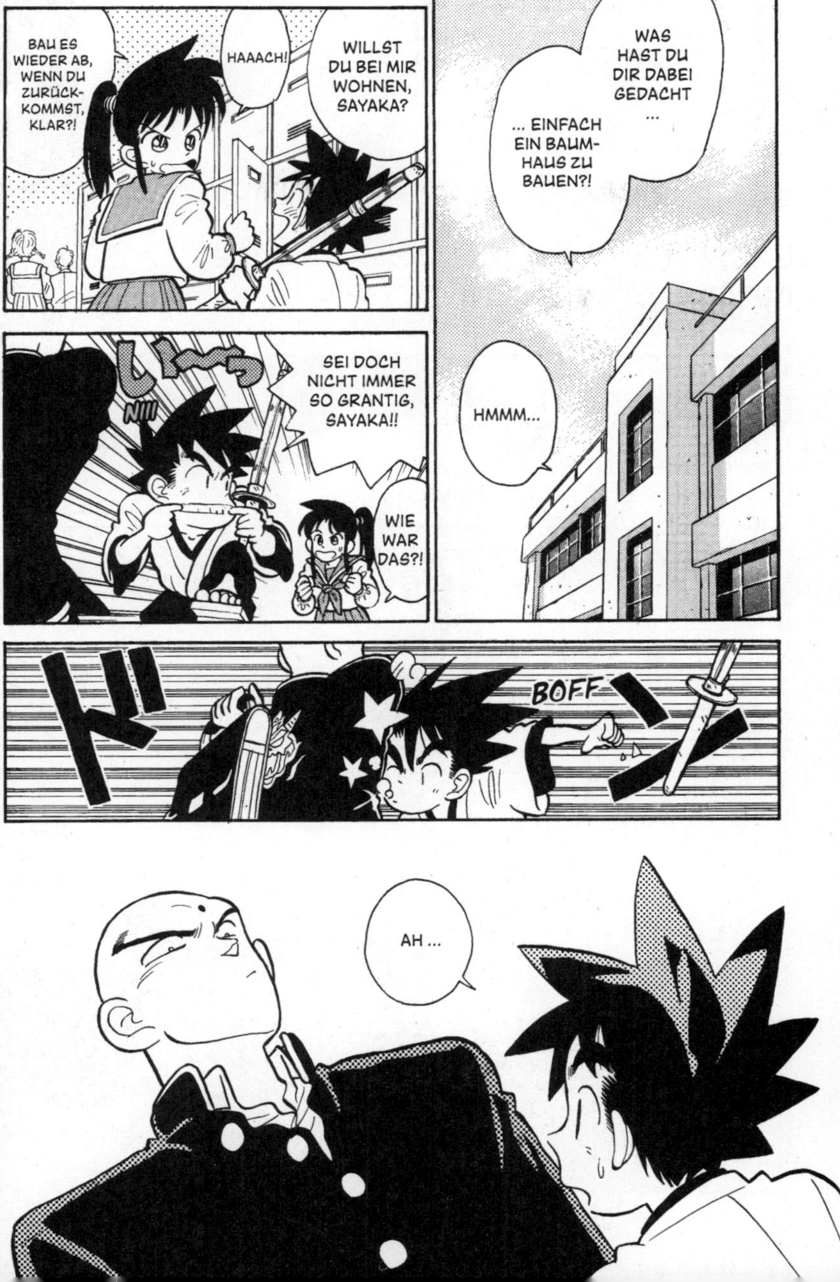
WAS HAST DU DIR DABEI GEDACHT ...
... EINFACH EIN BAUMHAUS ZU BAUEN?!
HMMM...
WILLST DU BEI MIR WOHNEN, SAYAKA?
HAAACH!
BAU ES WIEDER AB, WENN DU ZURÜCK-KOMMST, KLAR?!
SEI DOCH NICHT IMMER SO GRANTIG, SAYAKA!!
NIII
WIE WAR DAS?!
BOFF
AH ...

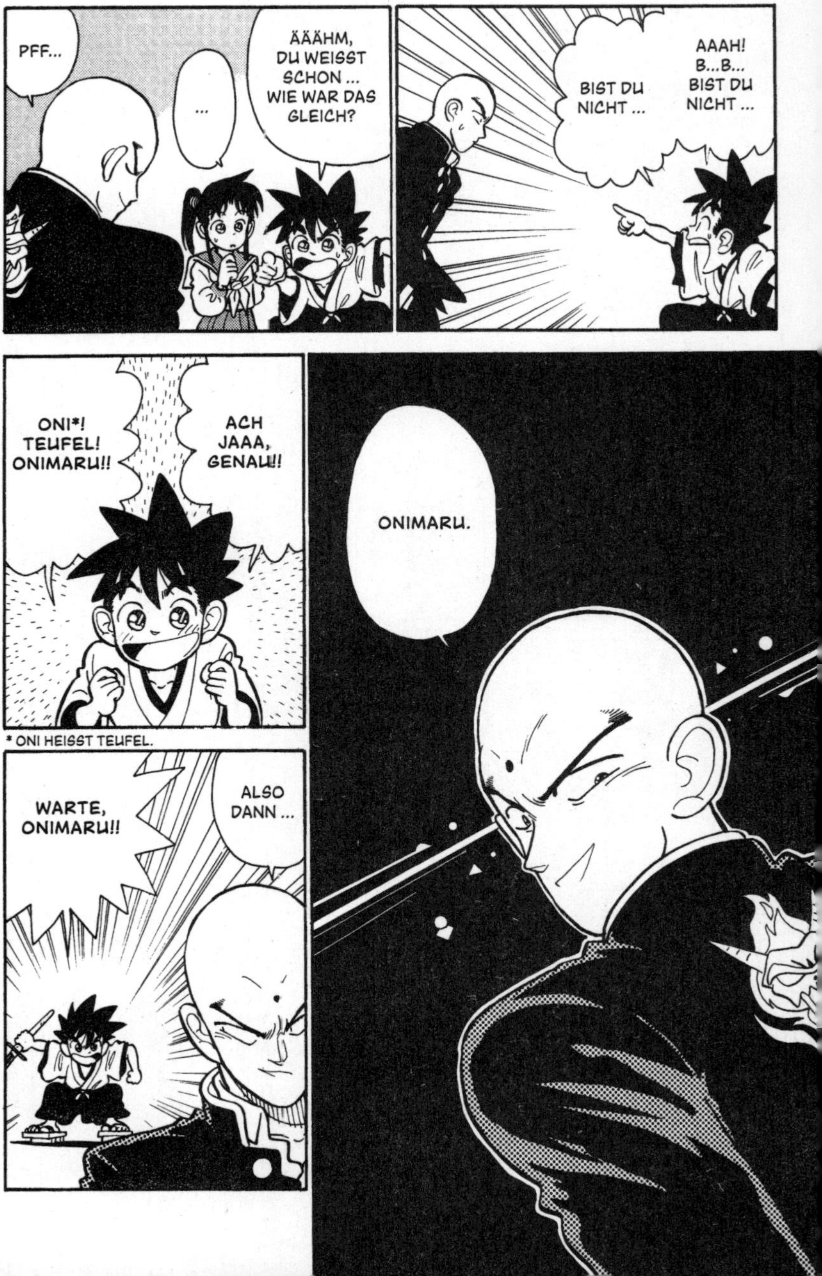

* ONI HEISST TEUFEL.

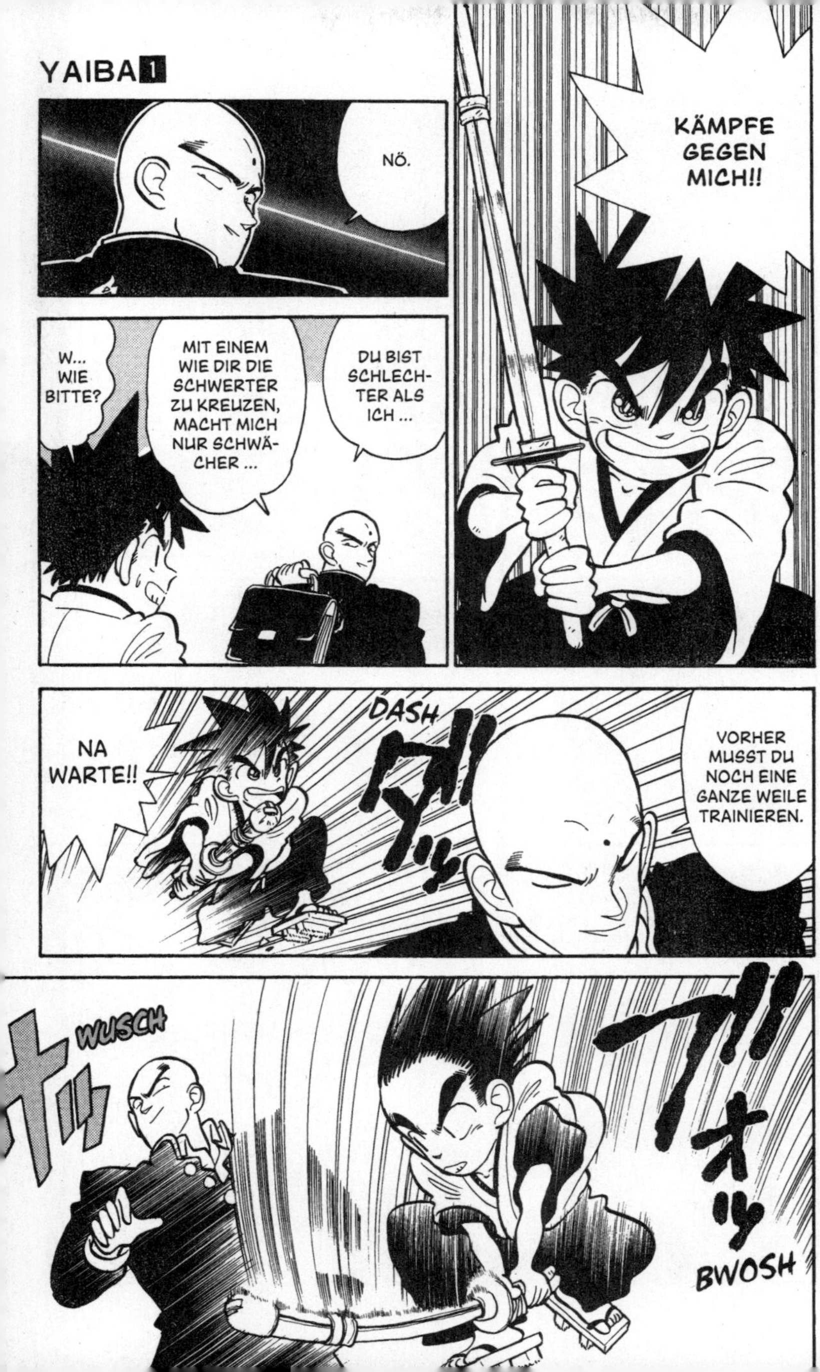
KÄMPFE GEGEN MICH!!
NÖ.
DU BIST SCHLECHTER ALS ICH ...
MIT EINEM WIE DIR DIE SCHWERTER ZU KREUZEN, MACHT MICH NUR SCHWÄCHER ...
W... WIE BITTE?
VORHER MUSST DU NOCH EINE GANZE WEILE TRAINIEREN.
DASH
NA WARTE!!
BWOSH
WUSCH

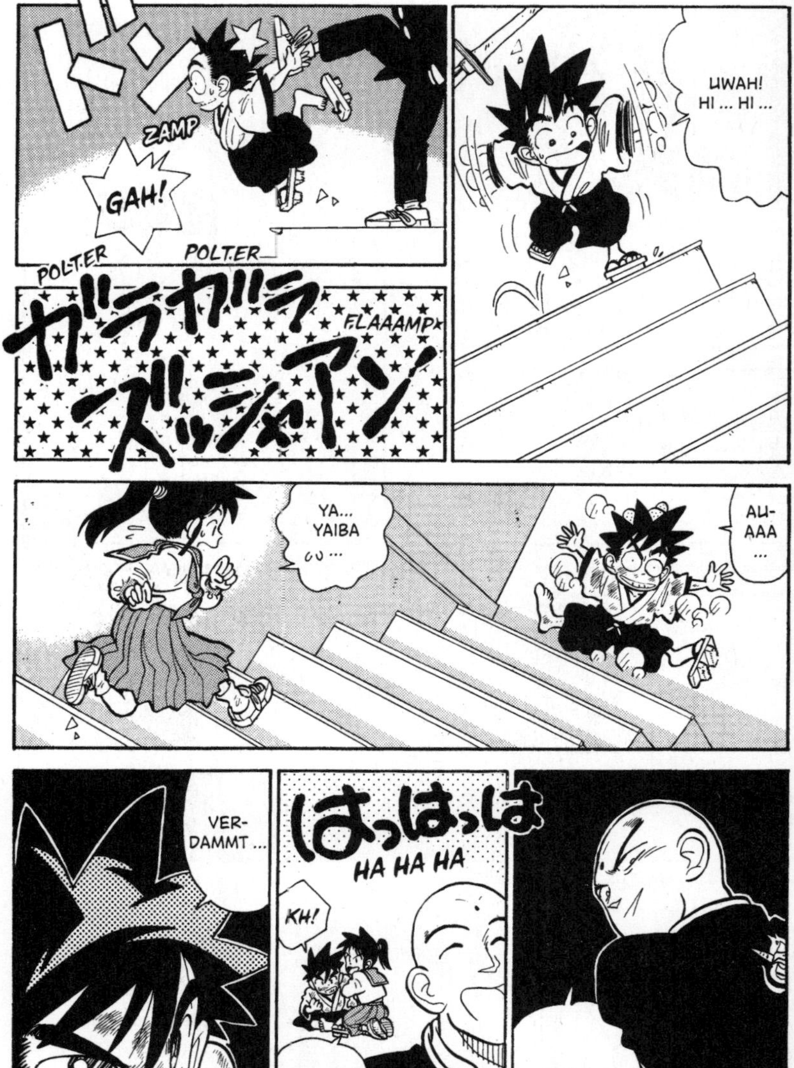

UWAH!
HI ... HI ...
ZAMP
GAH!
POLT.ER
POLT.ER
F.LAAAMP
YA... YAIBA ...
AU-AAA ...
HA HA HA
KH!
HEY! HALT STILL!
VER-DAMMT ...
PROBIER ES IN ZEHN JAH-REN NOCH MAL!

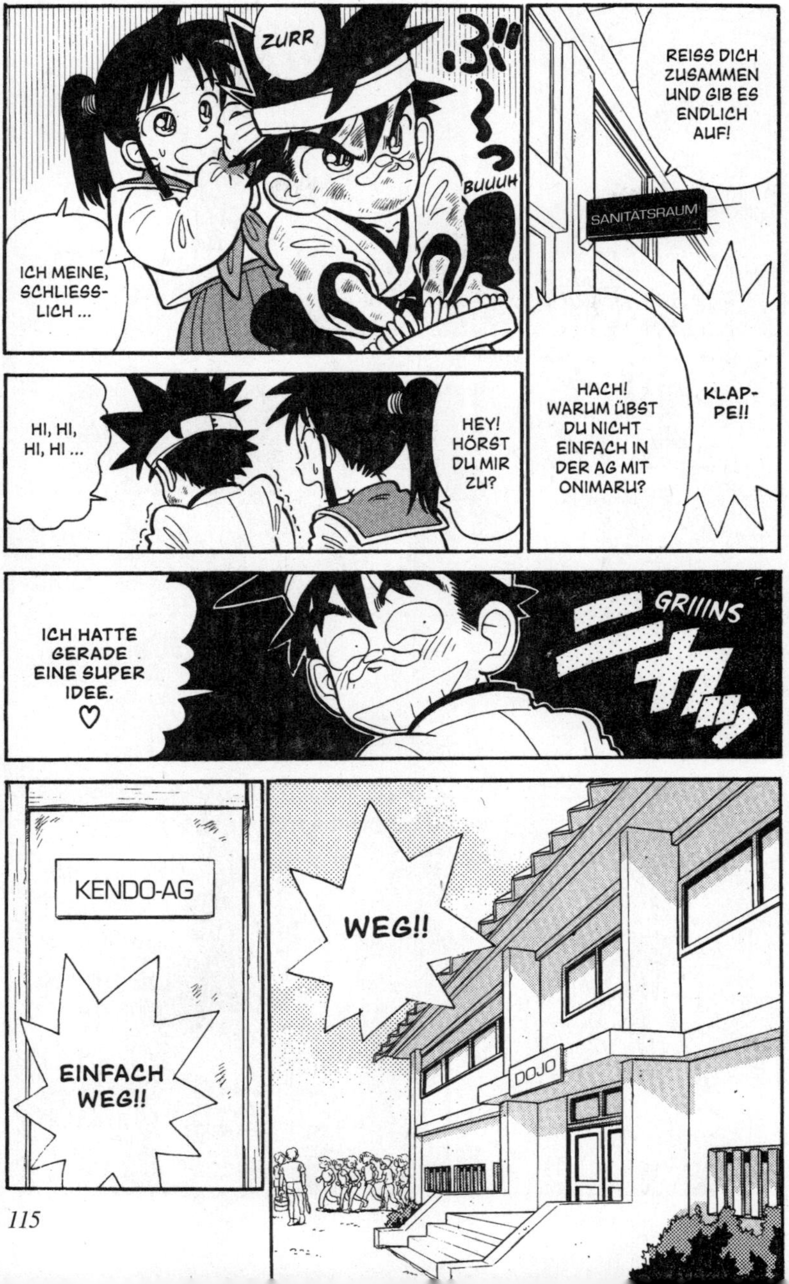
REISS DICH ZUSAMMEN UND GIB ES ENDLICH AUF!
SANITÄTSRAUM
KLAPPE!!
HACH! WARUM ÜBST DU NICHT EINFACH IN DER AG MIT ONIMARU?
ZURR
BUUUH
ICH MEINE, SCHLIESS-LICH ...
HEY! HÖRST DU MIR ZU?
HI, HI, HI, HI ...
GRIIINS
ICH HATTE GERADE EINE SUPER IDEE. ♡
DOJO
WEG!!
KENDO-AG
EINFACH WEG!!

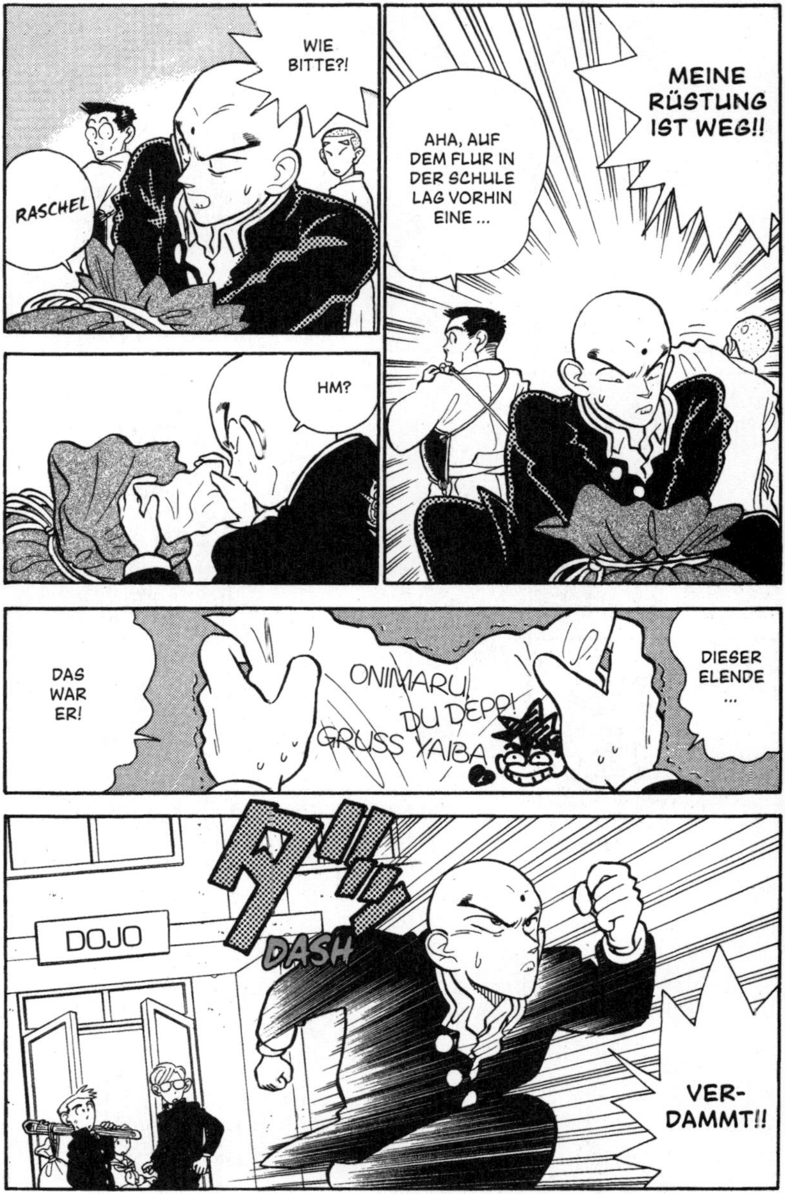
RASCHEL
WIE BITTE?!
HM?
AHA, AUF DEM FLUR IN DER SCHULE LAG VORHIN EINE ...
MEINE RÜSTUNG IST WEG!!
DAS WAR ER!
ONIMARU, DU DEPP! GRUSS YAIBA
DIESER ELENDE ...
DOJO
DASH
VER-DAMMT!!

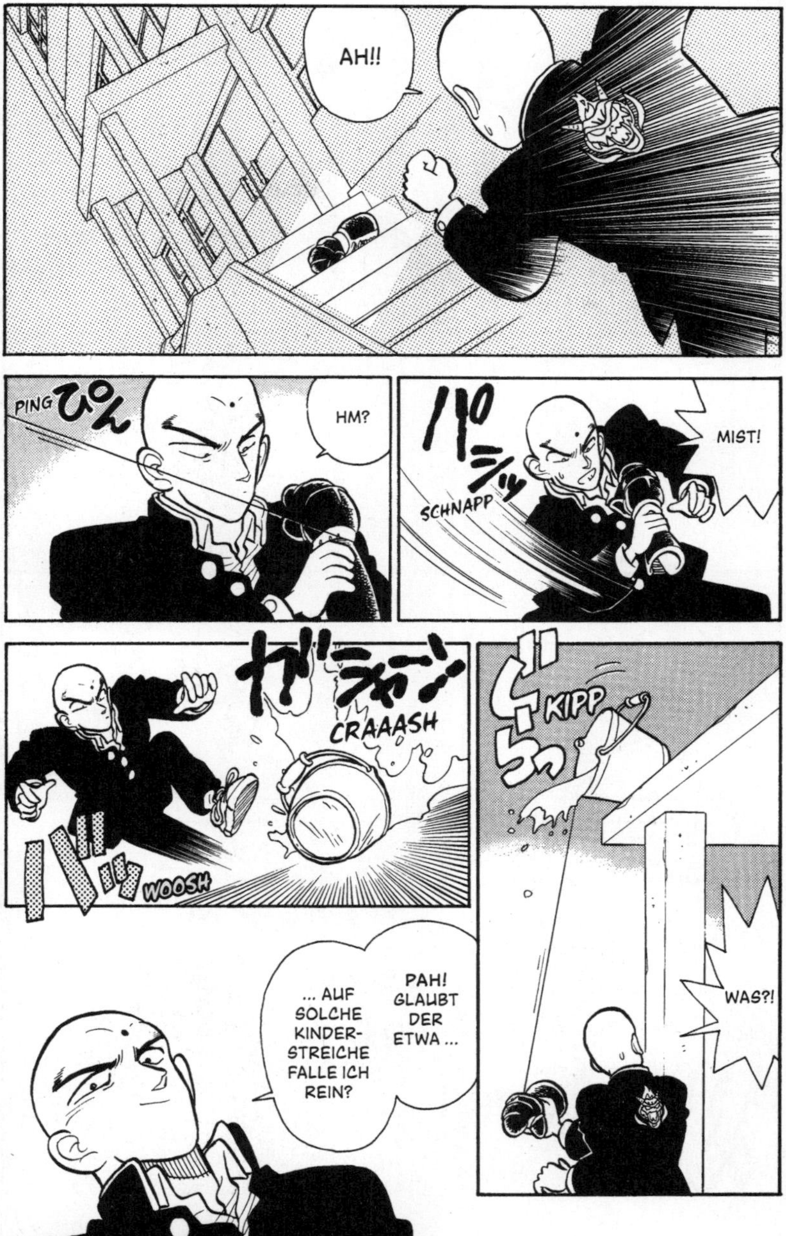
AH!!
パシッ
SCHNAPP
MIST!
HM?
ぴん
PING
ぐらっ
KIPP
WAS?!
ガシャーン
CRAAASH
バッ
WOOSH
PAH! GLAUBT DER ETWA ...
... AUF SOLCHE KINDER-STREICHE FALLE ICH REIN?

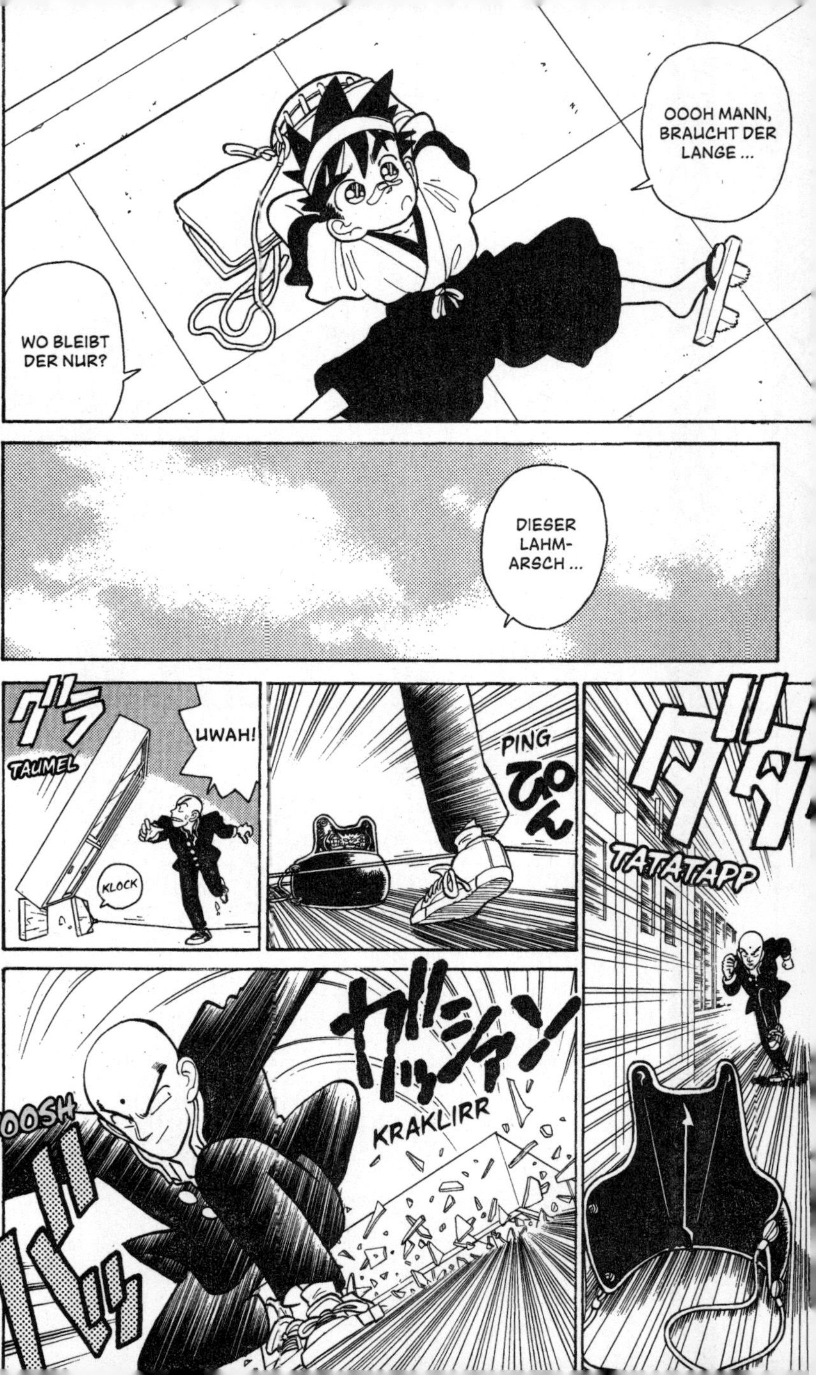
OOOH MANN, BRAUCHT DER LANGE ...
WO BLEIBT DER NUR?
DIESER LAHM-ARSCH ...
TATATAPP
PING
ぴん
UWAH!
グラ
TAUMEL
KLOCK
KRAKLIRR
WOOSH

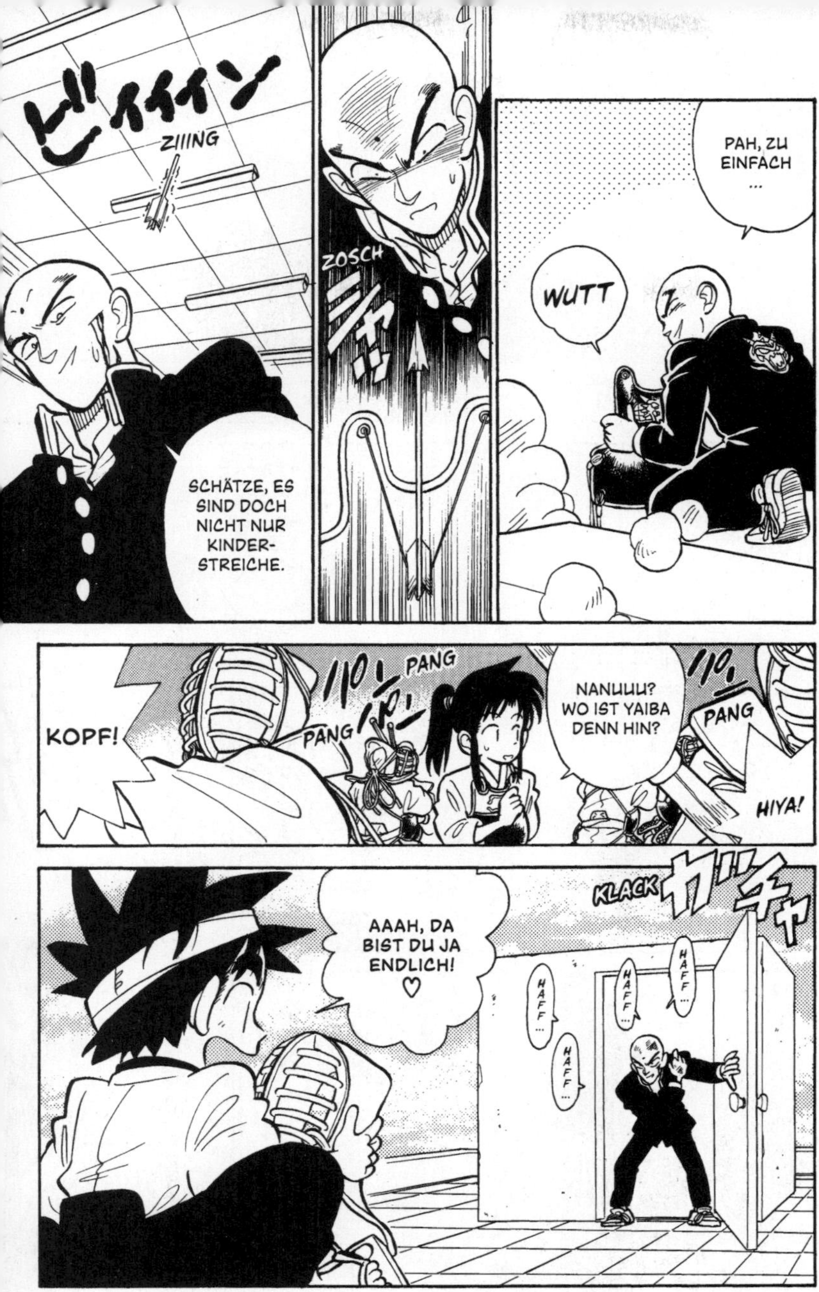
PAH, ZU EINFACH ...
WUTT
ZOSCH
ZIIING
SCHÄTZE, ES SIND DOCH NICHT NUR KINDER-STREICHE.
PANG
HIYA!
NANUUU? WO IST YAIBA DENN HIN?
PANG
PANG
KOPF!
KLACK
HAFF ...
HAFF ...
HAFF ...
HAFF ...
AAAH, DA BIST DU JA ENDLICH! ♡

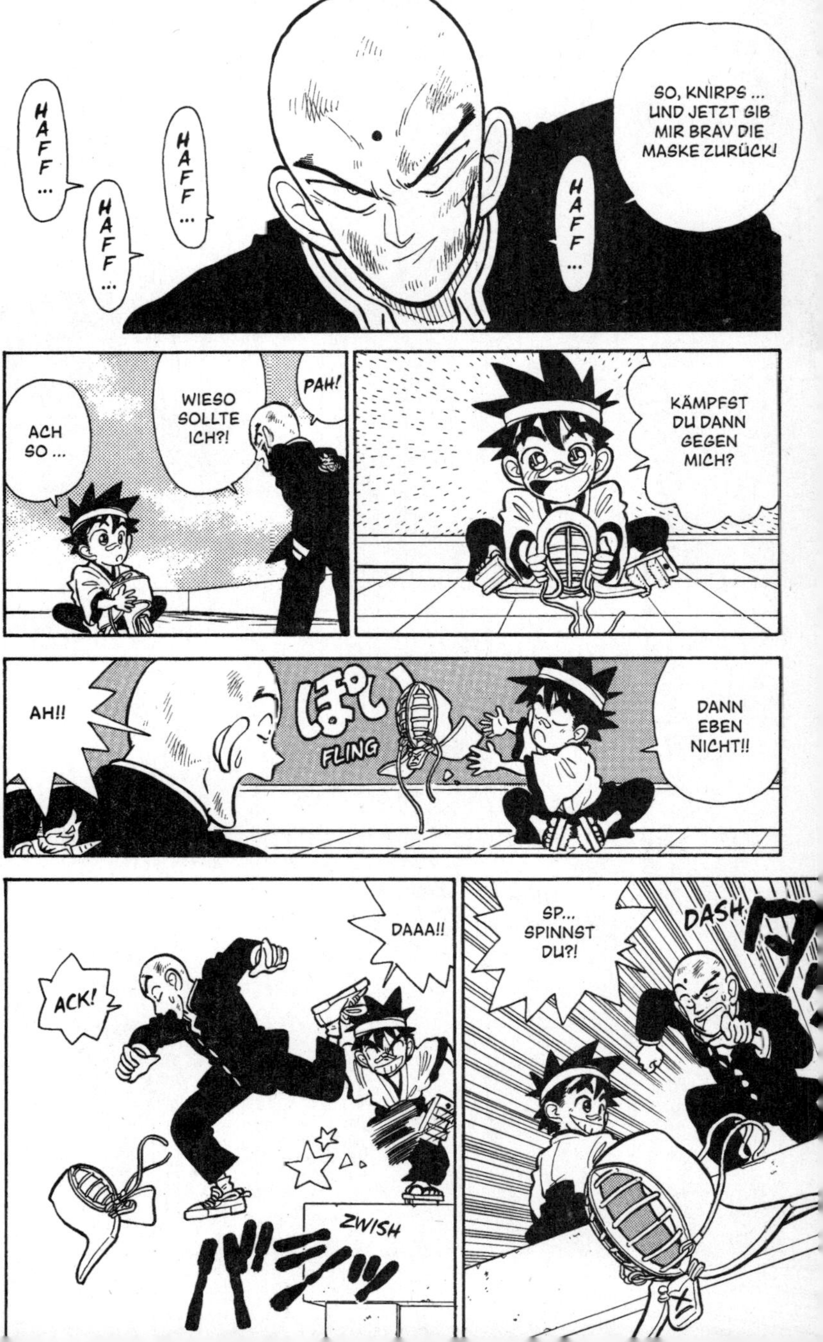
SO, KNIRPS ... UND JETZT GIB MIR BRAV DIE MASKE ZURÜCK!
HAFF ...
HAFF ...
HAFF ...
HAFF ...
KÄMPFST DU DANN GEGEN MICH?
PAH!
WIESO SOLLTE ICH?!
ACH SO ...
DANN EBEN NICHT!!
ぽい
FLING
AH!!
DASH
SP... SPINNST DU?!
DAAA!!
ACK!
ZWISH

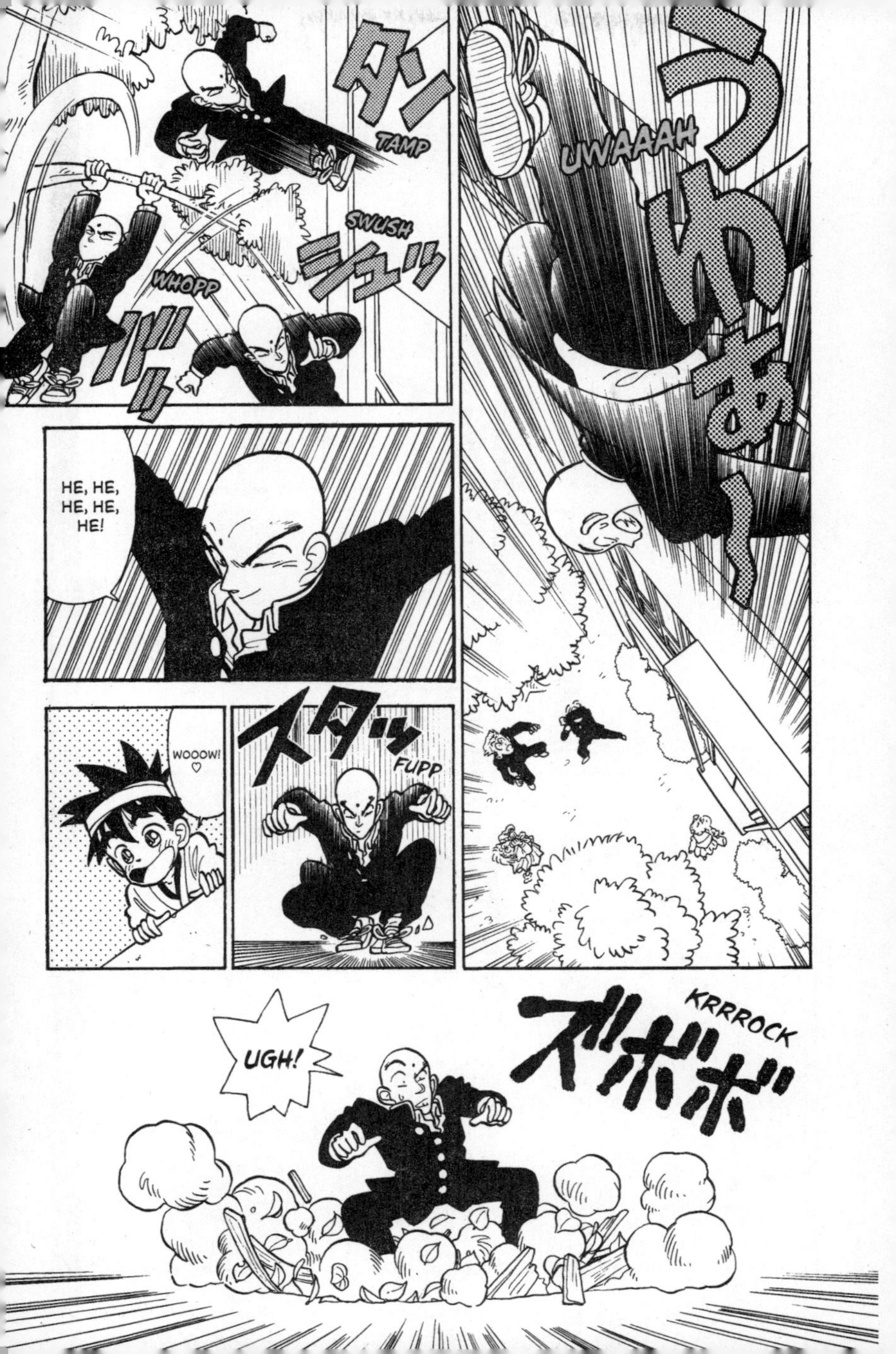
UWAAAH
TAMP
SWUSH
WHOPP
HE, HE, HE, HE, HE!
FUPP
WOOOW! ♡
KRRROCK
UGH!

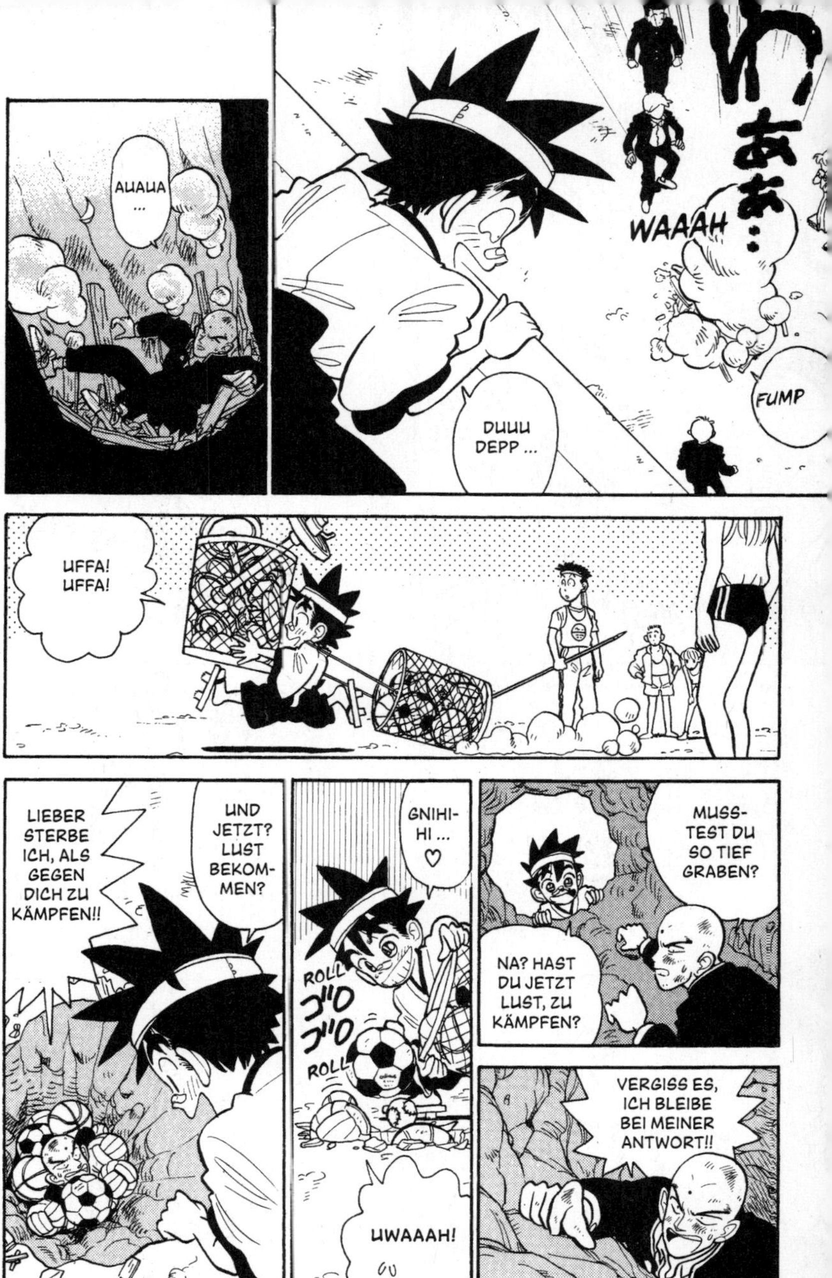

わああ…
WAAAH
FUMP
DUUU DEPP ...
AUAUA ...
UFFA! UFFA!
MUSS-TEST DU SO TIEF GRABEN?
NA? HAST DU JETZT LUST, ZU KÄMPFEN?
VERGISS ES, ICH BLEIBE BEI MEINER ANTWORT!!
GNIHI-HI ... ♡
ROLL
ゴロゴロ
ROLL
UWAAAH!
UND JETZT? LUST BEKOMMEN?
LIEBER STERBE ICH, ALS GEGEN DICH ZU KÄMPFEN!!

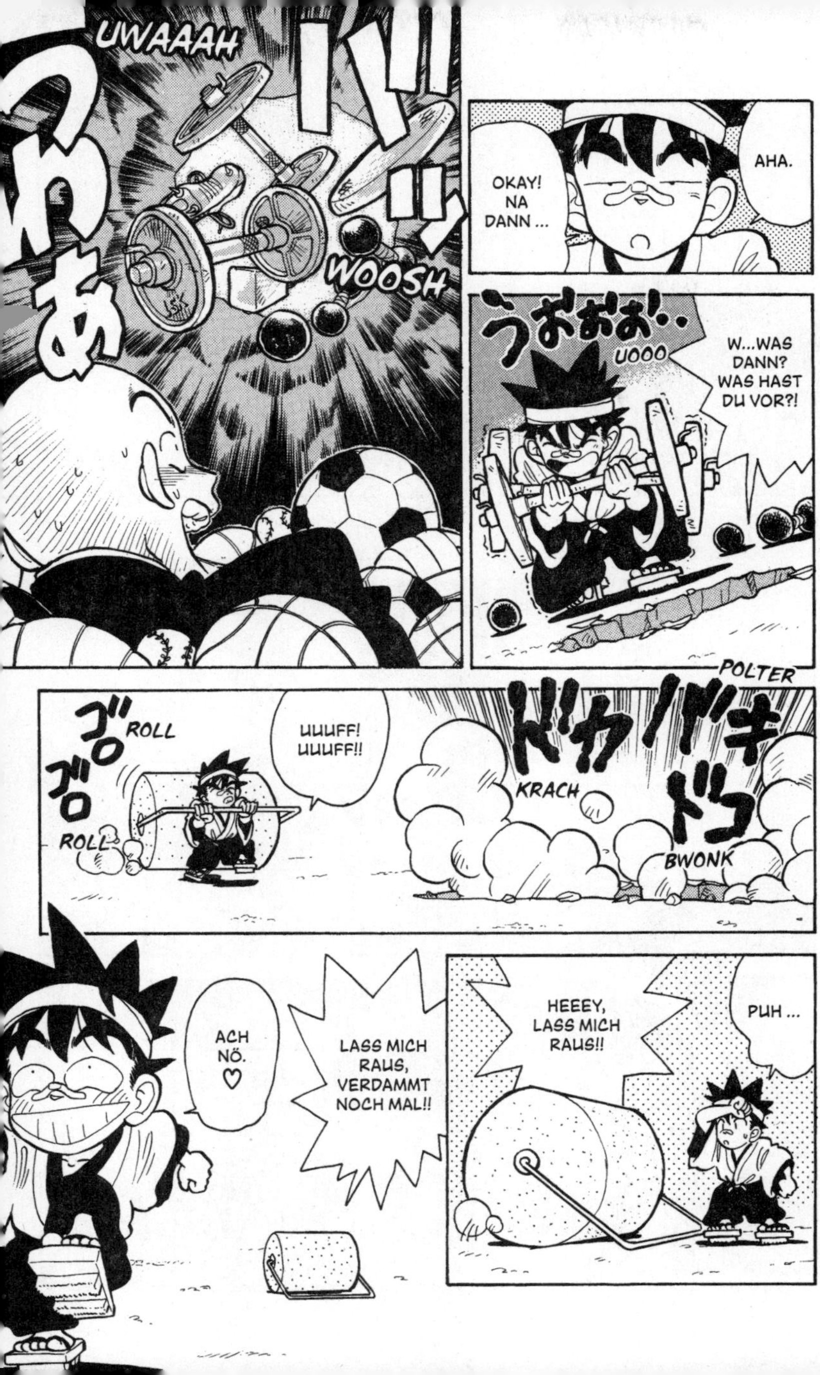
AHA.
OKAY! NA DANN ...
うおおお
UOOO
W...WAS DANN? WAS HAST DU VOR?!
UWAAAH
WOOSH
POLTER
KRACH
BWONK
UUUFF! UUUFF!!
ゴロゴロ
ROLL
ROLL
PUH ...
HEEEY, LASS MICH RAUS!!
LASS MICH RAUS, VERDAMMT NOCH MAL!!
ACH NÖ. ♡

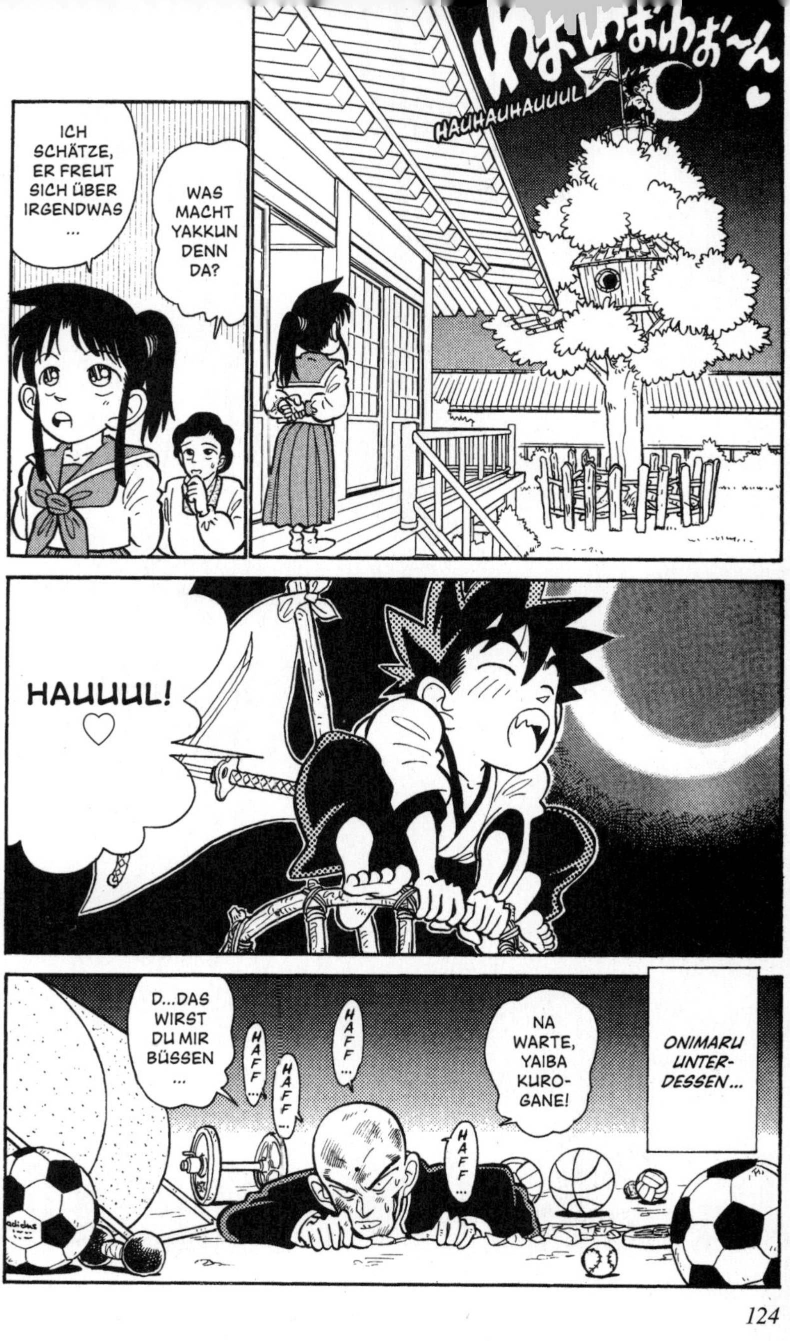
HAUHAUHAUUUL
WAS MACHT YAKKUN DENN DA?
ICH SCHÄTZE, ER FREUT SICH ÜBER IRGENDWAS ...
HAUUUL!
ONIMARU UNTER-DESSEN ...
NA WARTE, YAIBA KURO-GANE!
HAFF ...
HAFF ...
HAFF ...
HAFF ...
D...DAS WIRST DU MIR BÜSSEN ...

KAPITEL 7: LASS MICH DEIN GEGNER SEIN

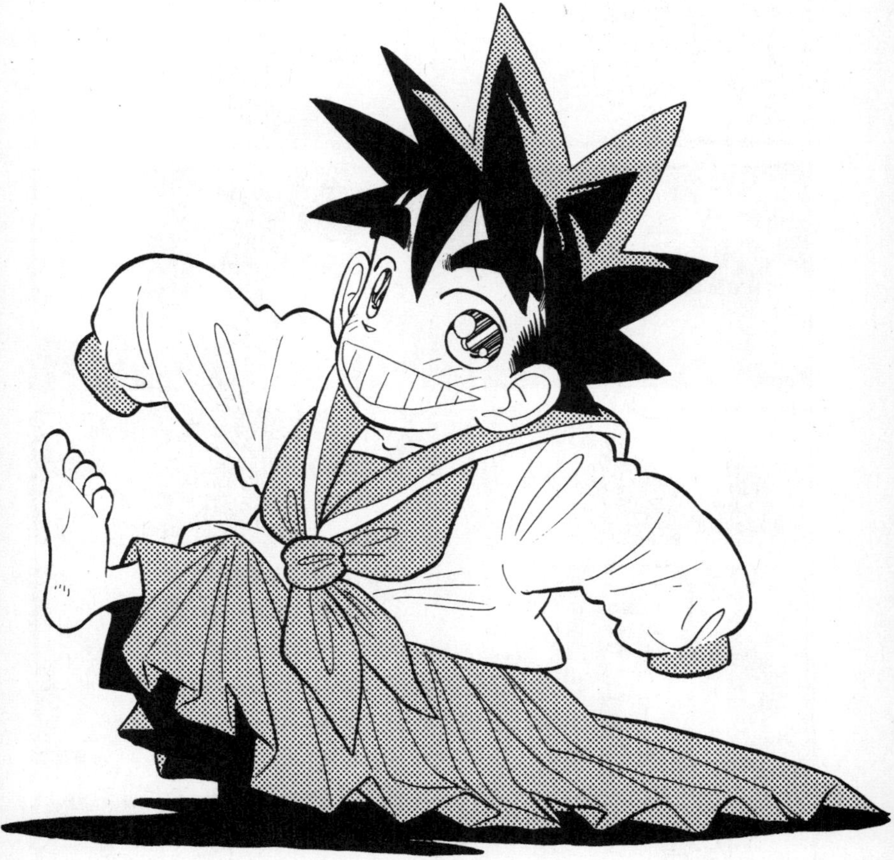

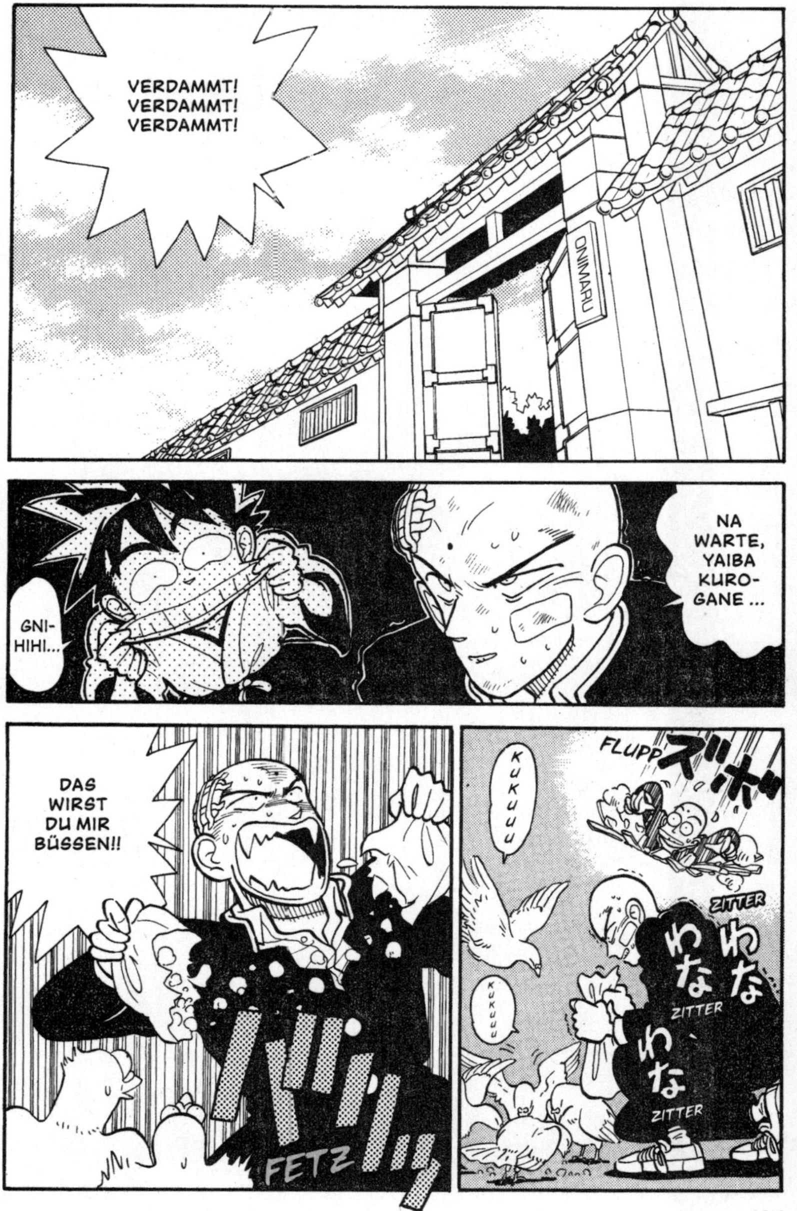
VERDAMMT! VERDAMMT! VERDAMMT!
ONIMARU
NA WARTE, YAIBA KURO-GANE ...
GNI-HIHI...
DAS WIRST DU MIR BÜSSEN!!
FETZ
FLUPP
KUKUUU
ZITTER
ZITTER
KUKUUU
ZITTER

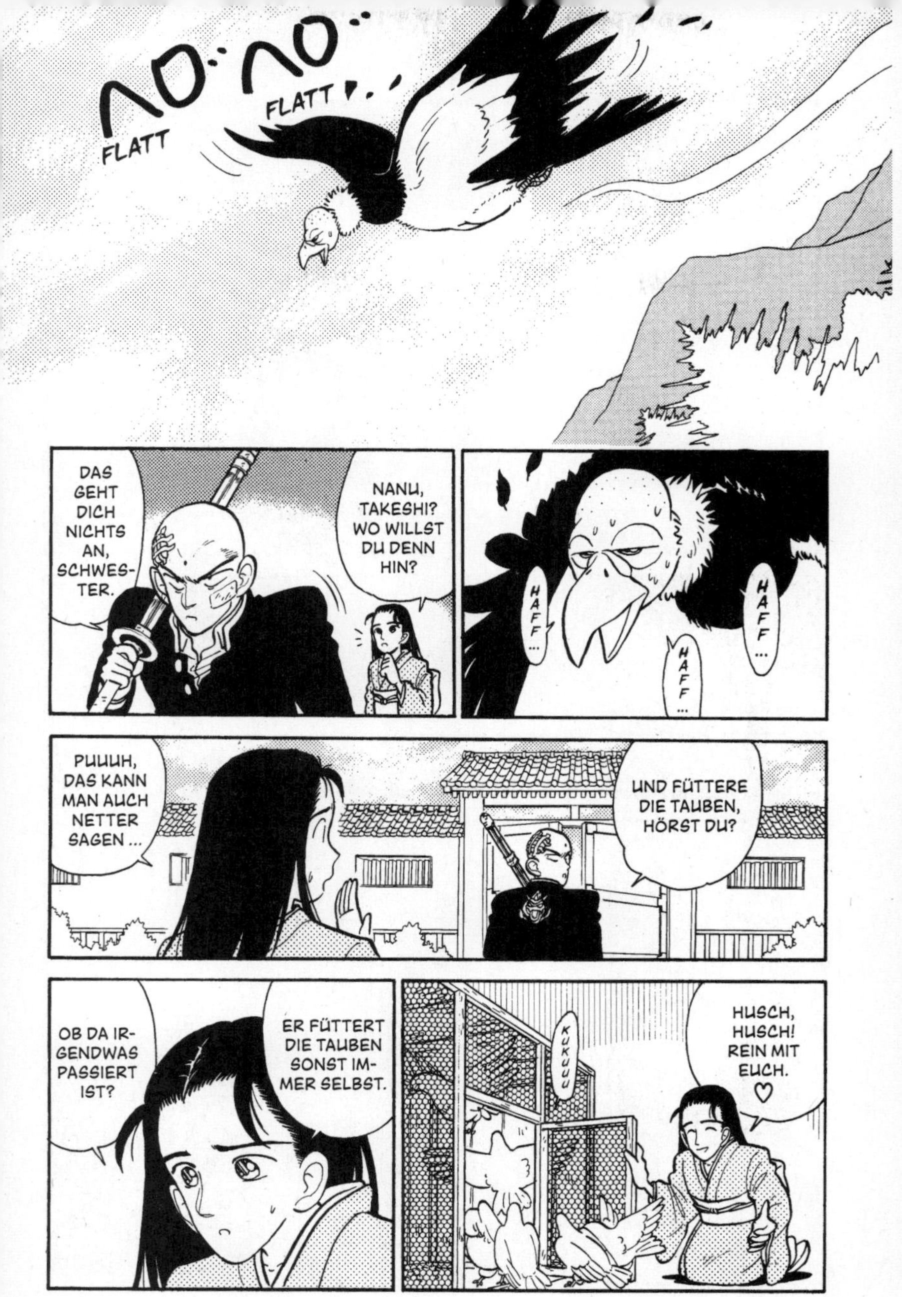
FLATT
FLATT
HAFF …
HAFF …
HAFF …
NANU, TAKESHI? WO WILLST DU DENN HIN?
DAS GEHT DICH NICHTS AN, SCHWES-TER.
UND FÜTTERE DIE TAUBEN, HÖRST DU?
PUUUH, DAS KANN MAN AUCH NETTER SAGEN …
HUSCH, HUSCH! REIN MIT EUCH. ♡
KUKUUU
ER FÜTTERT DIE TAUBEN SONST IM-MER SELBST.
OB DA IR-GENDWAS PASSIERT IST?

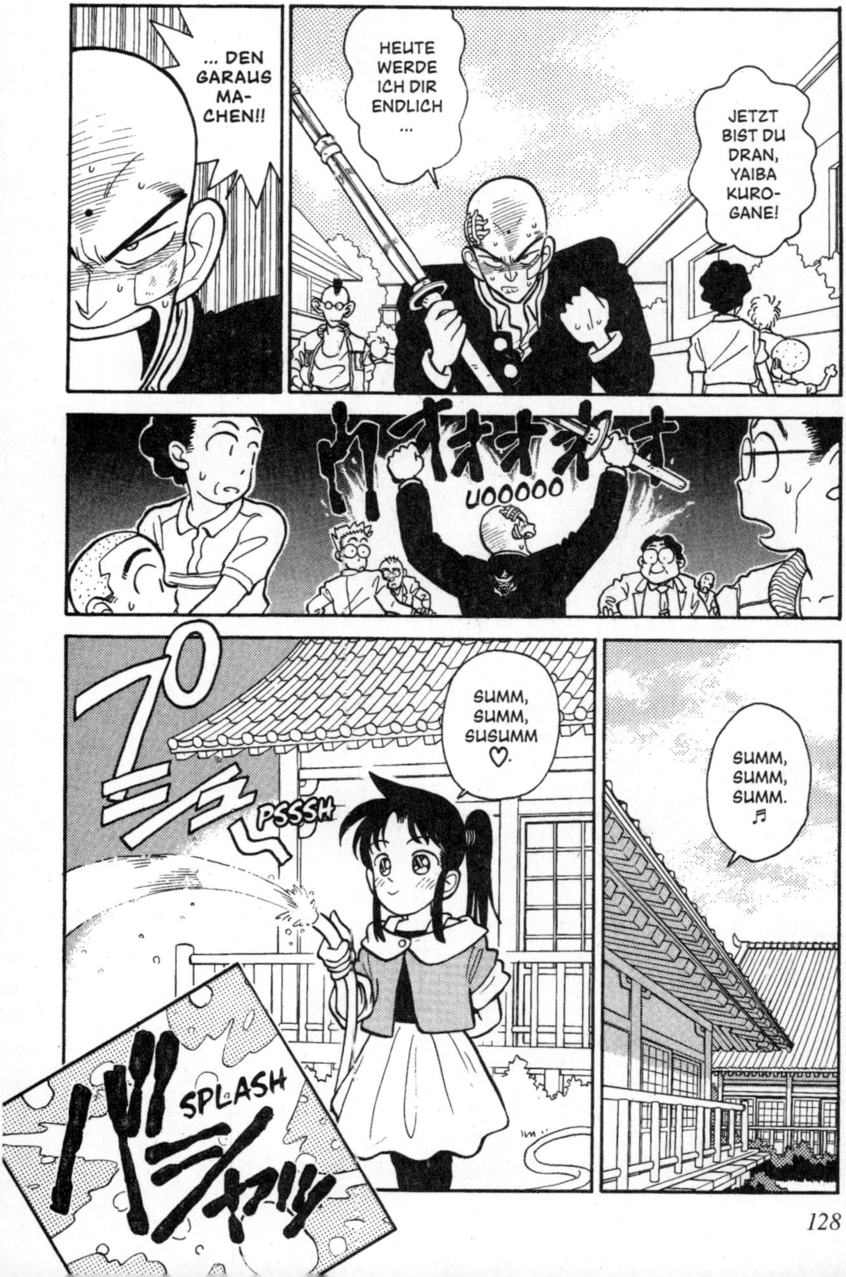
JETZT BIST DU DRAN, YAIBA KUROGANE!
HEUTE WERDE ICH DIR ENDLICH ...
... DEN GARAUS MA-CHEN!!
UOOOOO
SUMM, SUMM, SUMM. ♬
SUMM, SUMM, SUSUMM ♡.
PSSSH
SPLASH

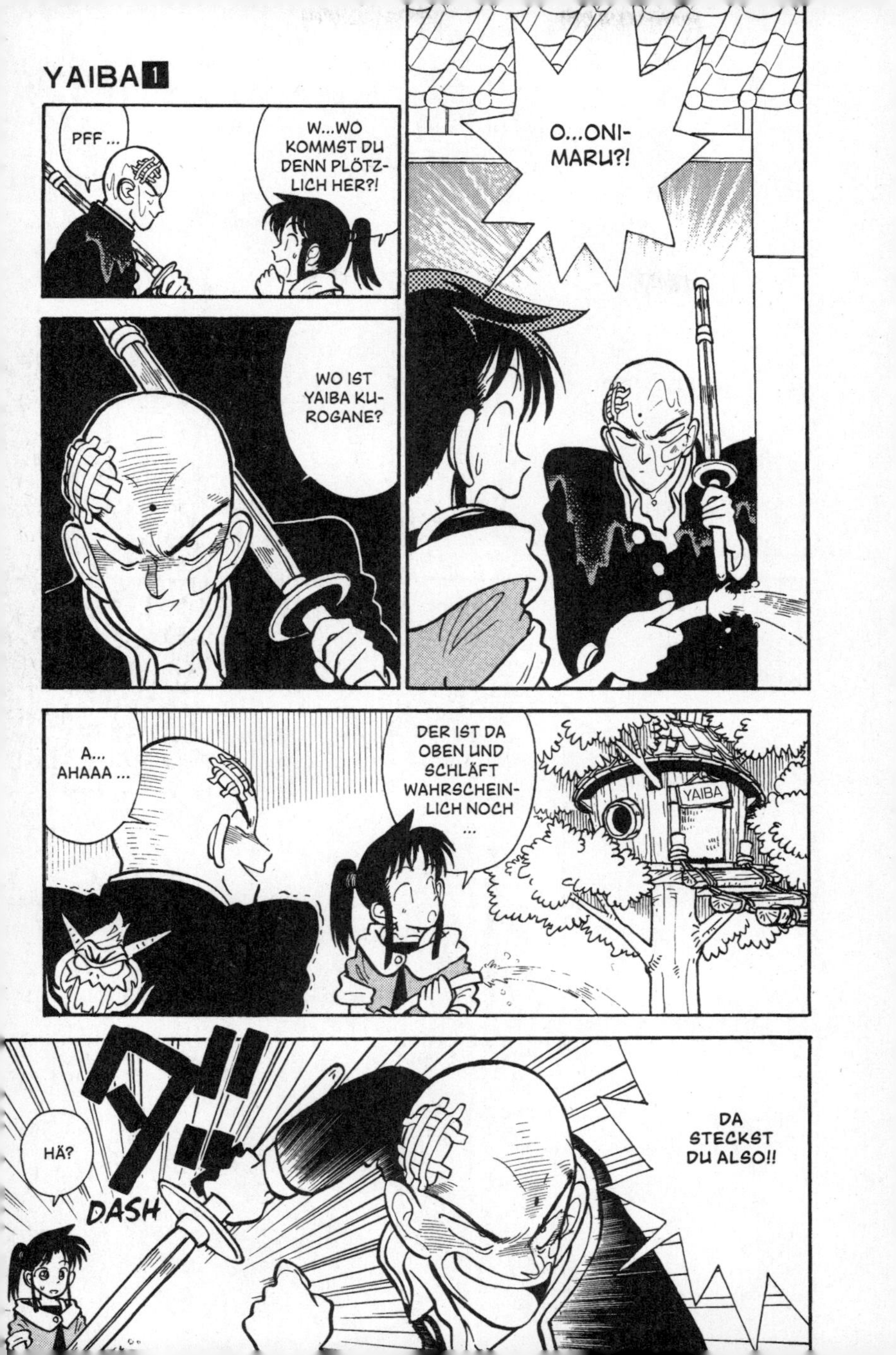
W...WO KOMMST DU DENN PLÖTZLICH HER?!
PFF ...
O...ONI-MARU?!
WO IST YAIBA KU-ROGANE?
DER IST DA OBEN UND SCHLÄFT WAHRSCHEIN-LICH NOCH ...
YAIBA
A... AHAAA ...
DA STECKST DU ALSO!!
DASH
HÄ?

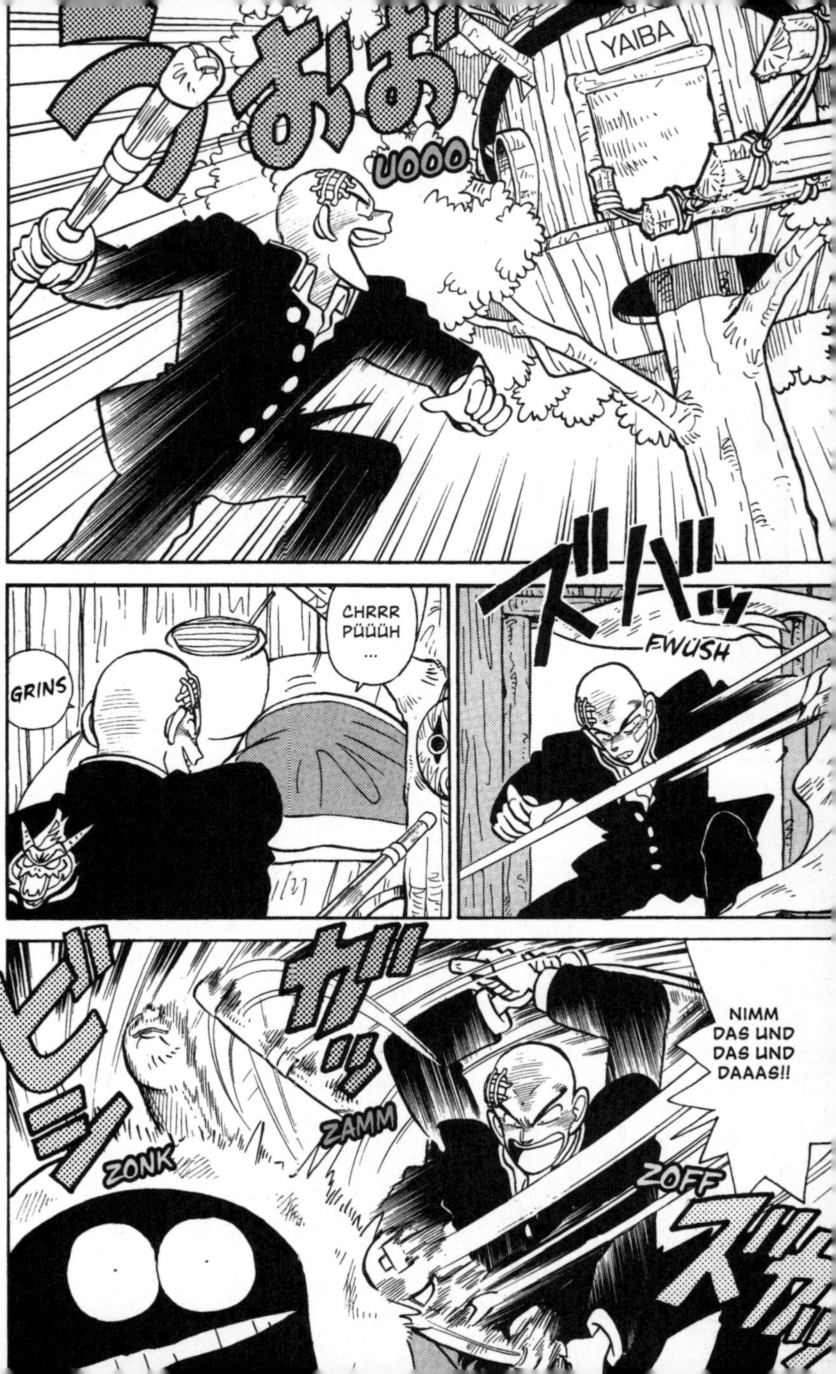
YAIBA
UOOO
FWUSH
CHRRR PÜÜÜH ...
GRINS
NIMM DAS UND DAS UND DAAAS!!
ZAMM
ZONK
ZOFF

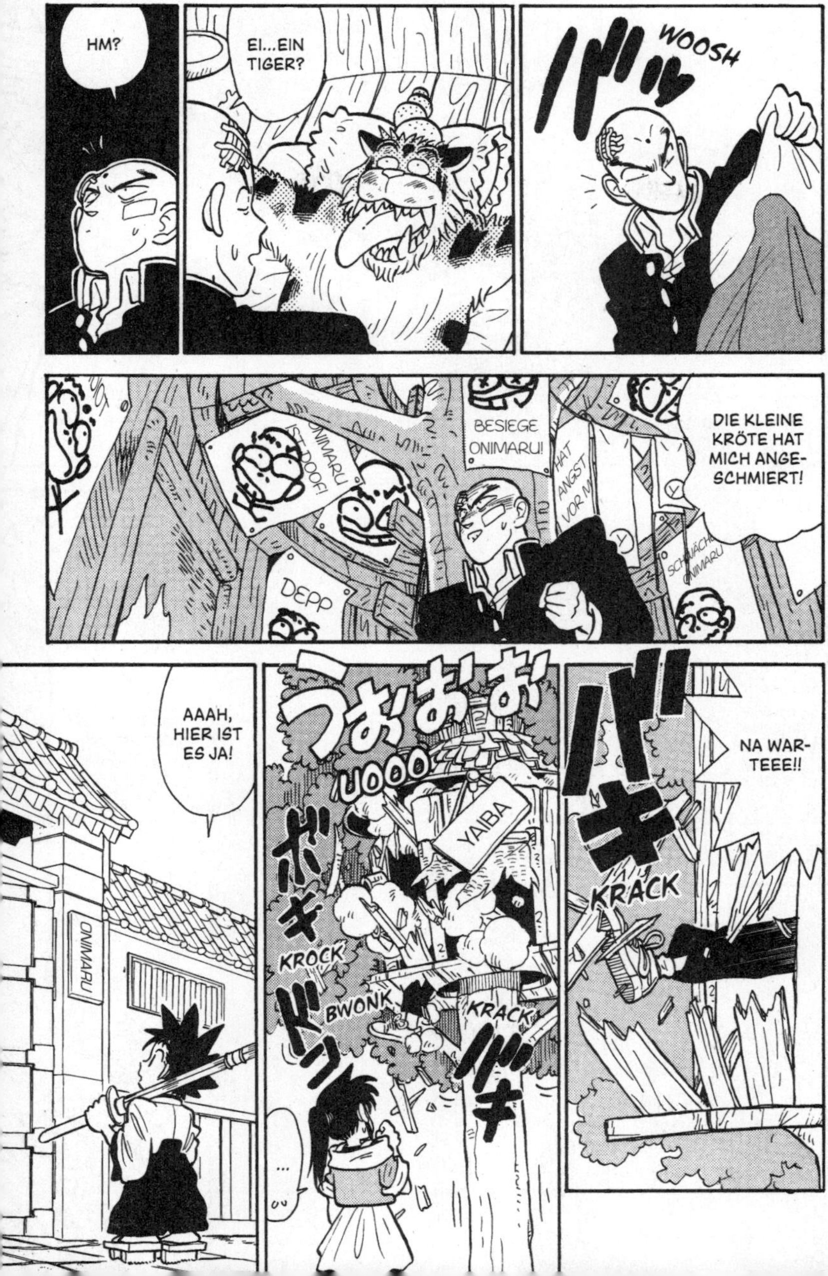
WOOSH
EI...EIN TIGER?
HM?
DIE KLEINE KRÖTE HAT MICH ANGE-SCHMIERT!
BESIEGE ONIMARU!
HAT ANGST VOR M
ONIMARU IST DOOF!
DEPP
NA WAR-TEEE!!
KRACK
UOOO
YAIBA
KROCK
BWONK
KRACK
...
AAAH, HIER IST ES JA!
ONIMARU

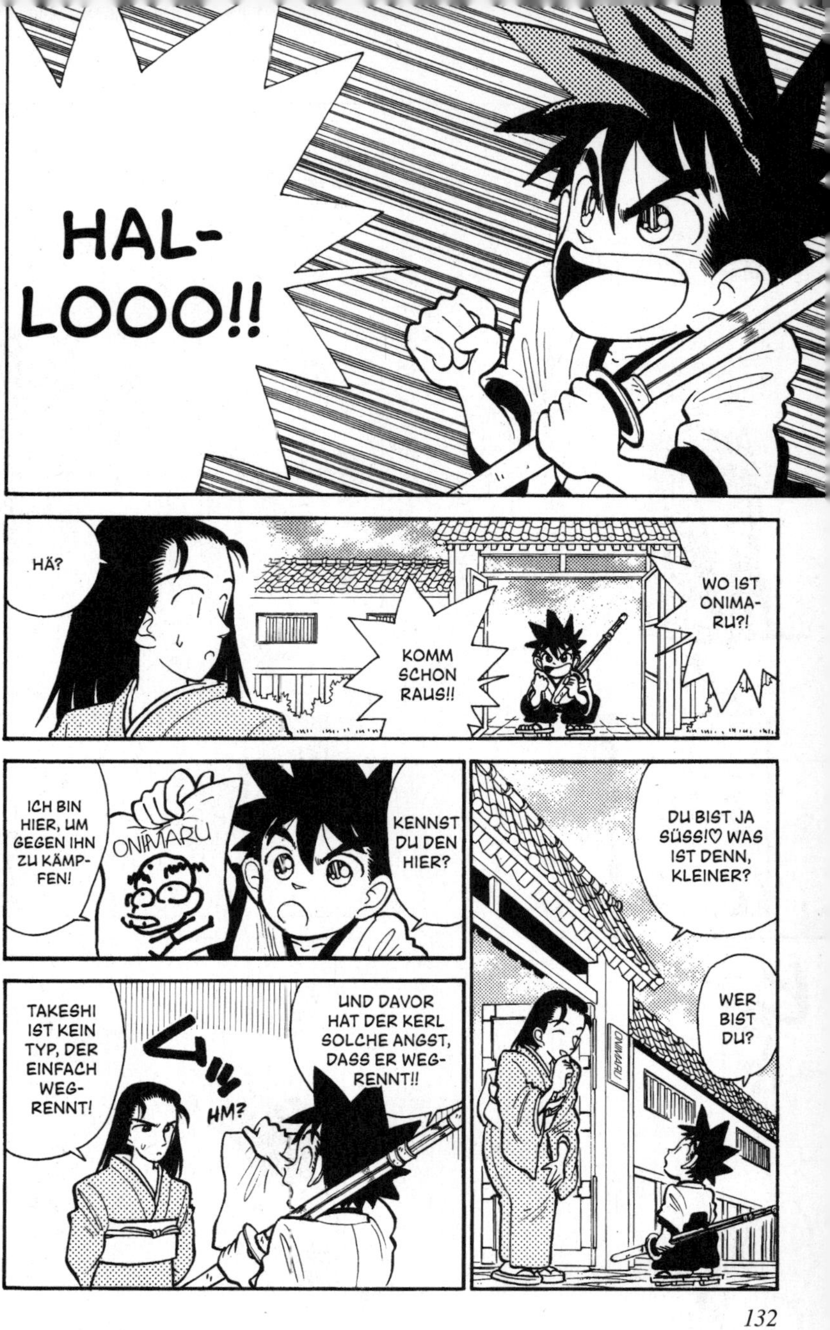
HAL-
LOOO!!
WO IST ONIMA-RU?!
KOMM SCHON RAUS!!
HÄ?
DU BIST JA SÜSS!♡ WAS IST DENN, KLEINER?
WER BIST DU?
ONIMARU
KENNST DU DEN HIER?
ONIMARU
ICH BIN HIER, UM GEGEN IHN ZU KÄMP-FEN!
UND DAVOR HAT DER KERL SOLCHE ANGST, DASS ER WEG-RENNT!!
HM?
TAKESHI IST KEIN TYP, DER EINFACH WEG-RENNT!

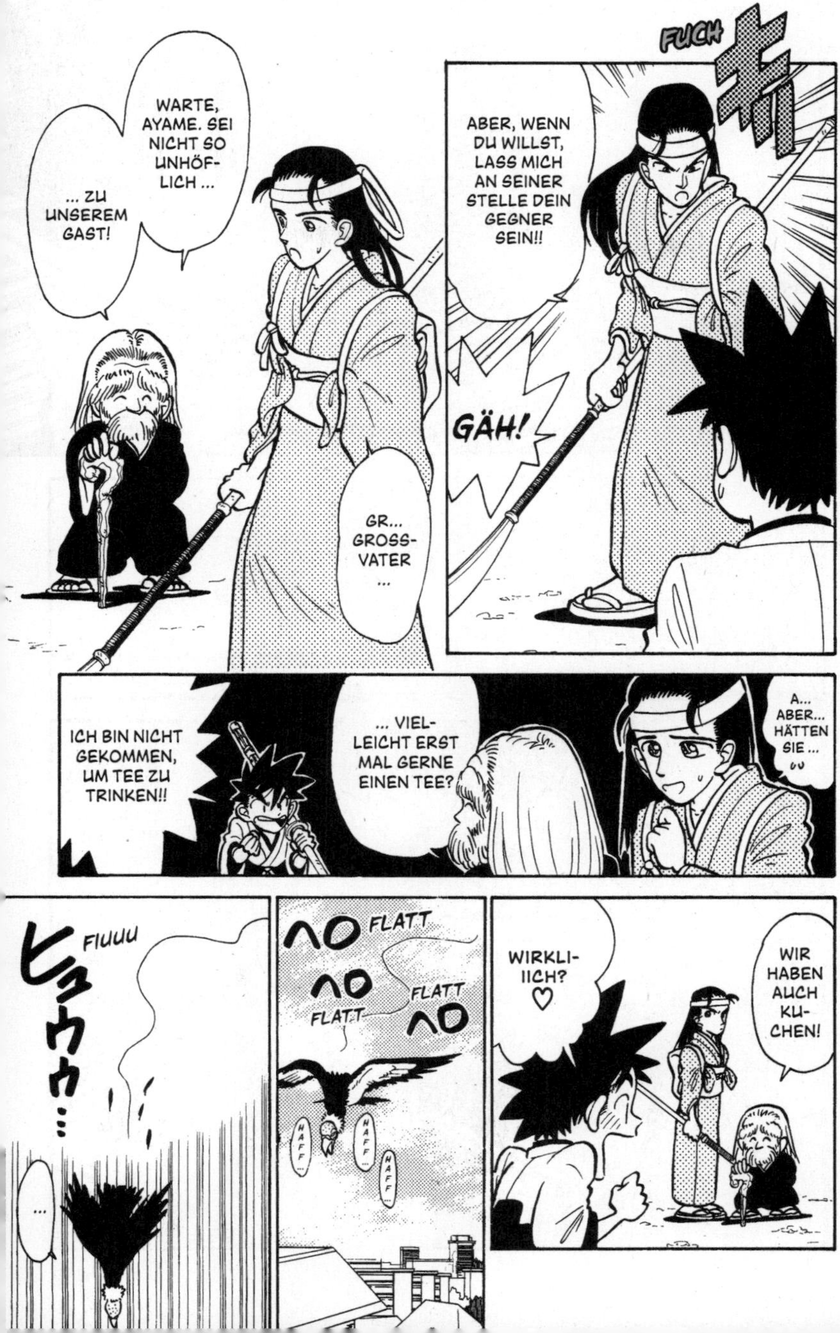
FUCH
ABER, WENN DU WILLST, LASS MICH AN SEINER STELLE DEIN GEGNER SEIN!!
GÄH!
WARTE, AYAME. SEI NICHT SO UNHÖFLICH ...
... ZU UNSEREM GAST!
GR... GROSSVATER ...
A... ABER... HÄTTEN SIE ...
... VIELLEICHT ERST MAL GERNE EINEN TEE?
ICH BIN NICHT GEKOMMEN, UM TEE ZU TRINKEN!!
WIR HABEN AUCH KUCHEN!
WIRKLIICH? ♡
FLATT
FLATT
FLATT
HAFF ...
HAFF ...
HAFF ...
FIUUU
...

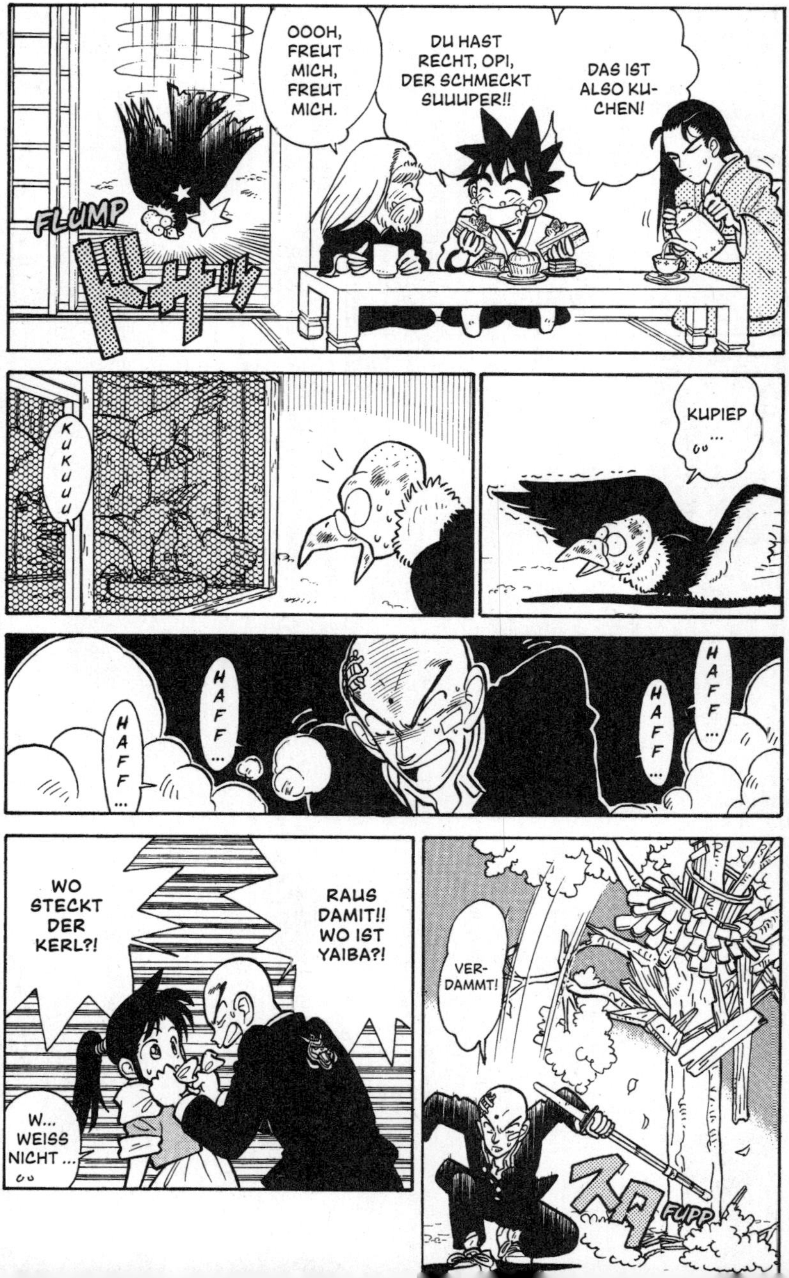

DAS IST ALSO KU-CHEN!
DU HAST RECHT, OPI, DER SCHMECKT SUUUPER!!
OOOH, FREUT MICH, FREUT MICH.
FLUMP
KUPIEP ...
KUKUUU
HAFF HAFF ...
HAFF HAFF ...
VER-DAMMT!
FUPP
RAUS DAMIT!! WO IST YAIBA?!
WO STECKT DER KERL?!
W... WEISS NICHT ...

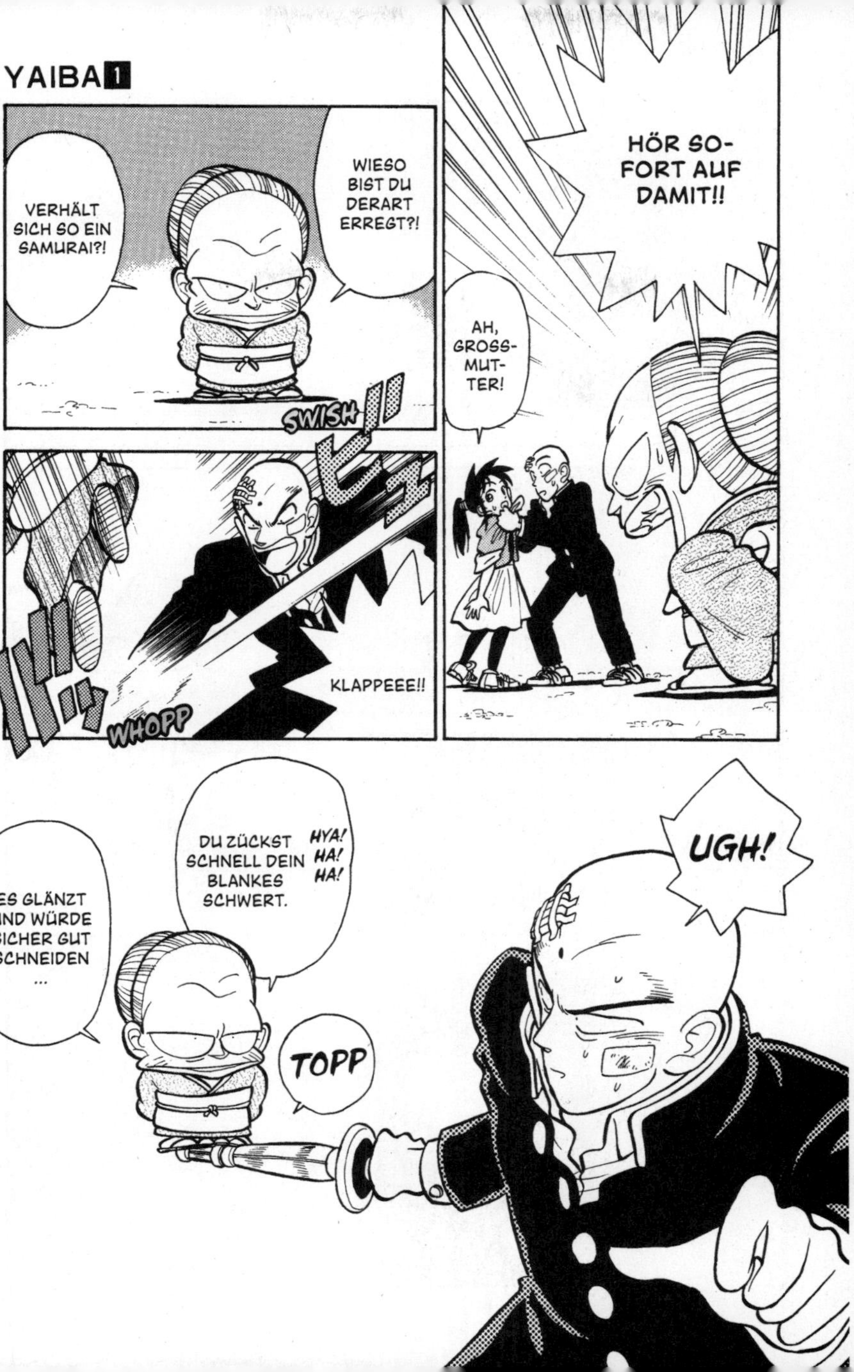
HÖR SOFORT AUF DAMIT!!
AH, GROSSMUTTER!
WIESO BIST DU DERART ERREGT?!
VERHÄLT SICH SO EIN SAMURAI?!
SWISH
KLAPPEEE!!
WHOPP
UGH!
TOPP
DU ZÜCKST SCHNELL DEIN BLANKES SCHWERT.
HYA! HA! HA!
ES GLÄNZT UND WÜRDE SICHER GUT SCHNEIDEN ...

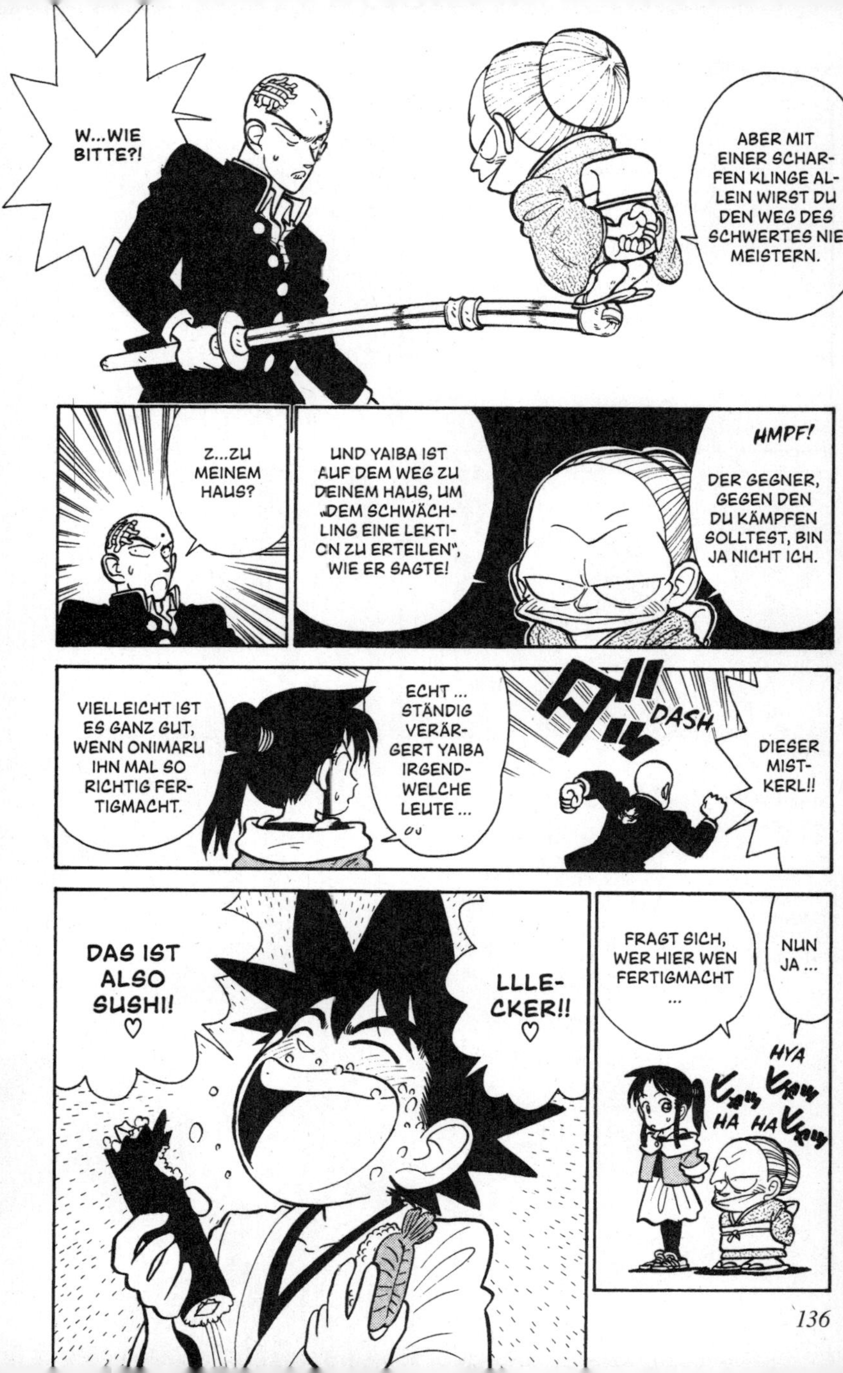

ABER MIT EINER SCHARFEN KLINGE ALLEIN WIRST DU DEN WEG DES SCHWERTES NIE MEISTERN.
W...WIE BITTE?!
HMPF!
DER GEGNER, GEGEN DEN DU KÄMPFEN SOLLTEST, BIN JA NICHT ICH.
UND YAIBA IST AUF DEM WEG ZU DEINEM HAUS, UM „DEM SCHWÄCHLING EINE LEKTION ZU ERTEILEN“, WIE ER SAGTE!
Z...ZU MEINEM HAUS?
DIESER MISTKERL!!
DASH
ECHT ... STÄNDIG VERÄRGERT YAIBA IRGENDWELCHE LEUTE ...
VIELLEICHT IST ES GANZ GUT, WENN ONIMARU IHN MAL SO RICHTIG FERTIGMACHT.
NUN JA ...
FRAGT SICH, WER HIER WEN FERTIGMACHT ...
HYA HA HA
LLLECKER!! ♡
DAS IST ALSO SUSHI! ♡

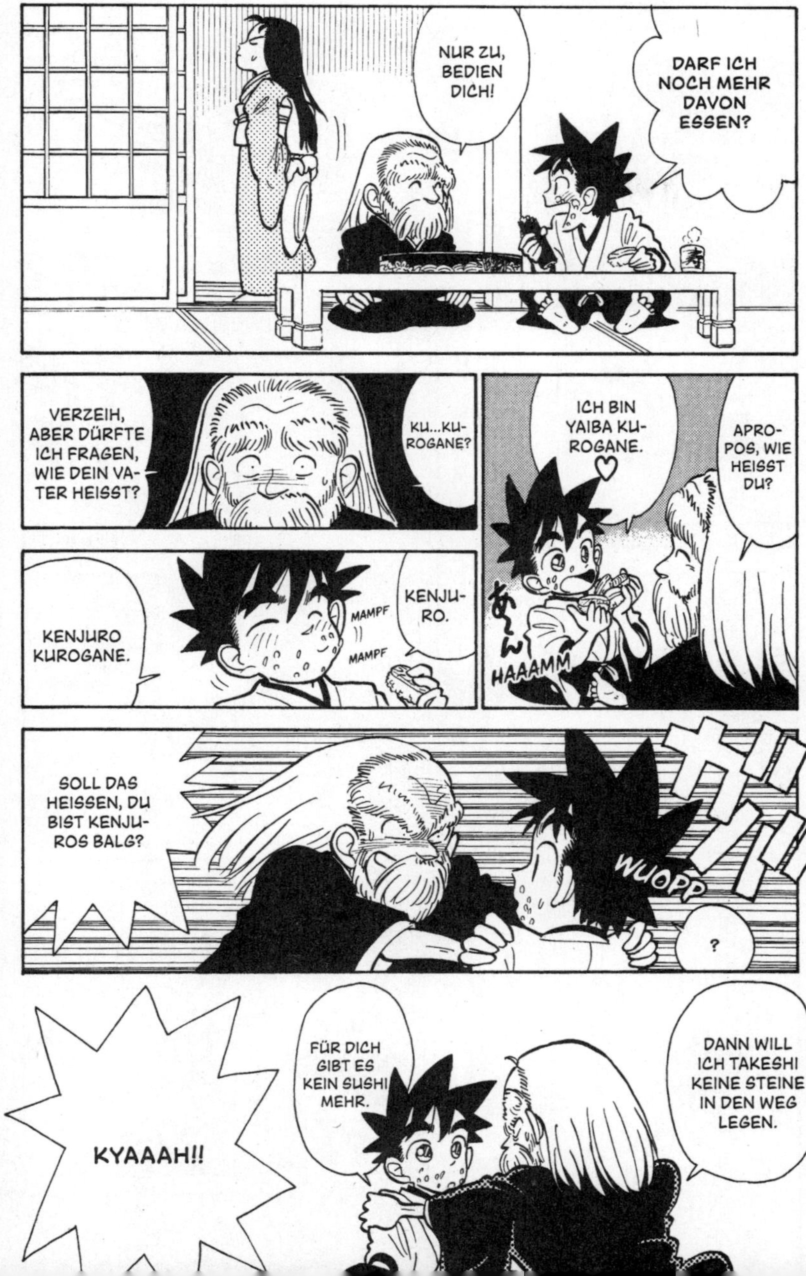
DARF ICH NOCH MEHR DAVON ESSEN?
NUR ZU, BEDIEN DICH!
APROPOS, WIE HEISST DU?
ICH BIN YAIBA KUROGANE.
HAAAMM
KU...KUROGANE?
VERZEIH, ABER DÜRFTE ICH FRAGEN, WIE DEIN VATER HEISST?
KENJURO.
MAMPF
MAMPF
KENJURO KUROGANE.
WUOPP
?
SOLL DAS HEISSEN, DU BIST KENJUROS BALG?
DANN WILL ICH TAKESHI KEINE STEINE IN DEN WEG LEGEN.
FÜR DICH GIBT ES KEIN SUSHI MEHR.
KYAAAH!!

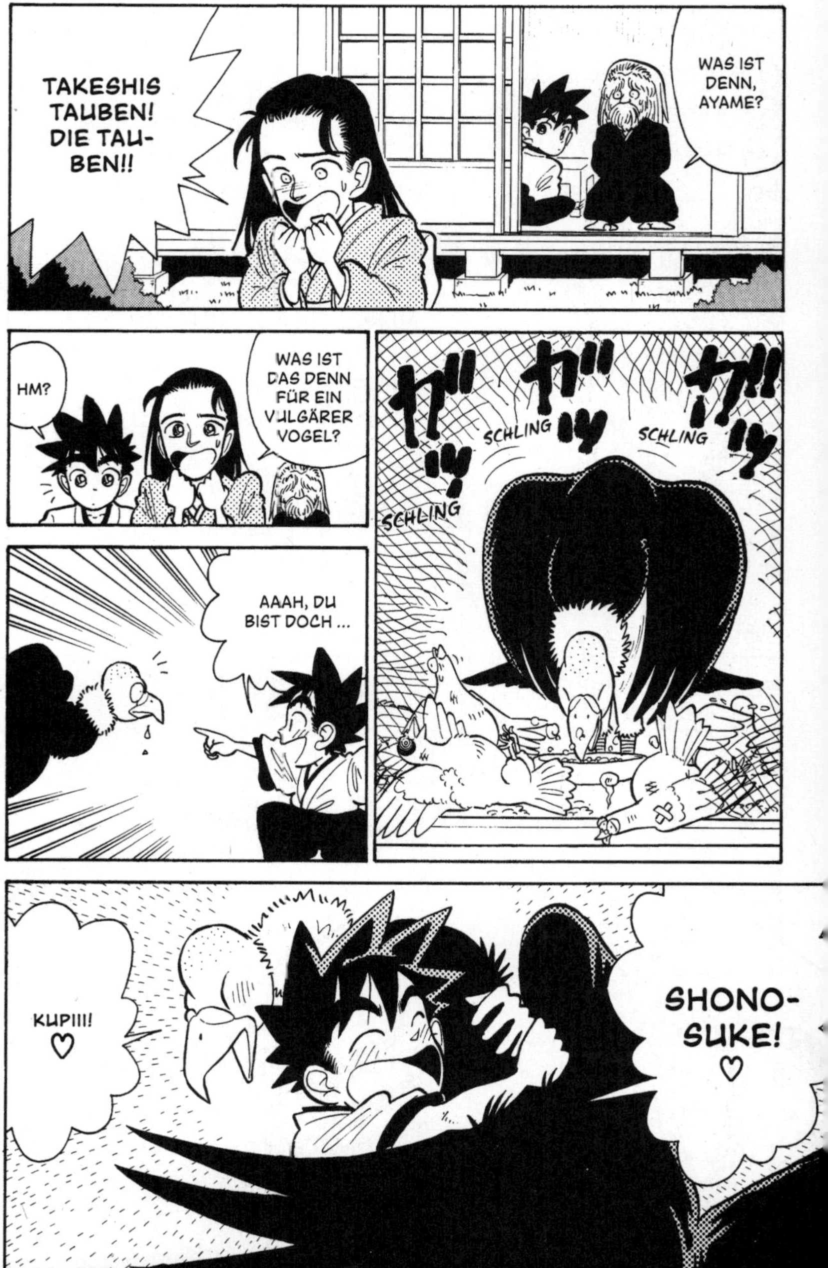
WAS IST DENN, AYAME?
TAKESHIS TAUBEN! DIE TAUBEN!!
SCHLING
SCHLING
SCHLING
WAS IST DAS DENN FÜR EIN VULGÄRER VOGEL?
HM?
AAAH, DU BIST DOCH ...
SHONOSUKE! ♡
KUPIII! ♡

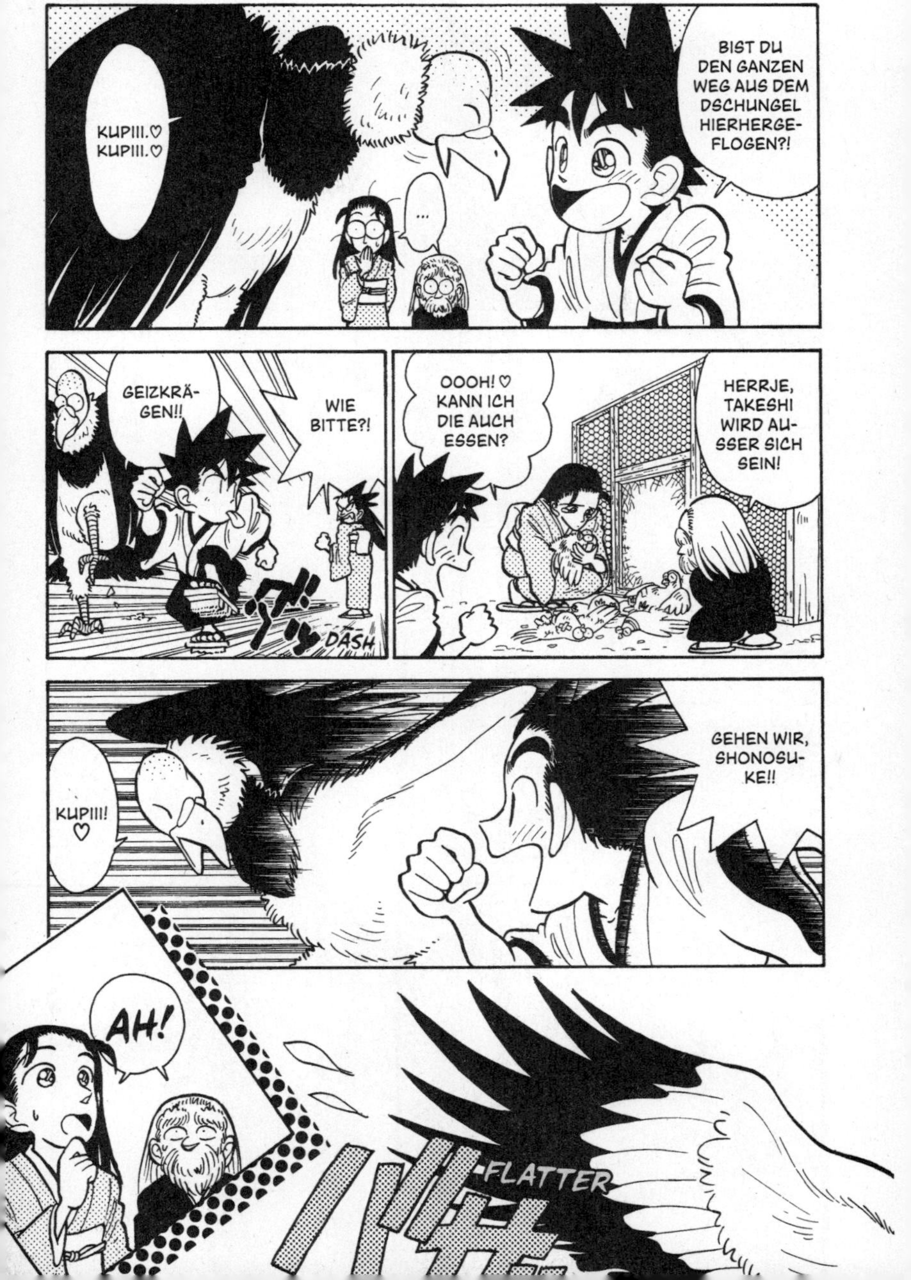
BIST DU DEN GANZEN WEG AUS DEM DSCHUNGEL HIERHERGE-FLOGEN?!
...
KUPIII.♡ KUPIII.♡
HERRJE, TAKESHI WIRD AU-SSER SICH SEIN!
OOOH! ♡ KANN ICH DIE AUCH ESSEN?
WIE BITTE?!
GEIZKRÄ-GEN!!
DASH
GEHEN WIR, SHONOSU-KE!!
KUPIII! ♡
AH!
FLATTER

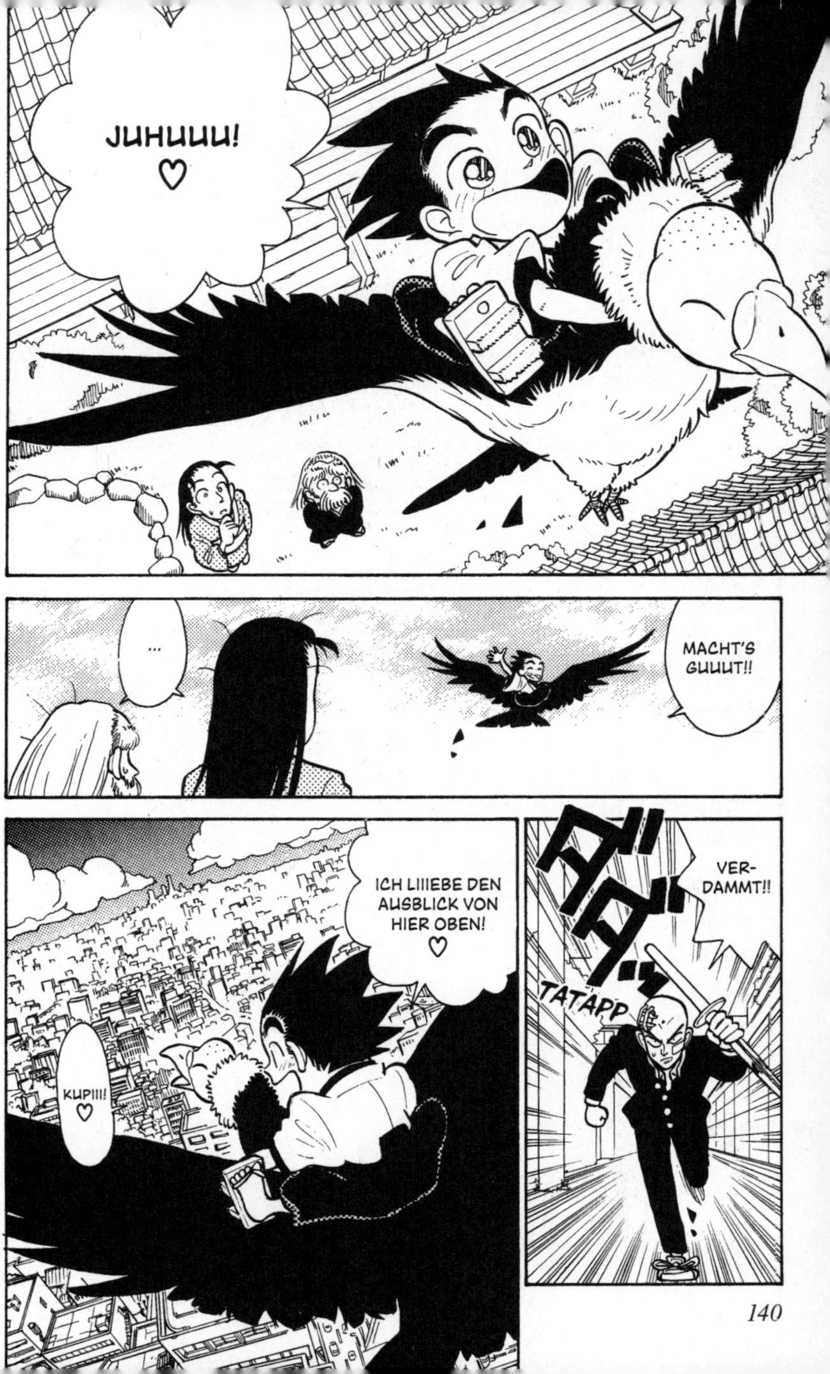

JUHUUU! ♡
MACHT'S GUUUT!!
...
VER-DAMMT!!
TATAPP
ICH LIIIEBE DEN AUSBLICK VON HIER OBEN! ♡
KUPIIII! ♡

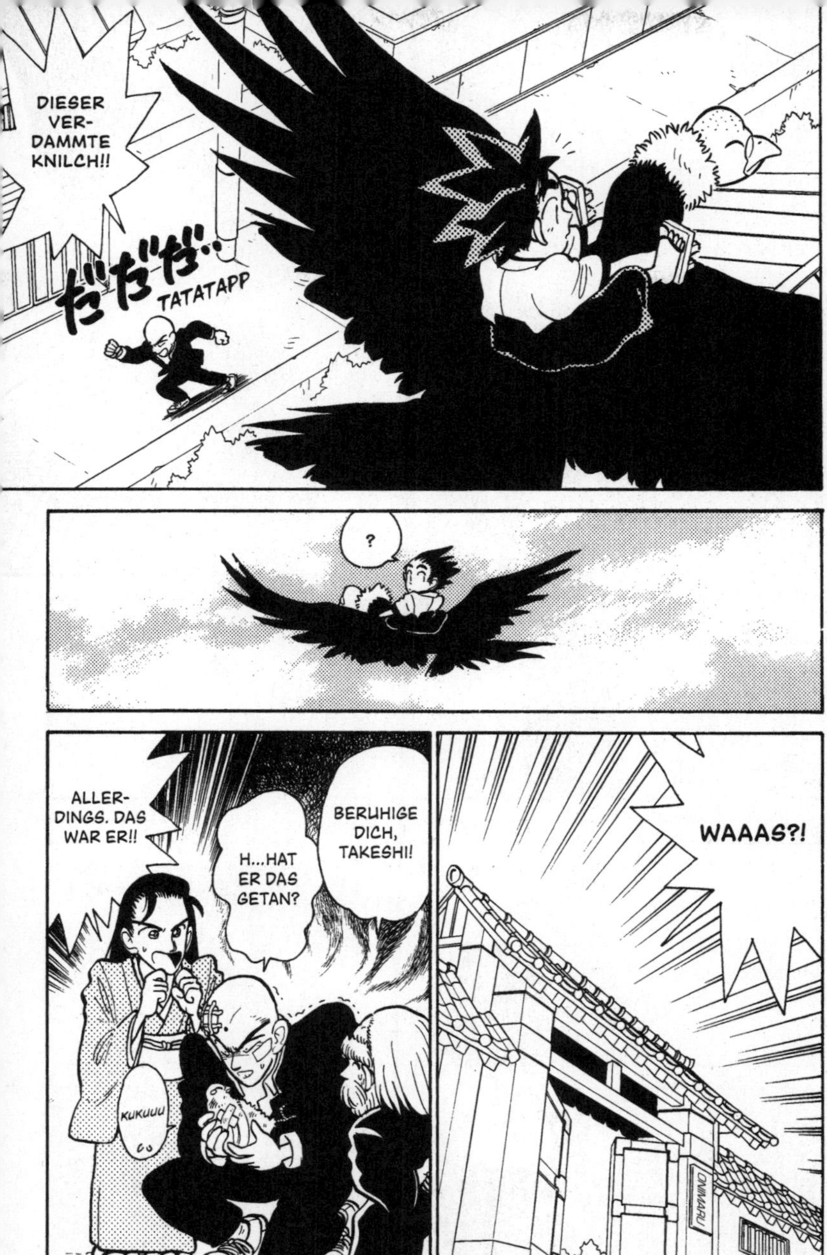
DIESER VERDAMMTE KNILCH!!
だだだ…
TATATAPP
?
WAAAS?!
ONIMARU
BERUHIGE DICH, TAKESHI!
H...HAT ER DAS GETAN?
ALLERDINGS. DAS WAR ER!!
KUKUUU

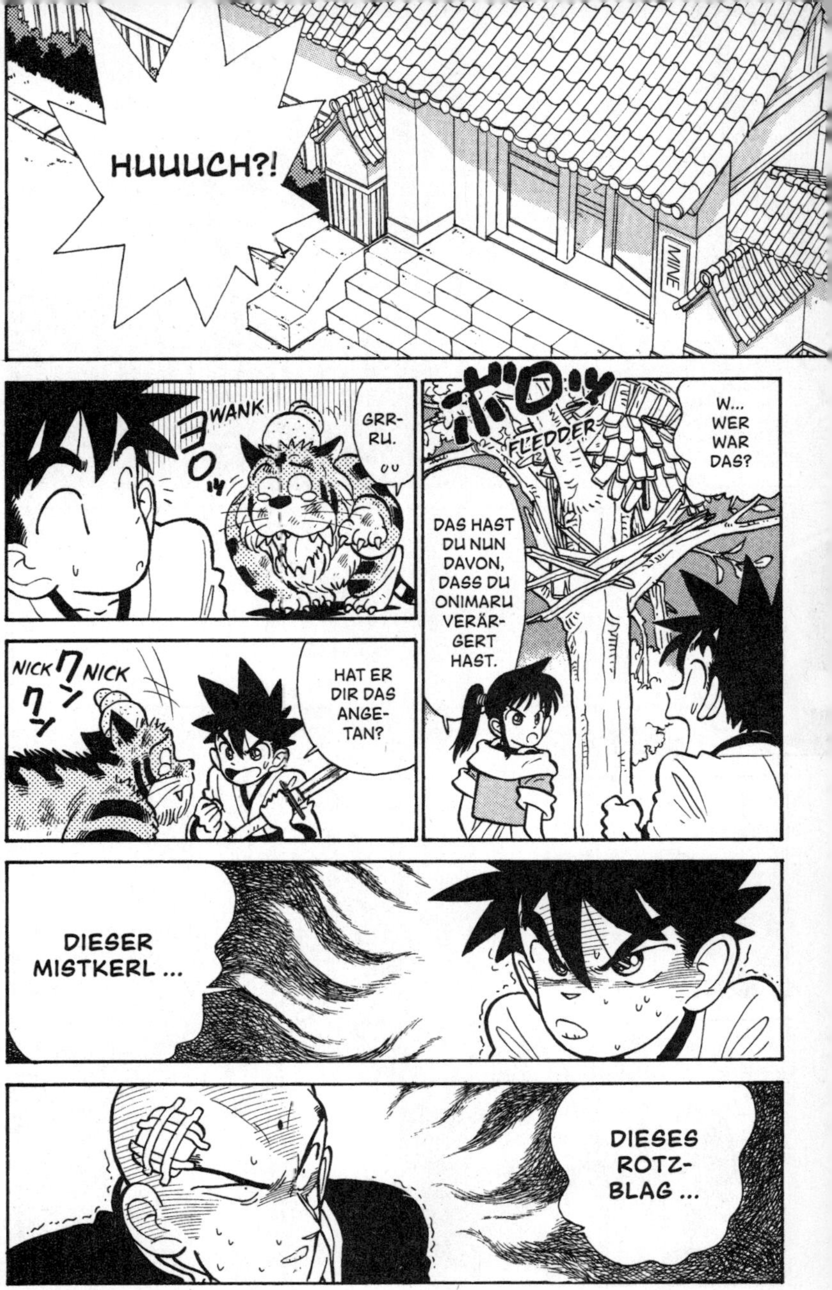
HUUUCH?!
W... WER WAR DAS?
FLEDDER
WANK
GRR-RU.
HAT ER DIR DAS ANGETAN?
NICK NICK
DAS HAST DU NUN DAVON, DASS DU ONIMARU VERÄRGERT HAST.
DIESER MISTKERL ...
DIESES ROTZ-BLAG ...

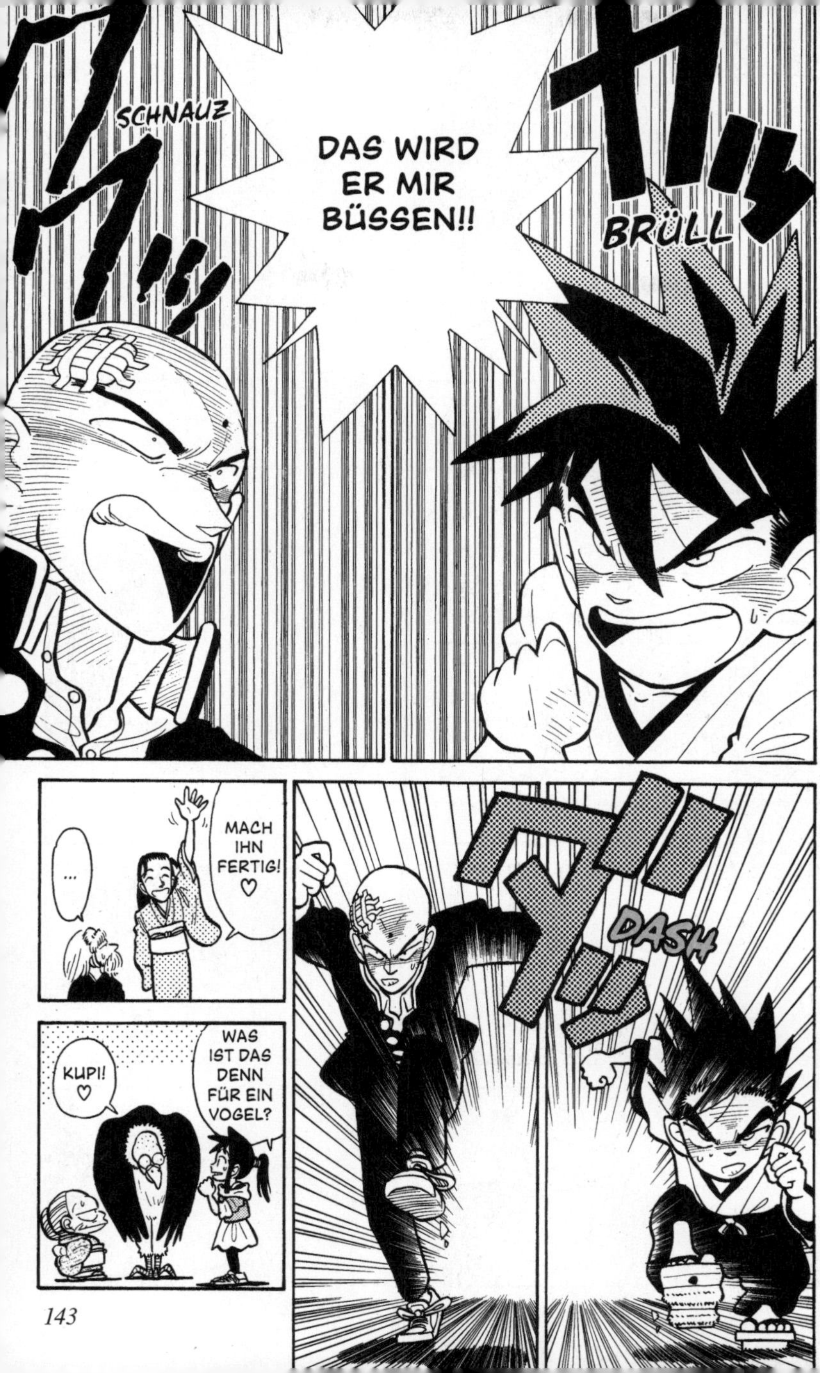
BRÜLL
DAS WIRD ER MIR BÜSSEN!!
SCHNAUZ
DASH
MACH IHN FERTIG! ♡
...
WAS IST DAS DENN FÜR EIN VOGEL?
KUPI! ♡

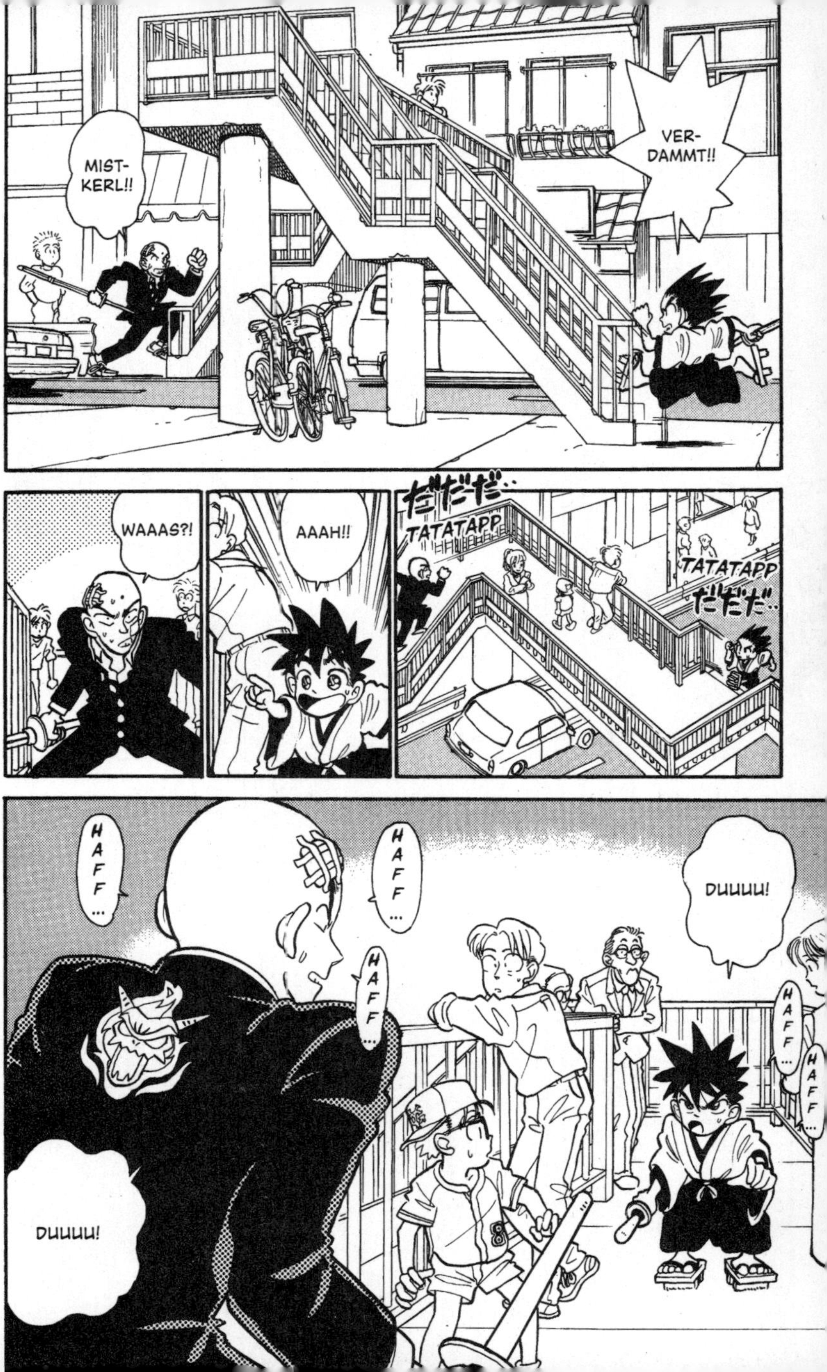

VER-
DAMMT!!
MIST-
KERL!!
だだだ…
TATATAPP
TATATAPP
だだだ…
AAAH!!
WAAAS?!
DUUUU!
HAFF …
HAFF …
HAFF …
HAFF …
HAFF …
DUUUU!

KAPITEL 8: DER GROSSE KNALL

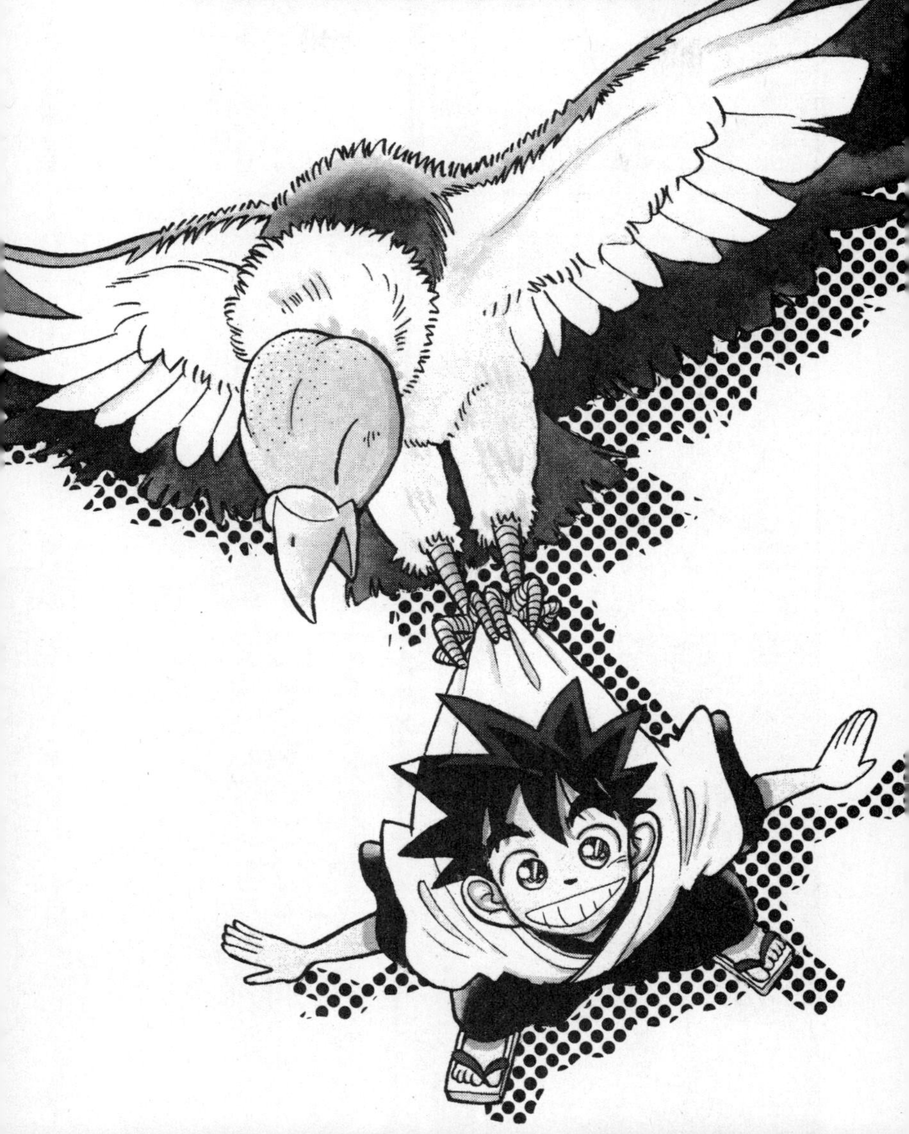

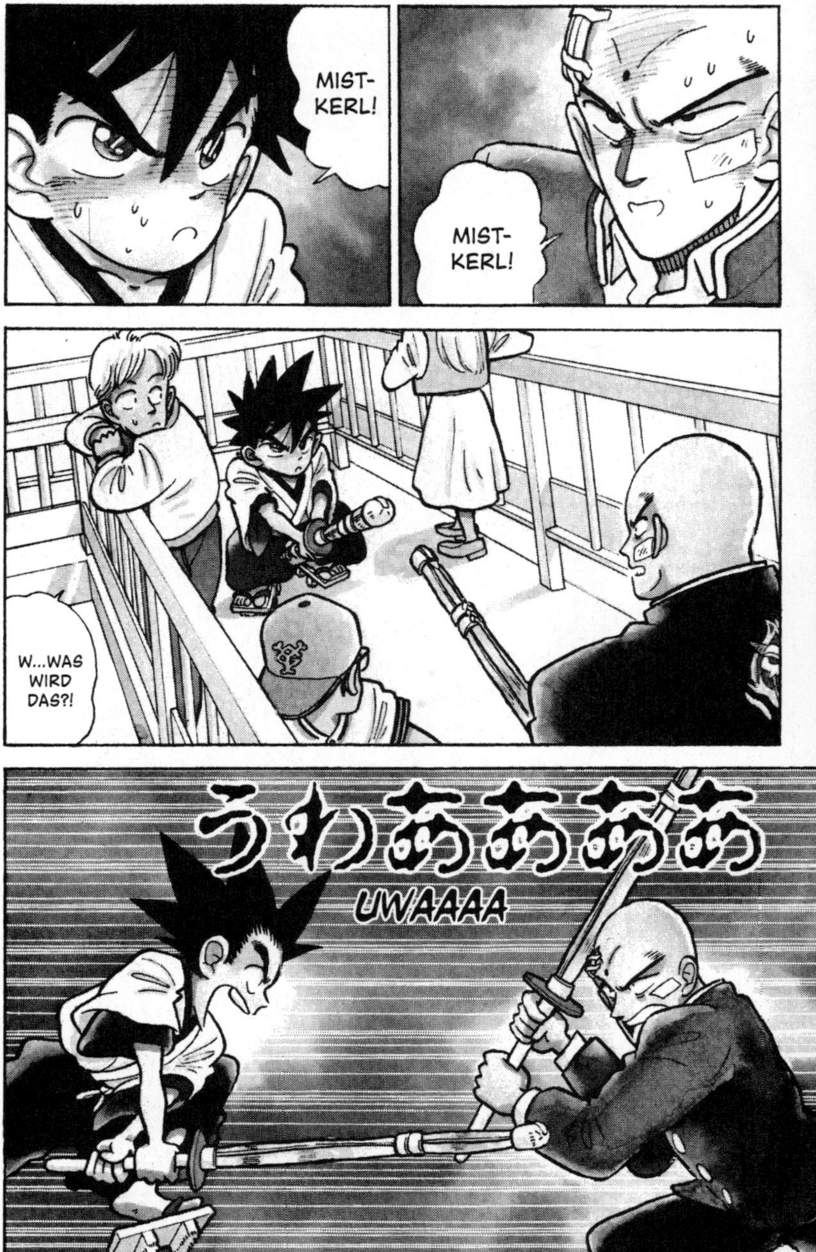
MIST-
KERL!
MIST-
KERL!
W...WAS
WIRD
DAS?!
うわあああああ
UWAAAA

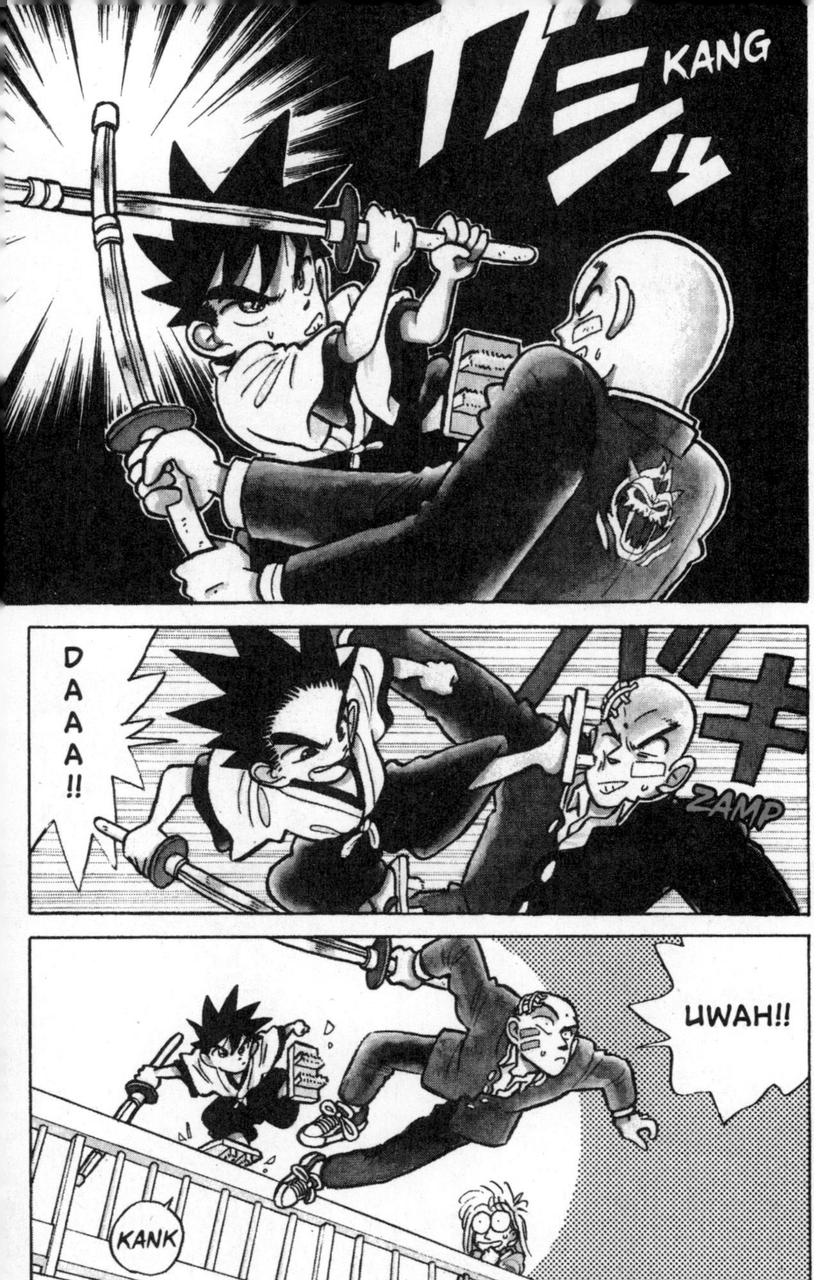
KANG
DAAAA!!
ZAMP
UWAH!!
KANK

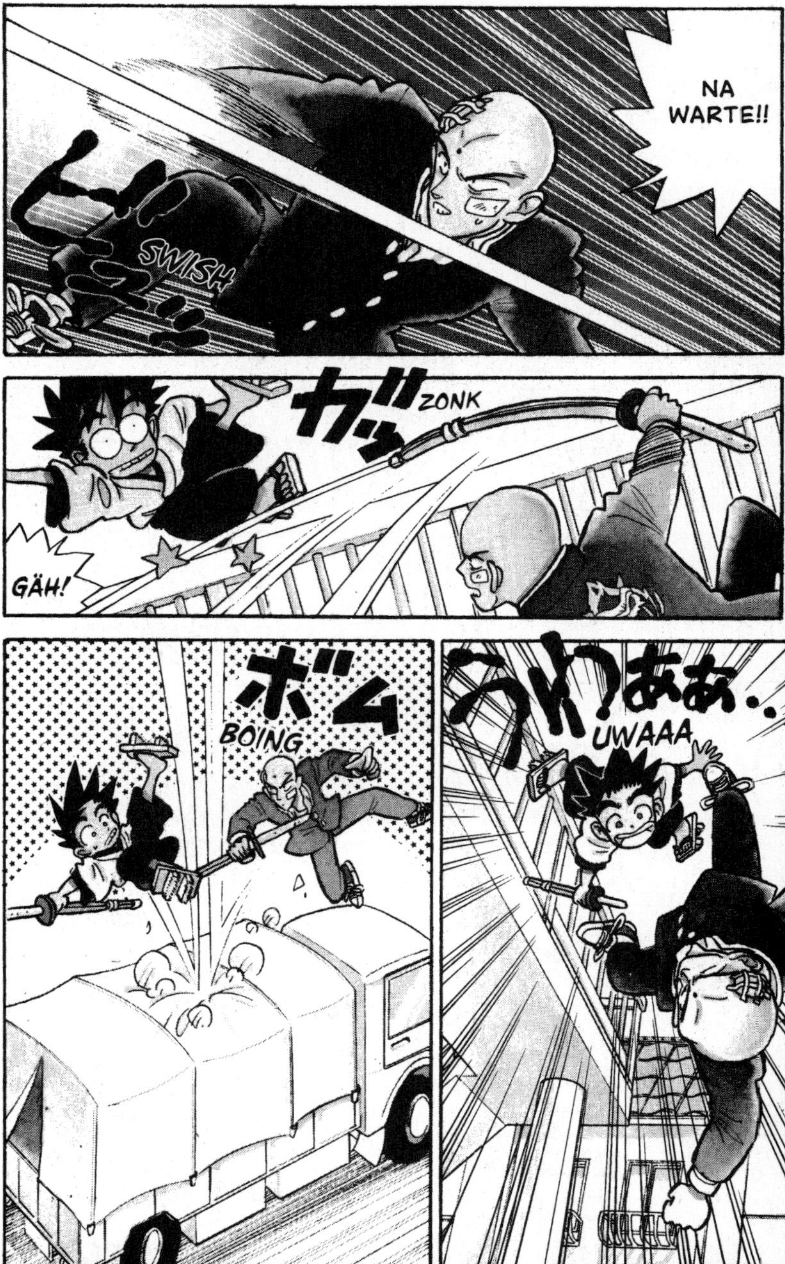
NA WARTE!!
SWISH
ZONK
GÄH!
UWAAA
BOING

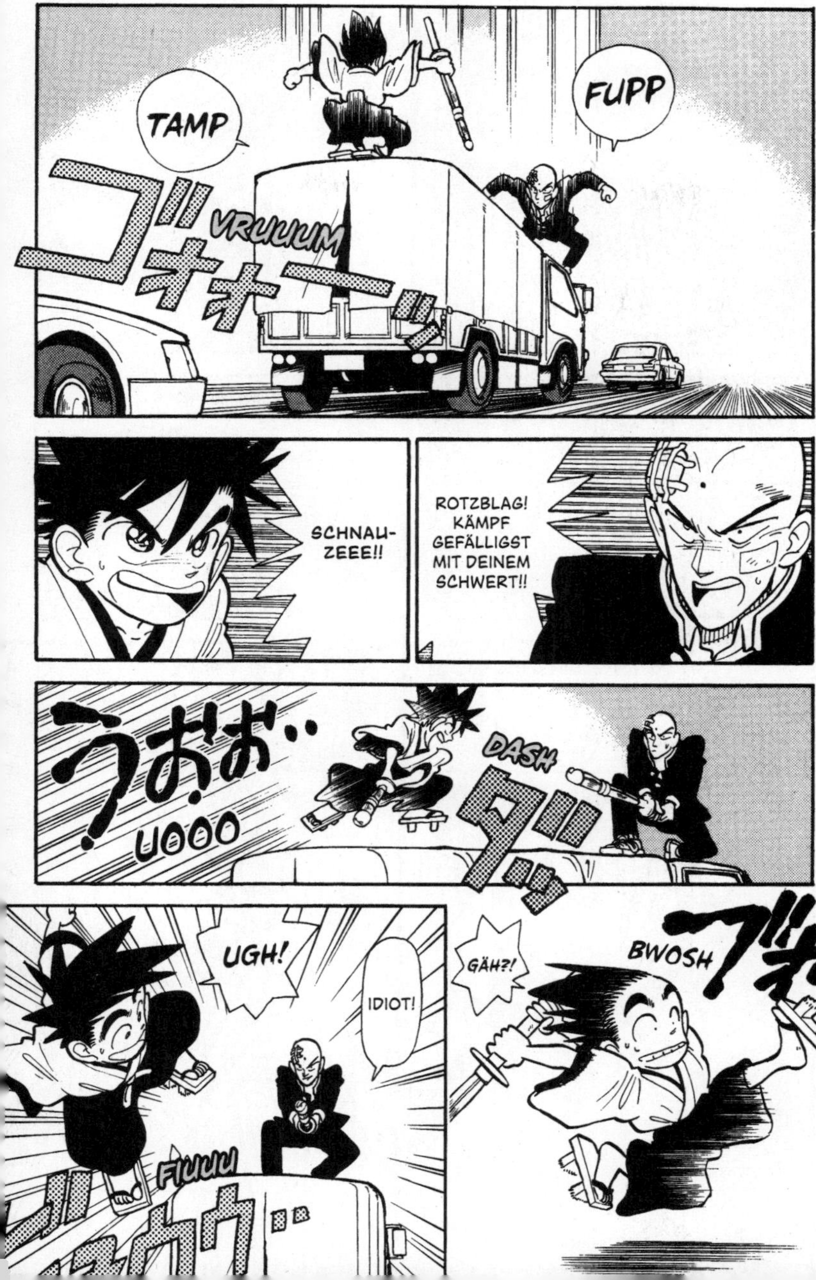
FUPP
TAMP
VRUUUM
ゴォォーーッ
ROTZBLAG! KÄMPF GEFÄLLIGST MIT DEINEM SCHWERT!!
SCHNAU-ZEEE!!
DASH
ダッ
うおぉ!
UOOO
BWOSH
ブォッ
GÄH?!
IDIOT!
UGH!
FIUUU

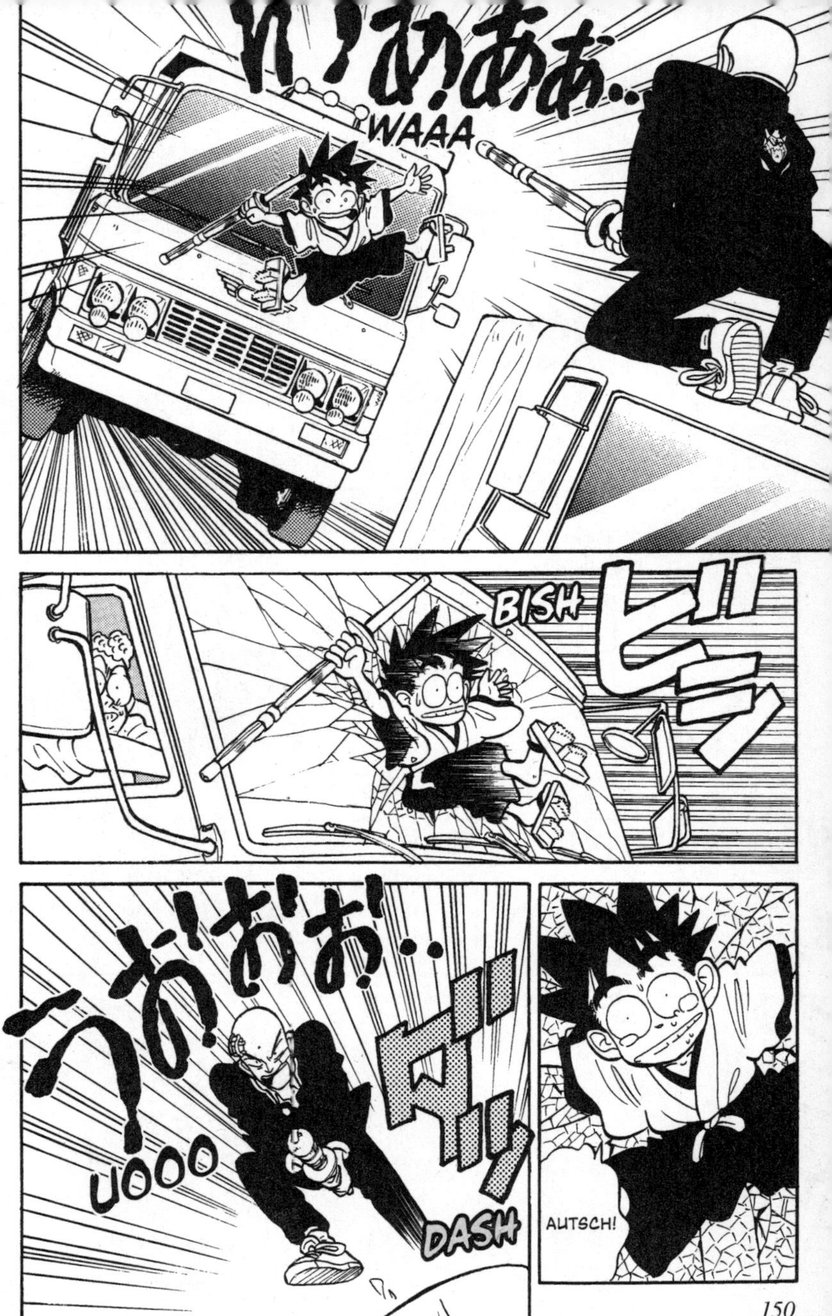
WAAA
BISH
AUTSCH!
UOOO
DASH

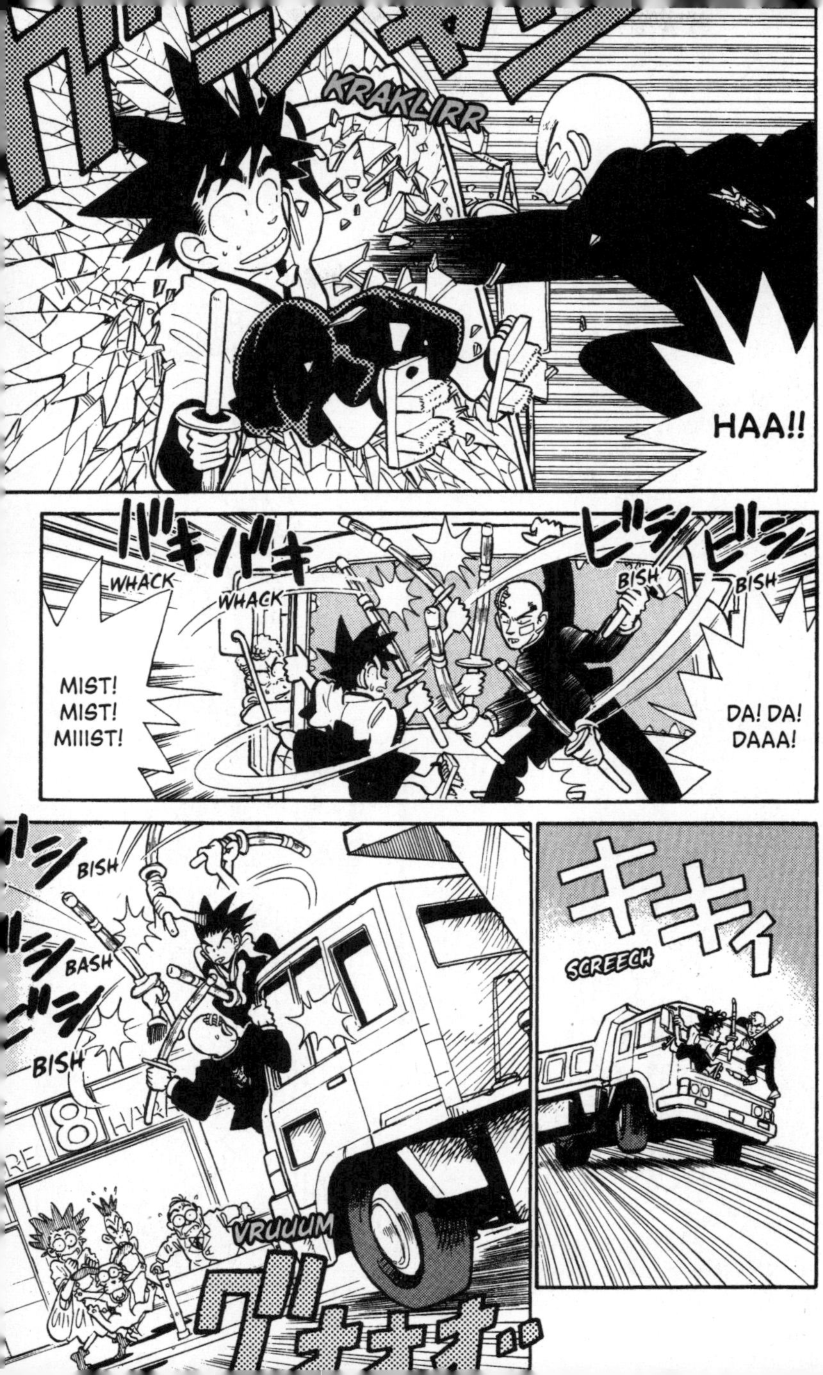

KRAKLIRR
HAA!!
DA! DA! DAAA!
BISH
BISH
WHACK
WHACK
MIST! MIST! MIIIST!
SCREECH
BISH
BASH
BISH
VRUUUM

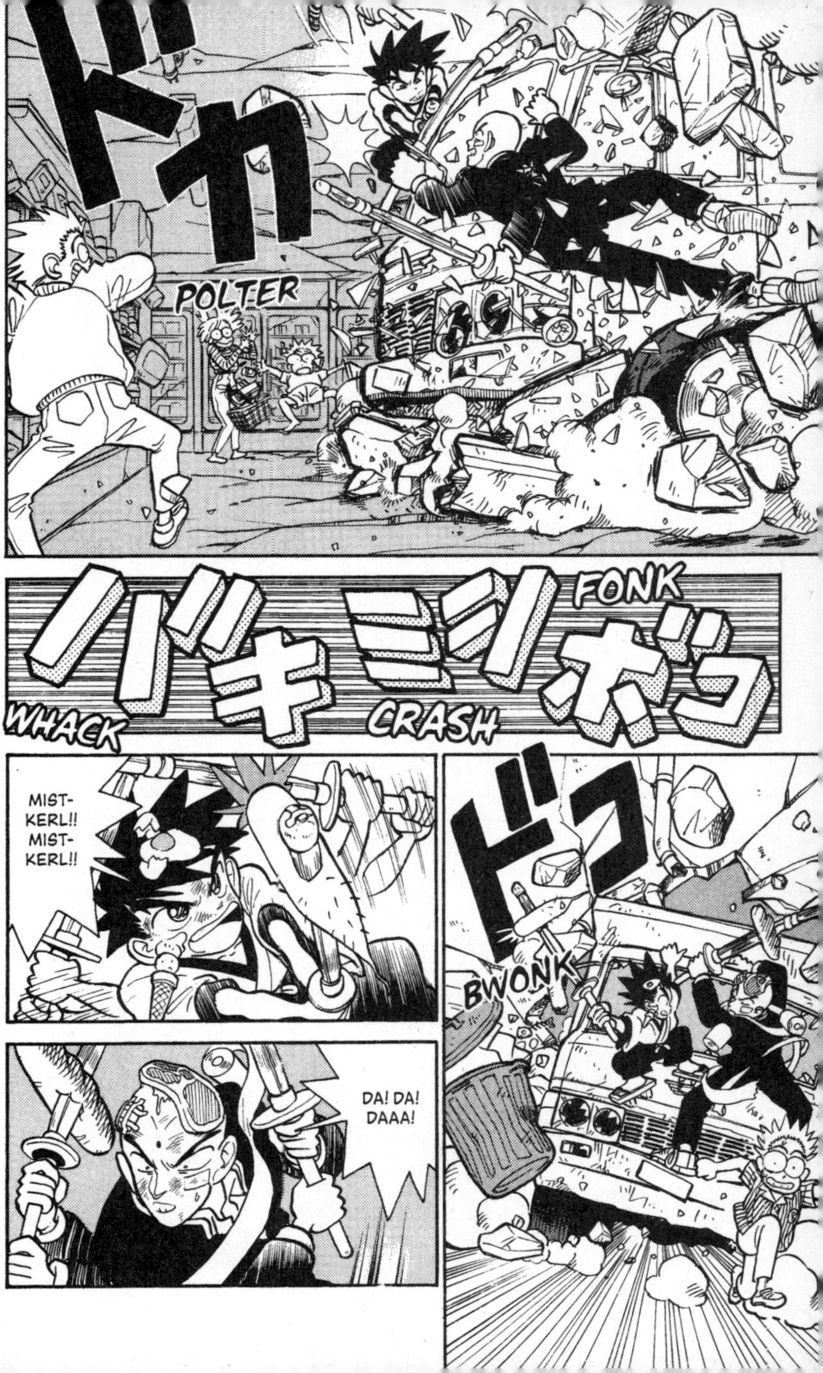
POLTER
FONK
CRASH
WHACK
BWONK
MIST-
KERL!!
MIST-
KERL!!
DA! DA!
DAAA!

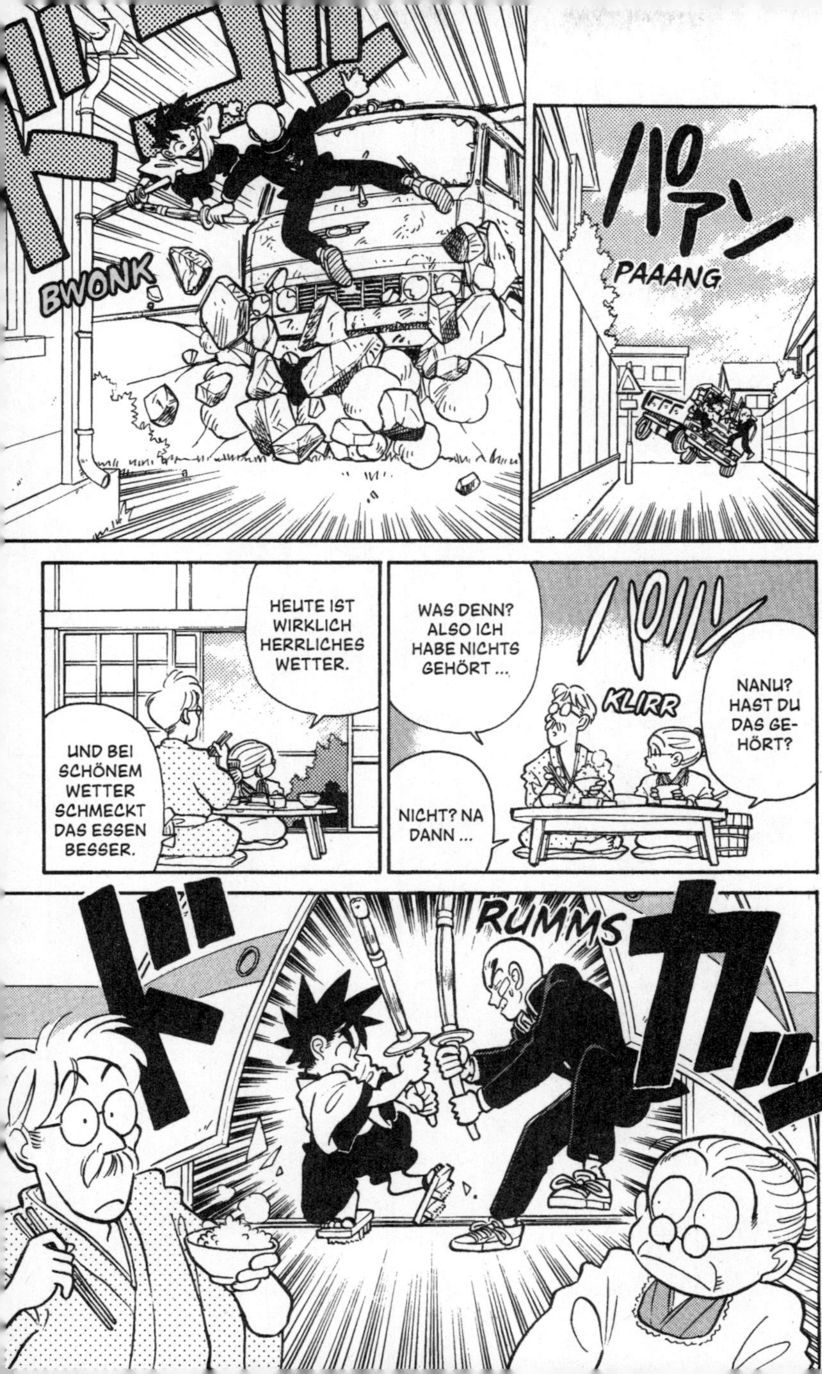
PAAANG
BWONK
NANU? HAST DU DAS GE-HÖRT?
KLIRR
WAS DENN? ALSO ICH HABE NICHTS GEHÖRT ...
NICHT? NA DANN ...
HEUTE IST WIRKLICH HERRLICHES WETTER.
UND BEI SCHÖNEM WETTER SCHMECKT DAS ESSEN BESSER.
RUMMS

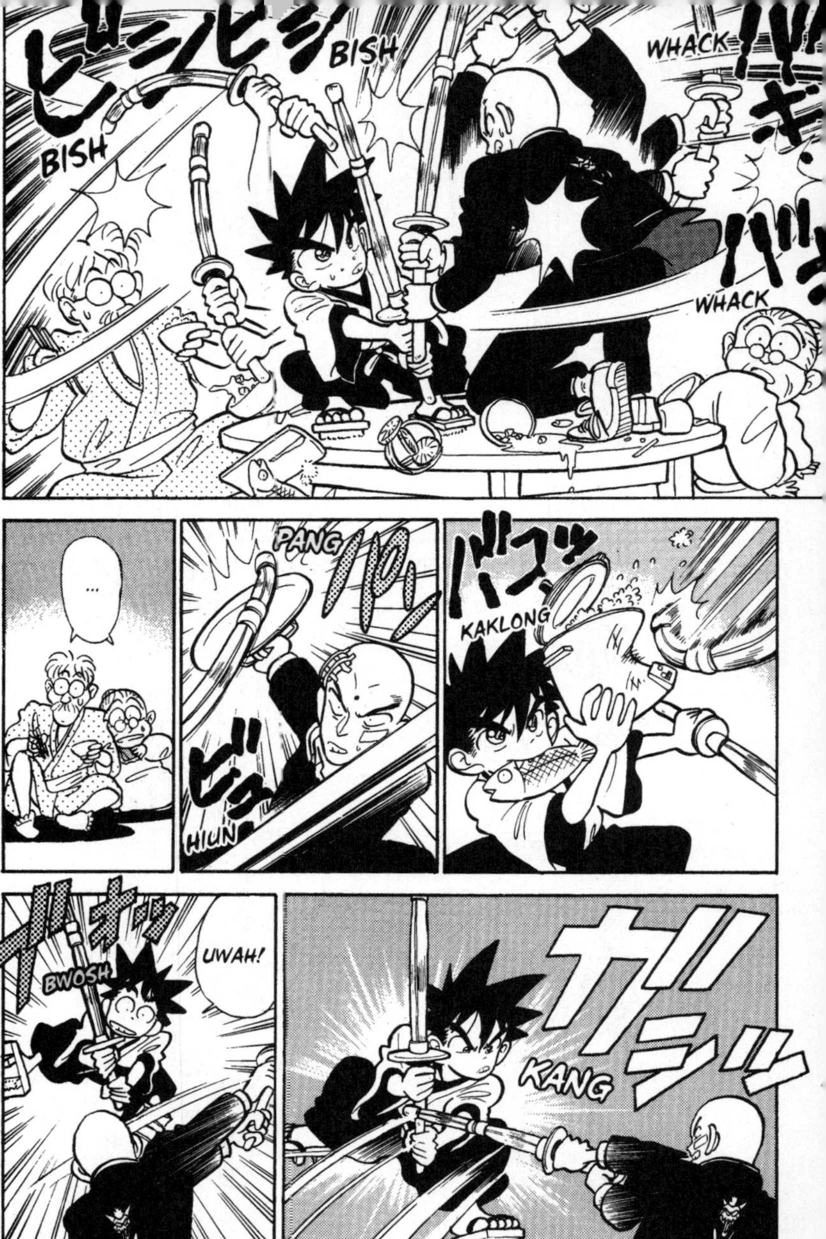
WHACK
WHACK
BISH
BISH
KAKLONG
PANG
HIUN
...
KANG
UWAH!
BWOSH

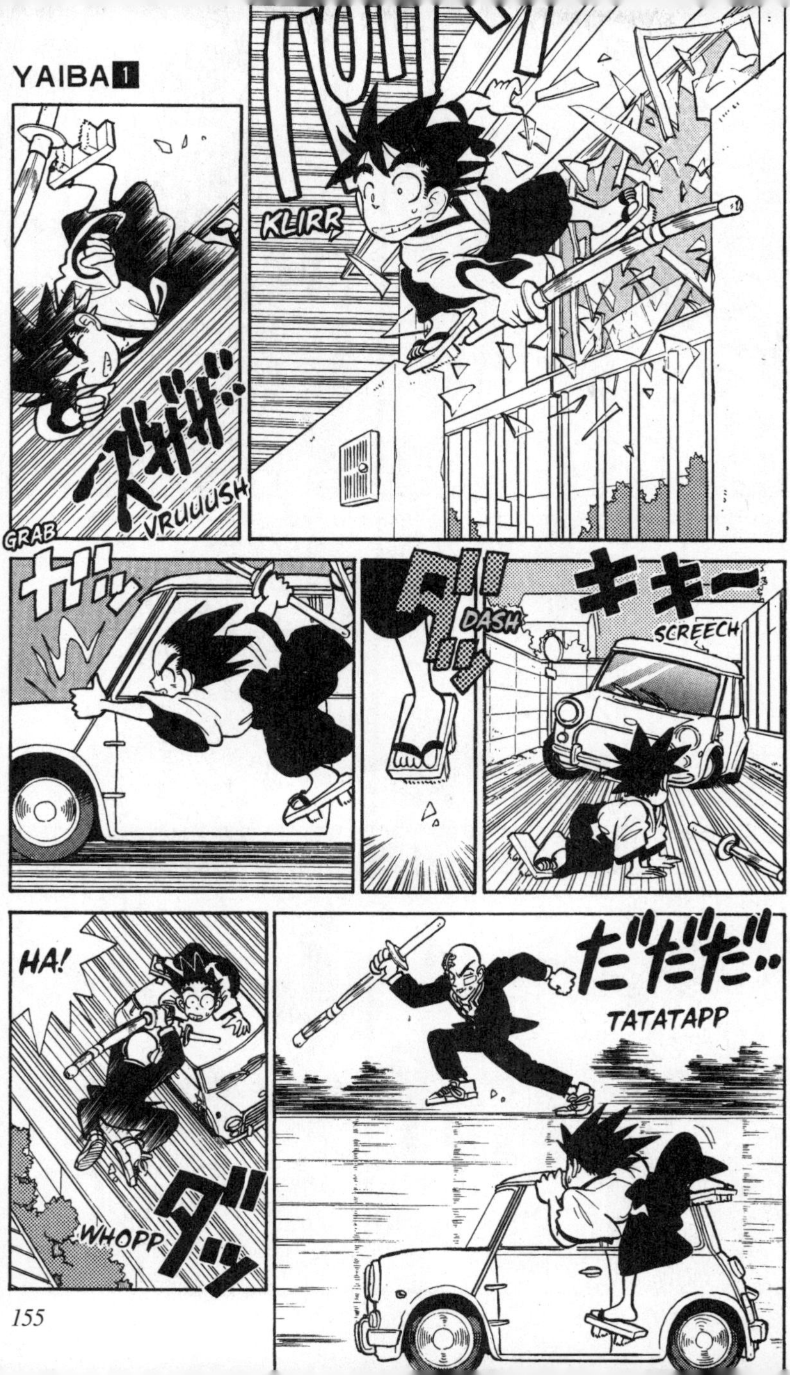
KLIRR
VRUUUSH
SCREECH
DASH
GRAB
TATATAPP
HA!
WHOPP

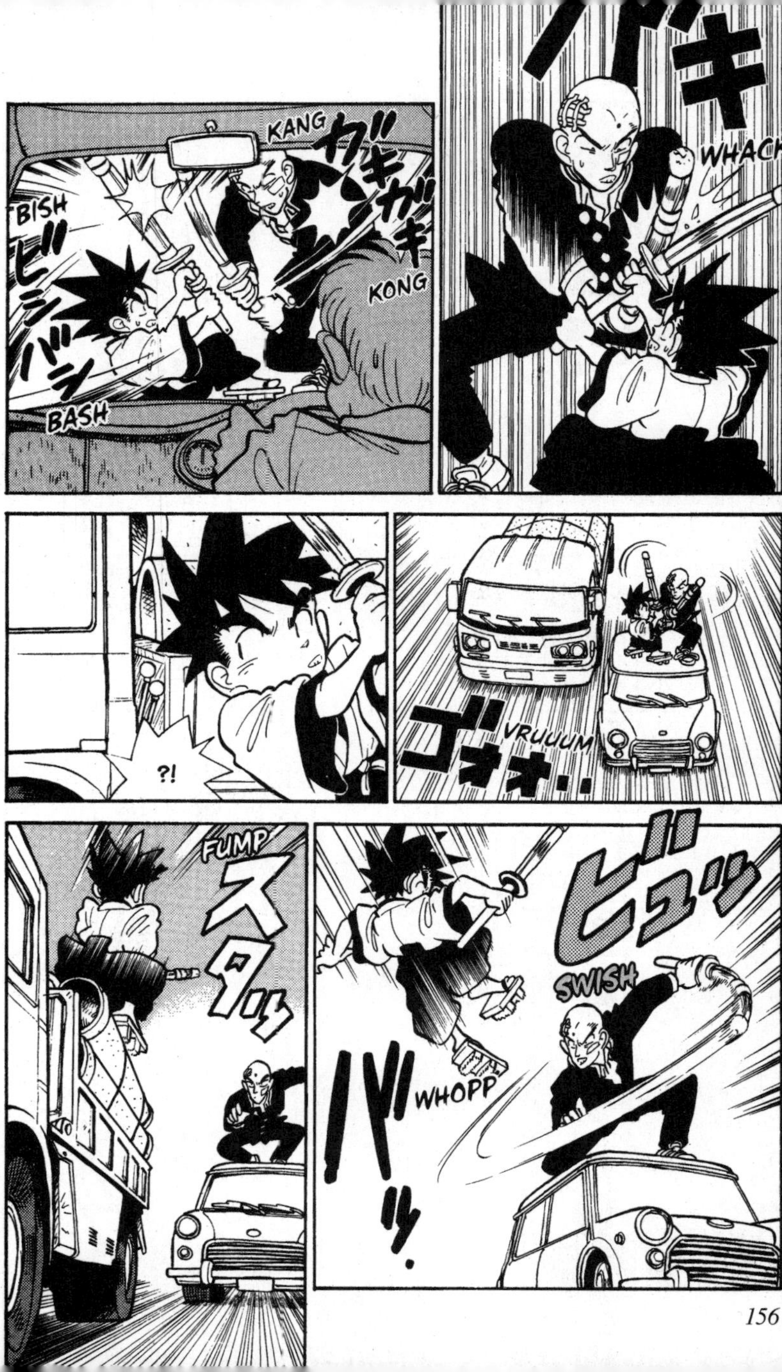
バキ
WHACK
KANG
ガギ
ガギ
KONG
BISH
BASH
VRUUUM
ゴオオ..
?!
ビュッ
SWISH
バッ.
WHOPP
FUMP
スタッ

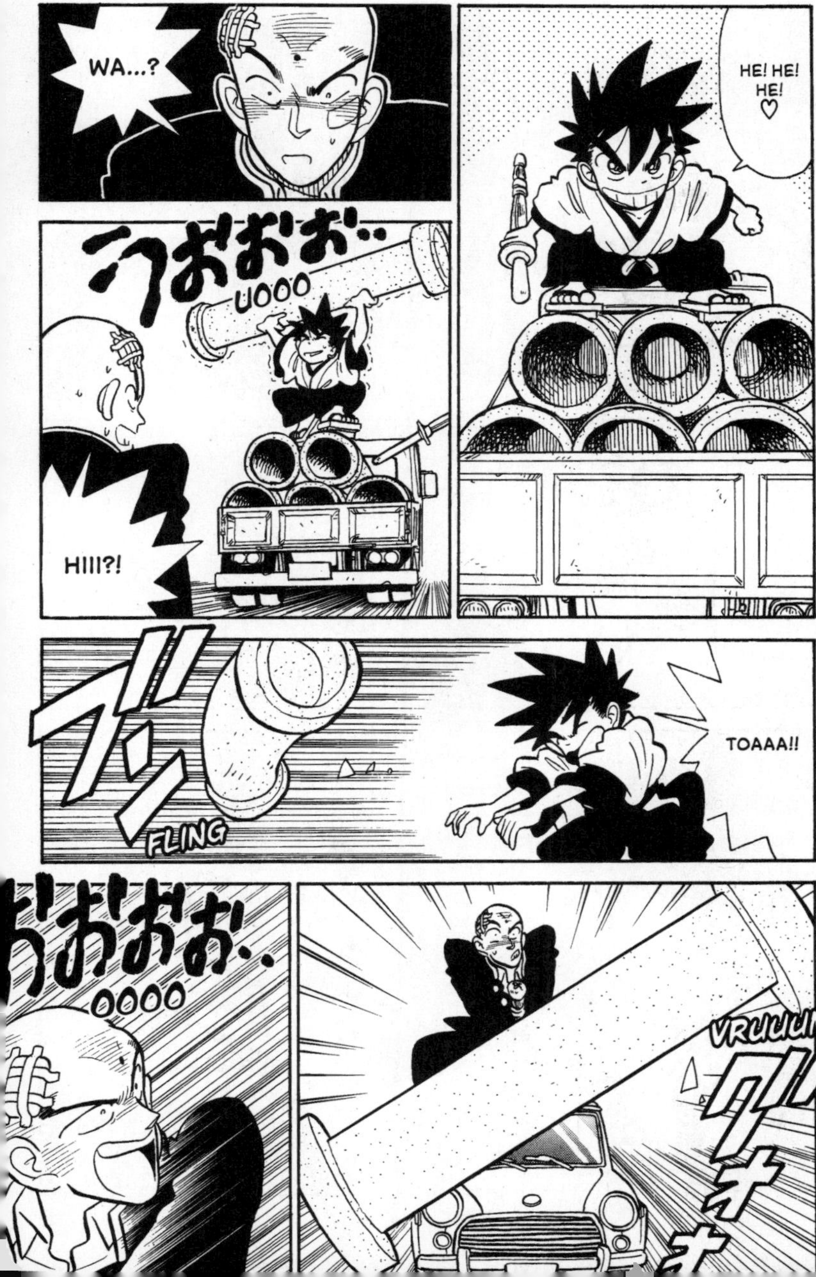
HE! HE! HE! ♡
WA...?
うおおお
UOOO
HIII?!
TOAAA!!
FLING
VRUUUM
OOOO

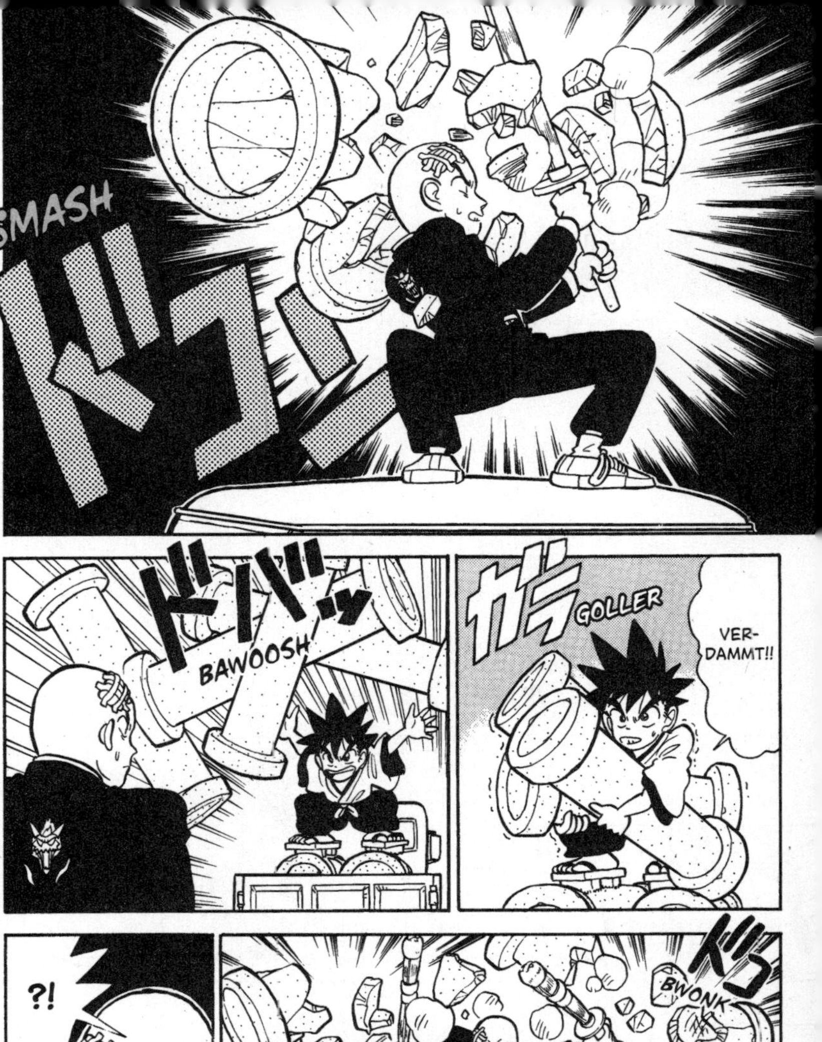
SMASH
GOLLER
VER-
DAMMT!!
BAWOOSH
BWONK
POLTER
GAZONG
?!

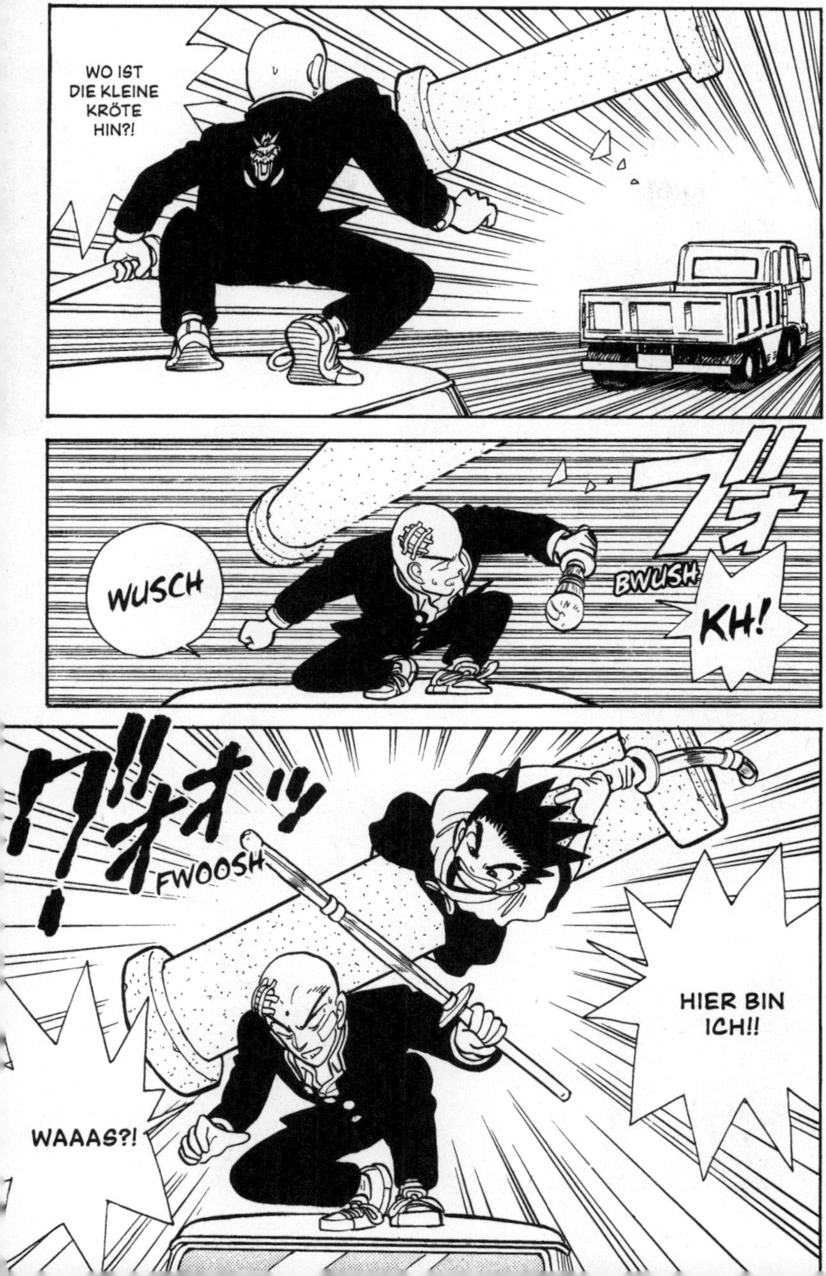
WO IST DIE KLEINE KRÖTE HIN?!
WUSCH
ブオ
BWUSH
KH!
ワリオオッ
FWOOSH
HIER BIN ICH!!
WAAAS?!

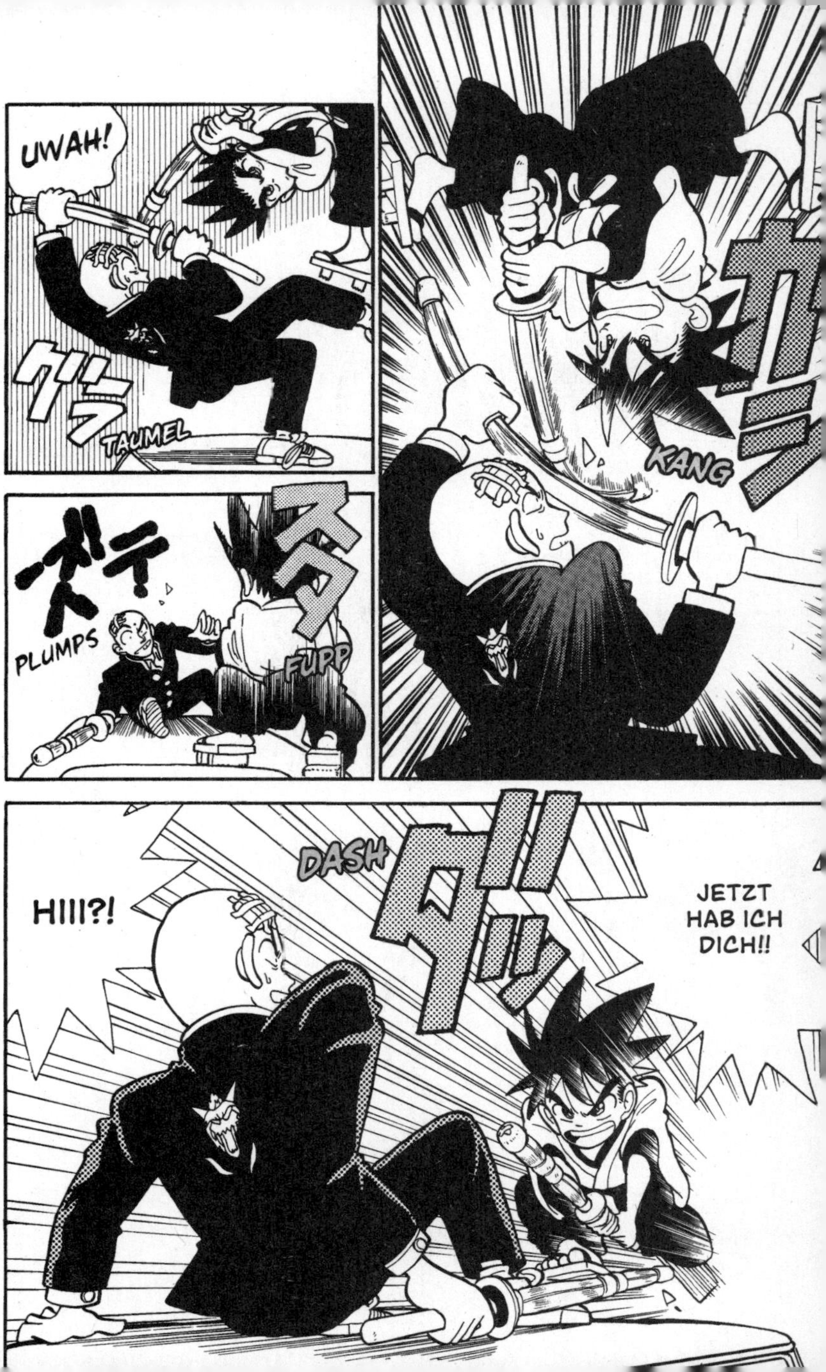
KANG
UWAH!
TAUMEL
FUPP
PLUMPS
DASH
JETZT HAB ICH DICH!!
HIII?!

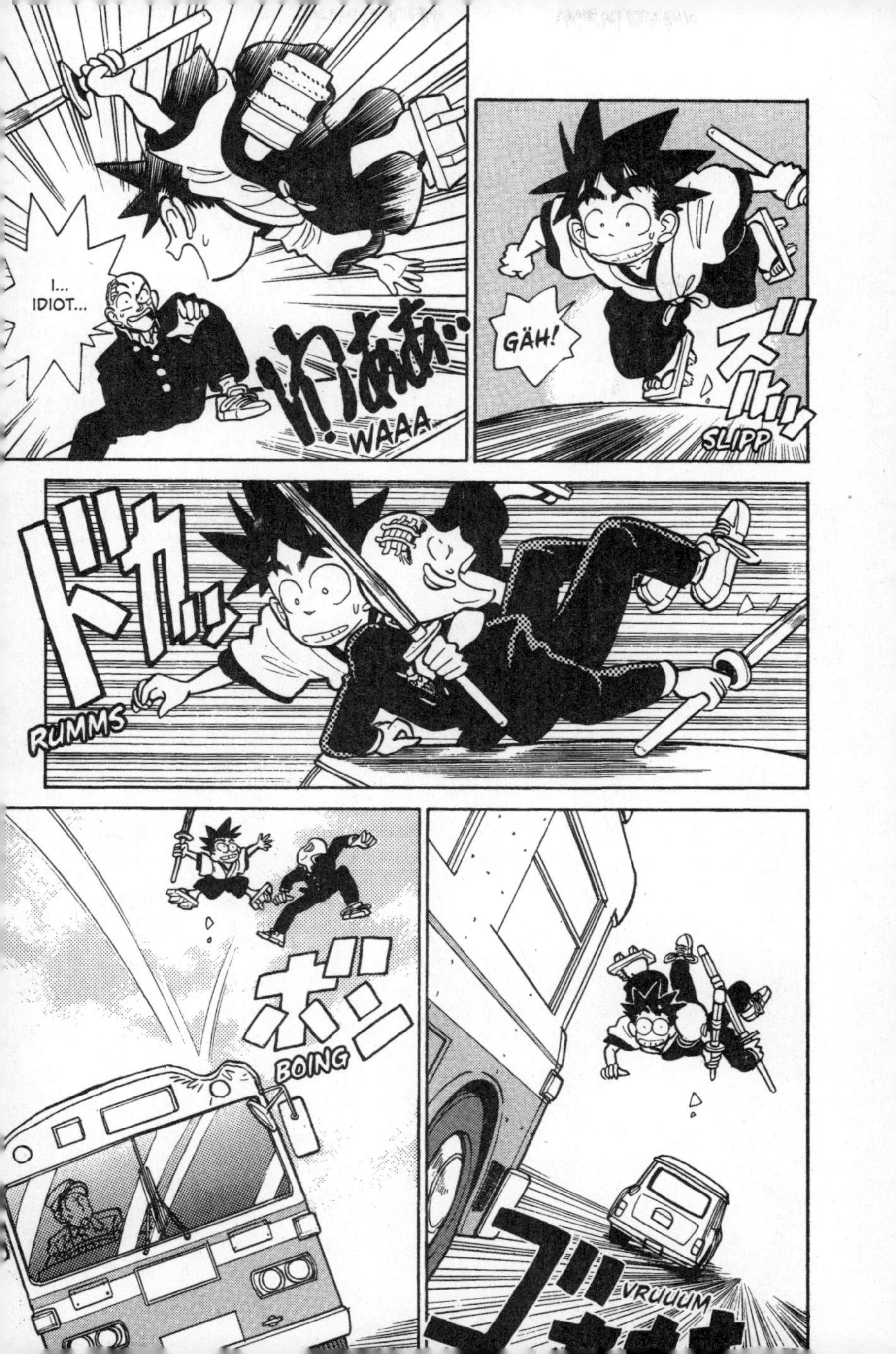

GÄH!
SLIPP
I...
IDIOT...
WAAA
RUMMS
VRUUUM
BOING

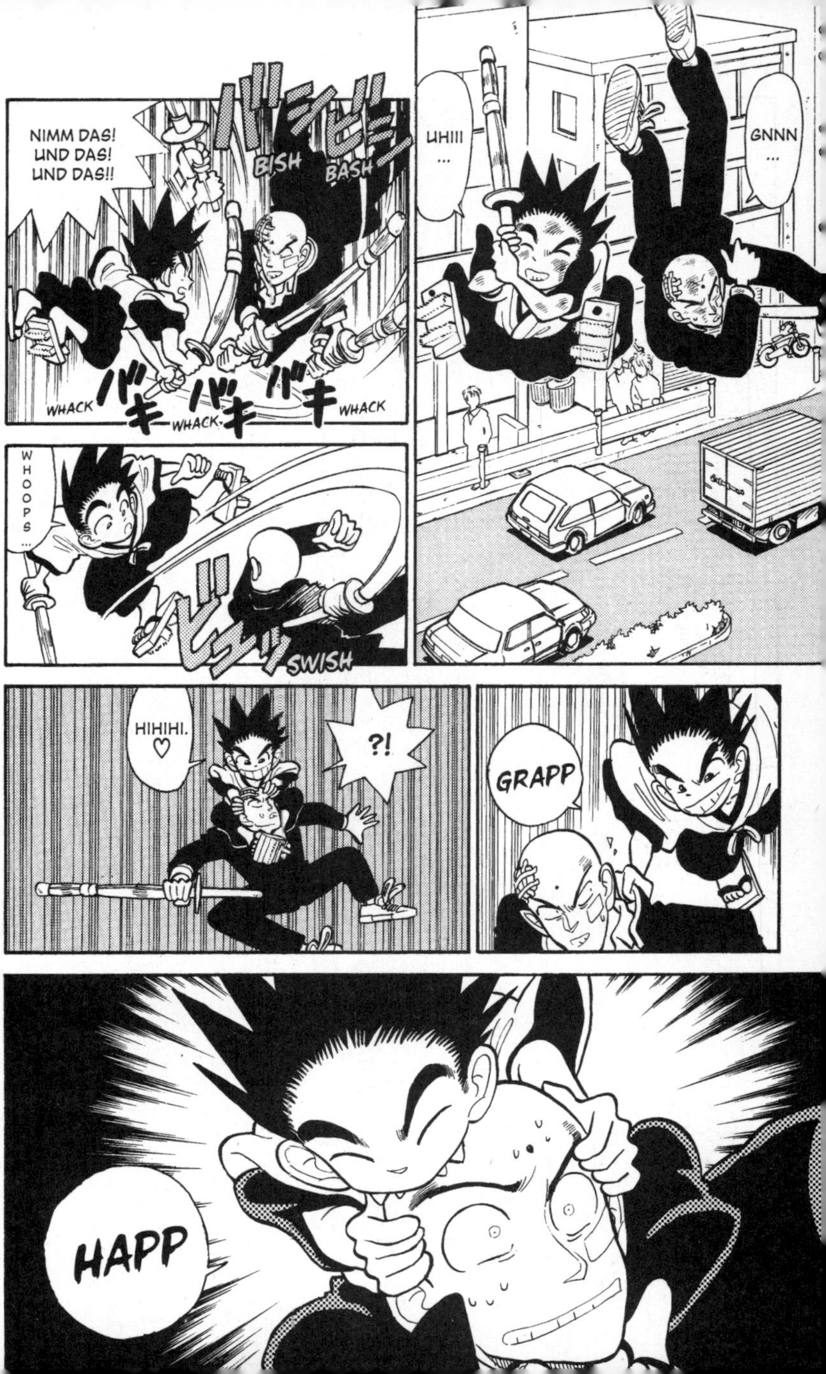
NIMM DAS!
UND DAS!
UND DAS!!
BISH
BASH
WHACK
WHACK
WHACK
UHIII ...
GNNN ...
WHOOPS ...
SWISH
HIHIHI. ♡
?!
GRAPP
HAPP

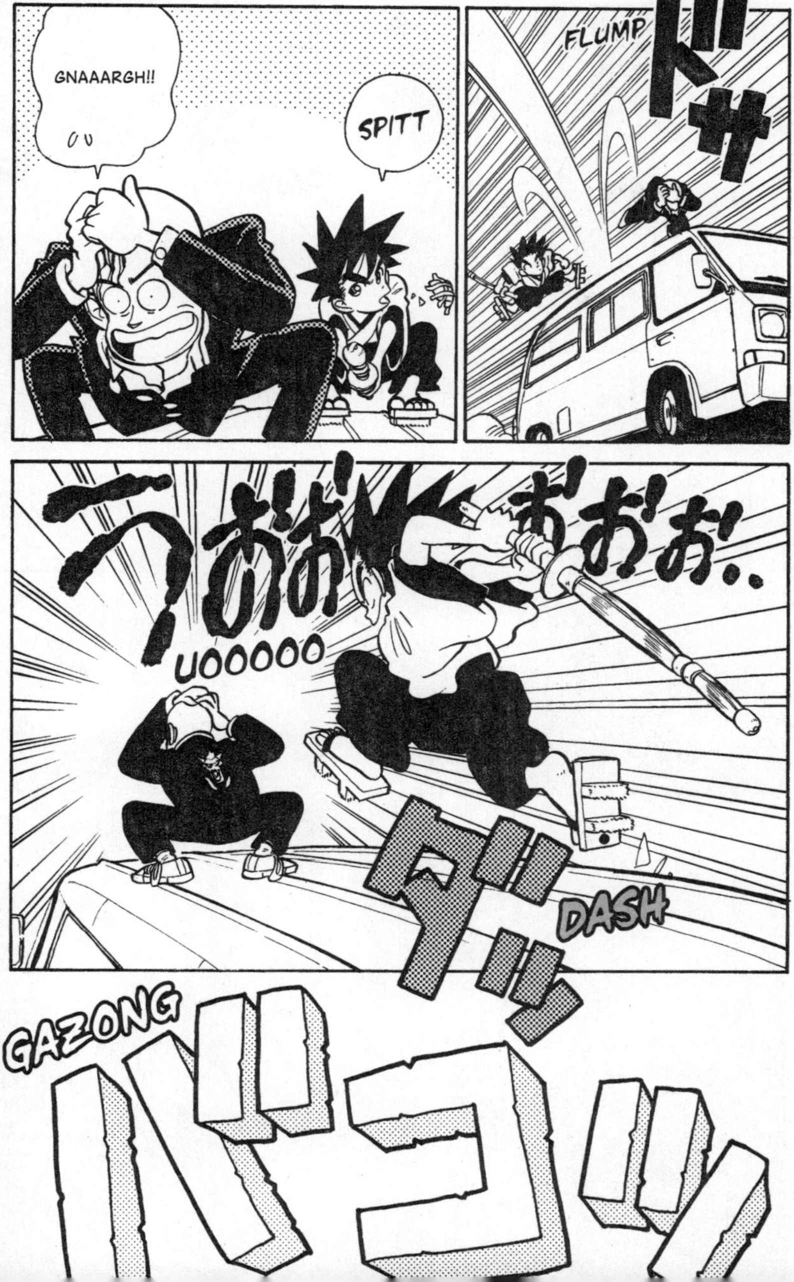
FLUMP
ドサ
GNAAARGH!!
SPITT
UOOOOO
ダッ
DASH
GAZONG
バコッ

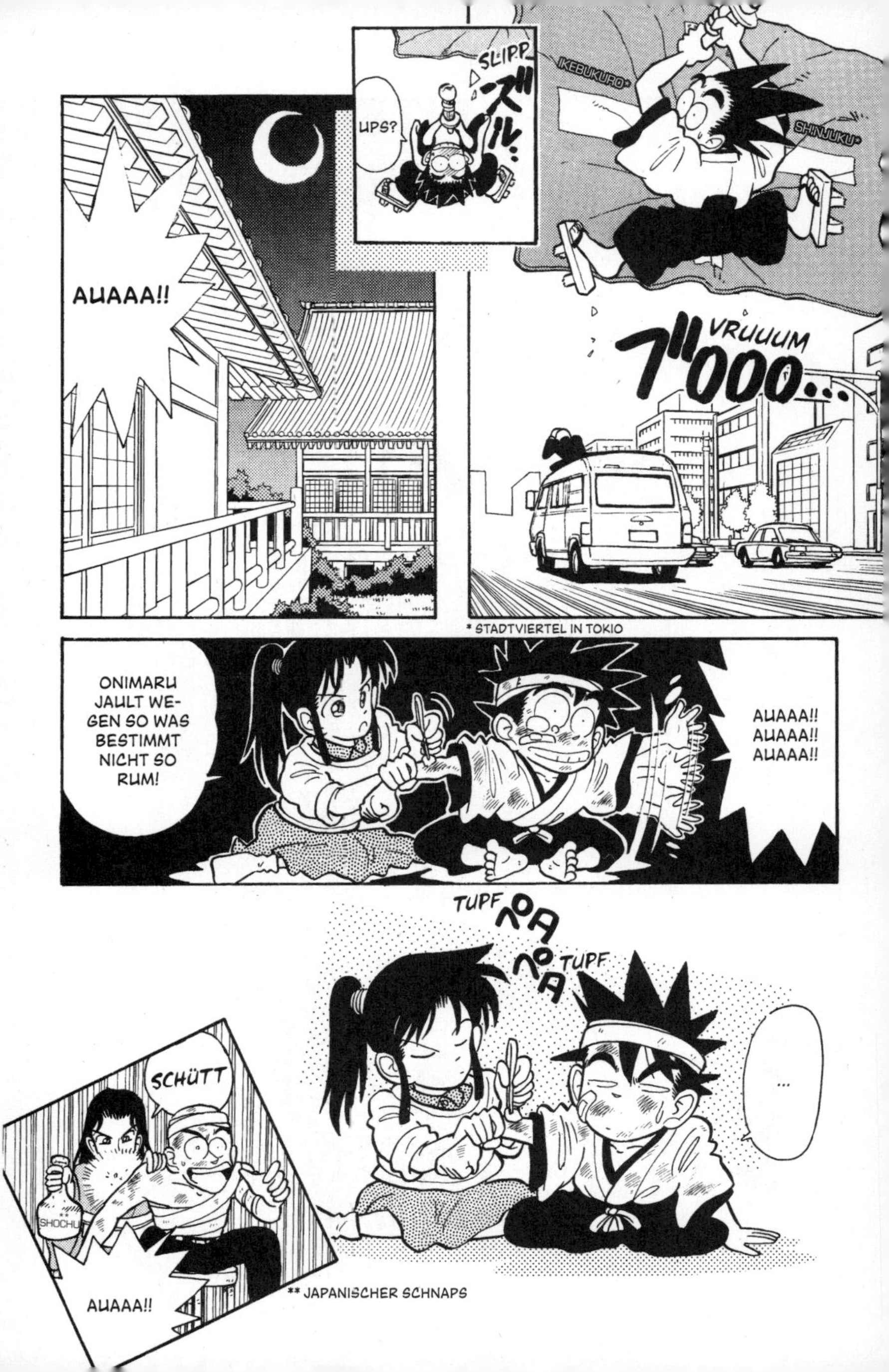
IKEBUKURO*
SHINJUKU*
SLIPP
UPS?
AUAAA!!
VRUUUM
* STADTVIERTEL IN TOKIO
AUAAA!! AUAAA!! AUAAA!!
ONIMARU JAULT WEGEN SO WAS BESTIMMT NICHT SO RUM!
TUPF
TUPF
...
SCHÜTT
SHOCHU**
AUAAA!!
** JAPANISCHER SCHNAPS

KAPITEL 9: SPEZIALTRAINING

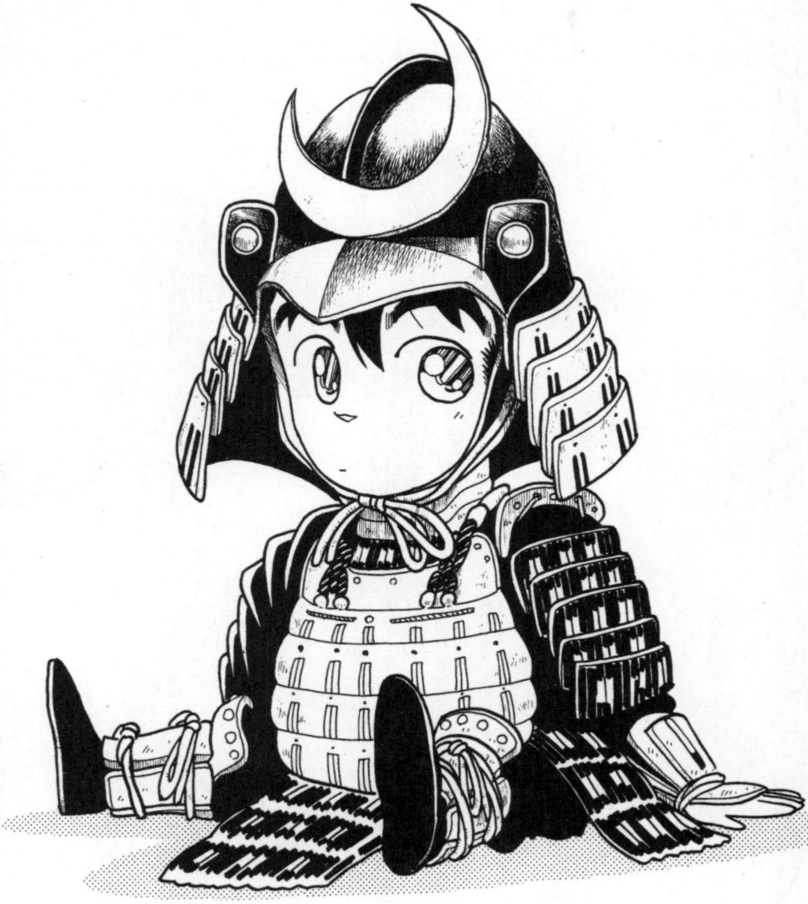

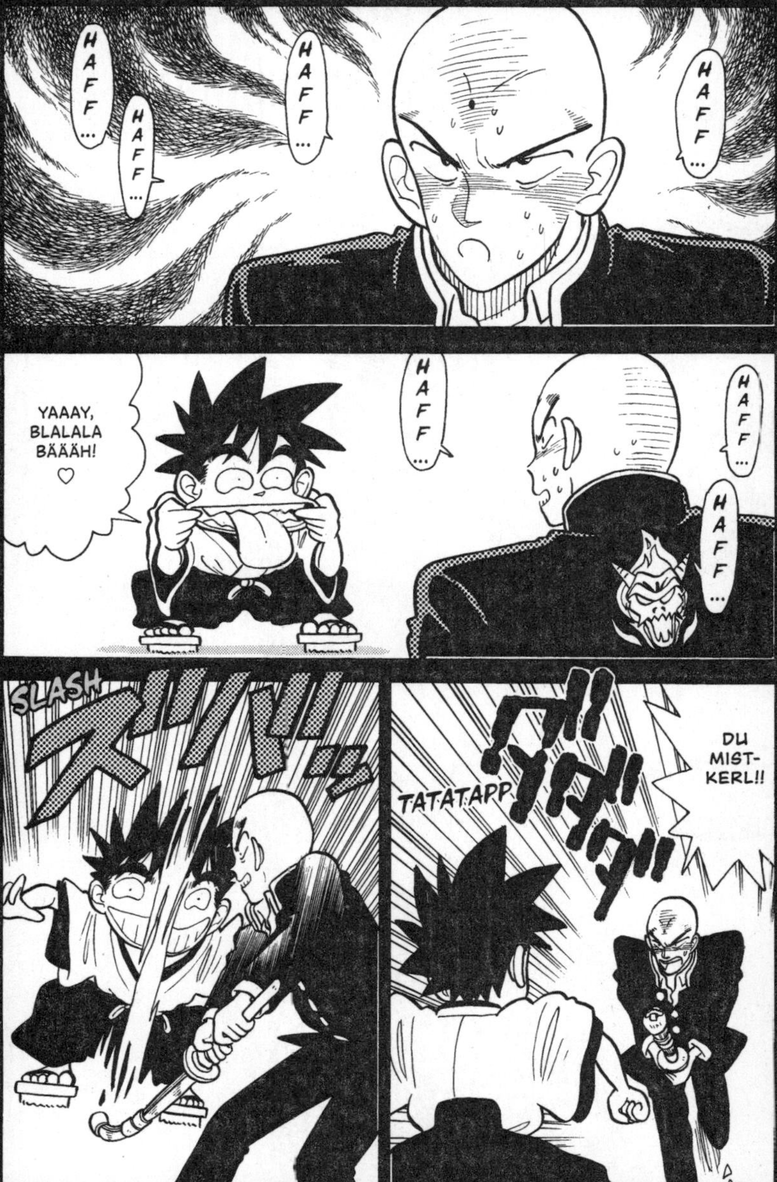
HAFF ...
HAFF ...
HAFF ...
HAFF ...
HAFF ...
HAFF ...
HAFF ...
YAAAY, BLALALA BÄÄÄH! ♡
SLASH
TATATAPP
DU MIST-KERL!!

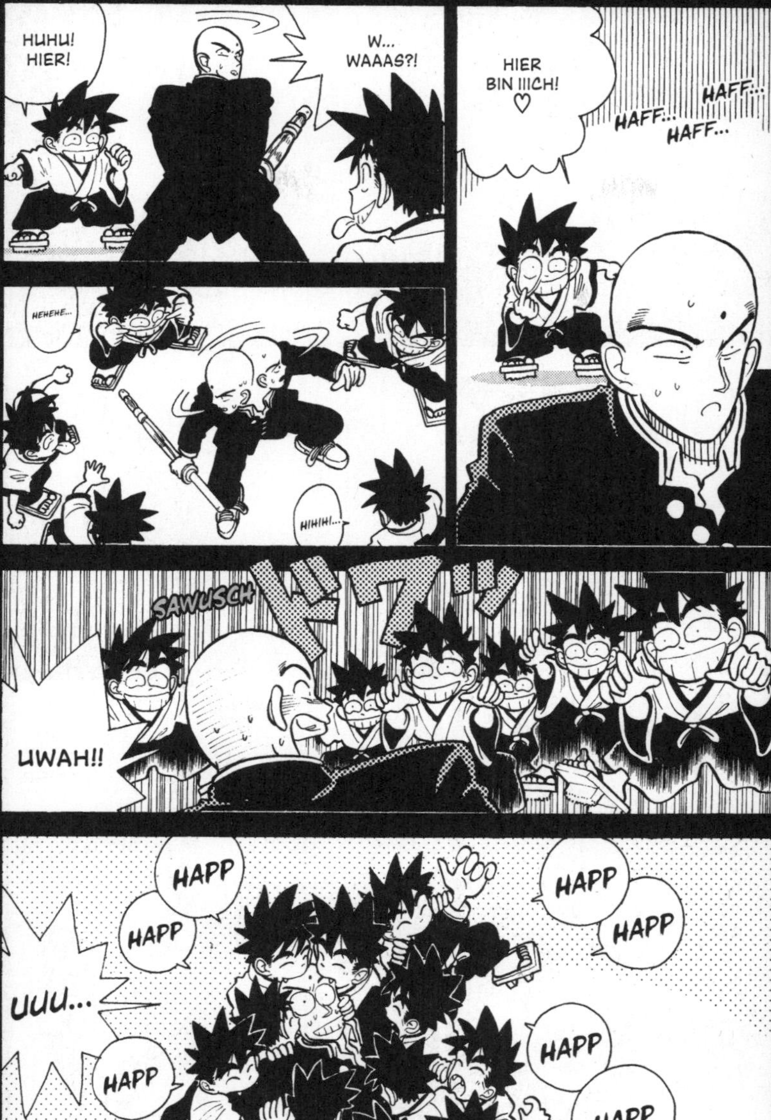
W... WAAAS?!
HUHU! HIER!
HIER BIN IIICH! ♡
HAFF... HAFF... HAFF...
HEHEHE...
HIHIHI...
SAWUSCH
UWAH!!
HAPP
HAPP
HAPP
HAPP
UUU...
HAPP
HAPP
HAPP

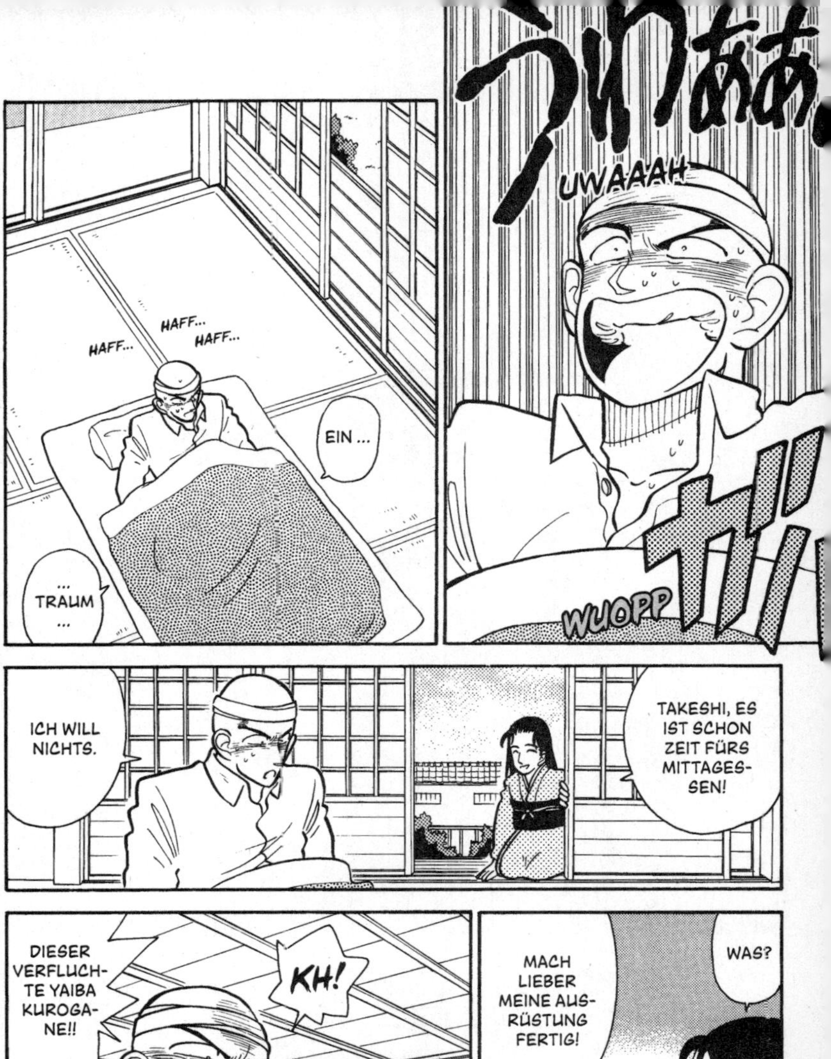
うわああ
UWAAAH
WUOPP
HAFF...
HAFF...
HAFF...
EIN ...
... TRAUM ...
TAKESHI, ES IST SCHON ZEIT FÜRS MITTAGES-SEN!
ICH WILL NICHTS.
WAS?
MACH LIEBER MEINE AUS-RÜSTUNG FERTIG!
KH!
DIESER VERFLUCH-TE YAIBA KUROGA-NE!!
OOOH ...

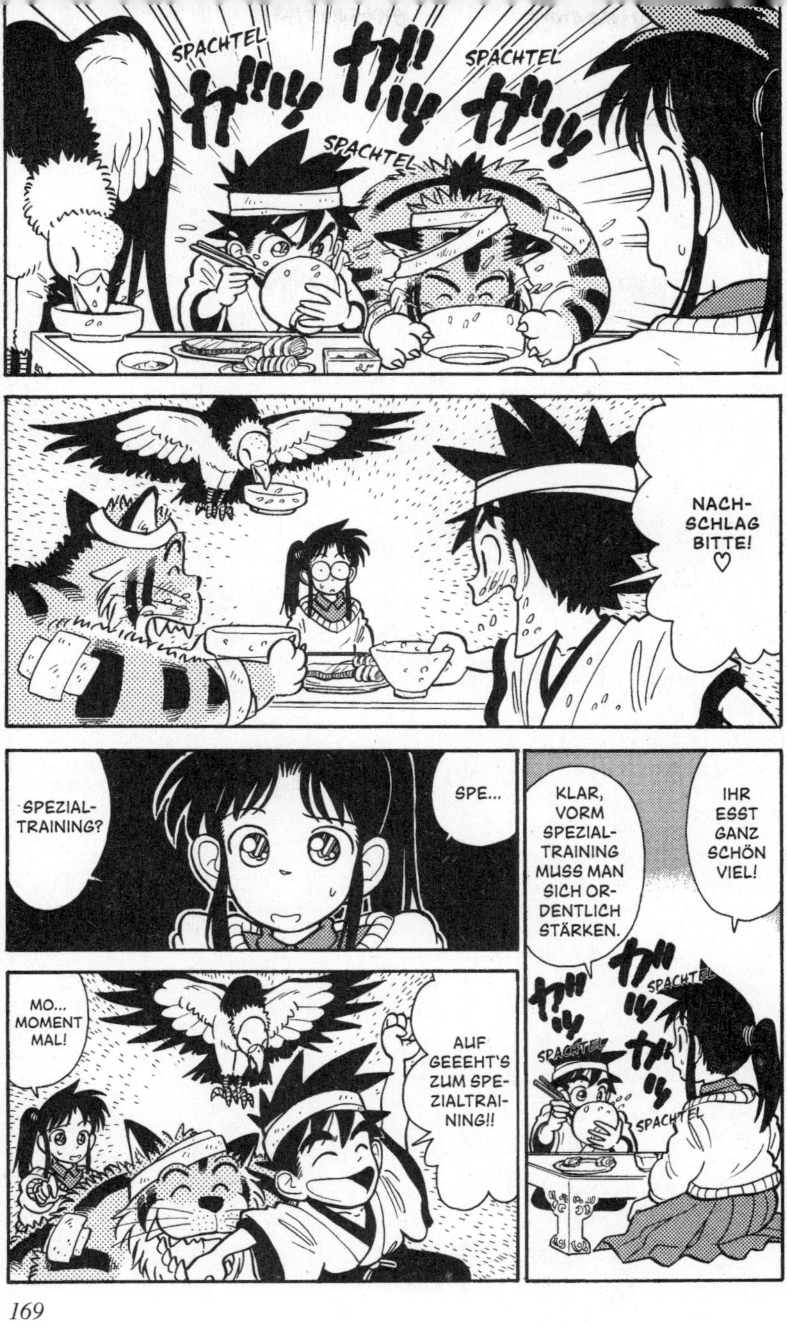
SPACHTEL
SPACHTEL
SPACHTEL
NACH-SCHLAG BITTE! ♡
IHR ESST GANZ SCHÖN VIEL!
KLAR, VORM SPEZIAL-TRAINING MUSS MAN SICH OR-DENTLICH STÄRKEN.
SPACHTEL
SPACHTEL
SPACHTEL
SPE...
SPEZIAL-TRAINING?
AUF GEEEHT'S ZUM SPE-ZIALTRAINING!!
MO... MOMENT MAL!

* WÖRTLICH: STRAHLENDER TIGER

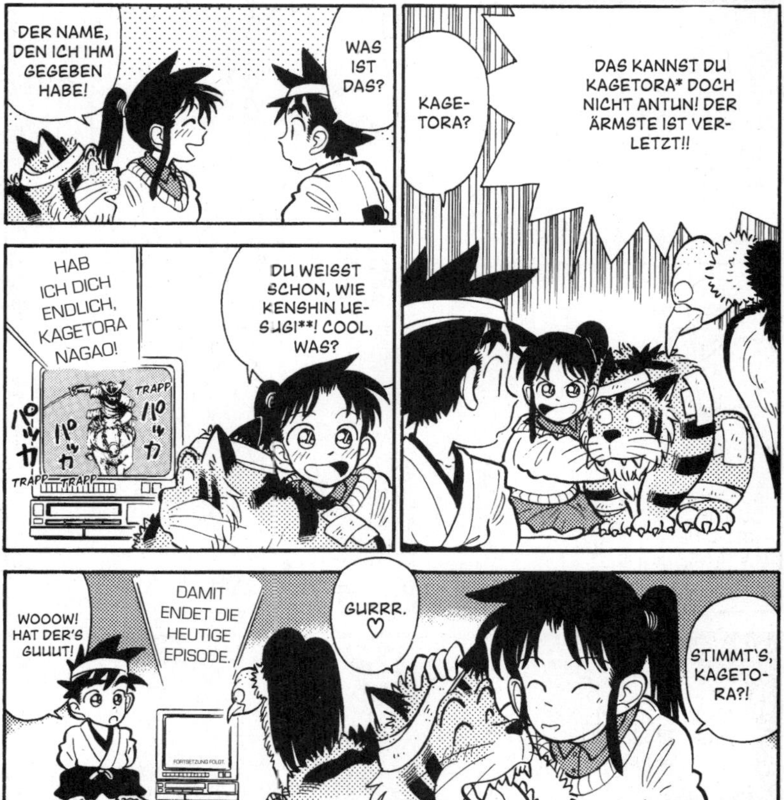

** JAPANISCHER LEHNSHERR UND SCHILLERNDER HELD AUS DEM 16. JAHRHUNDERT, DER URSPRÜNGLICH KAGETORA NAGAO HIESS.

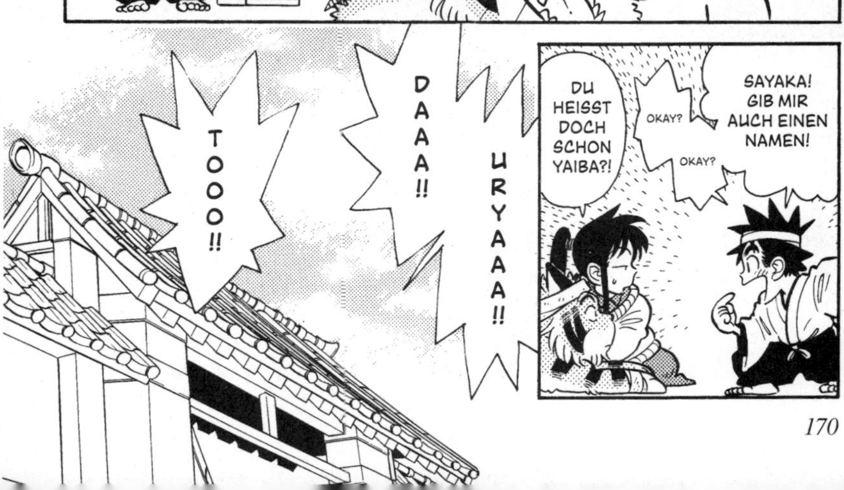

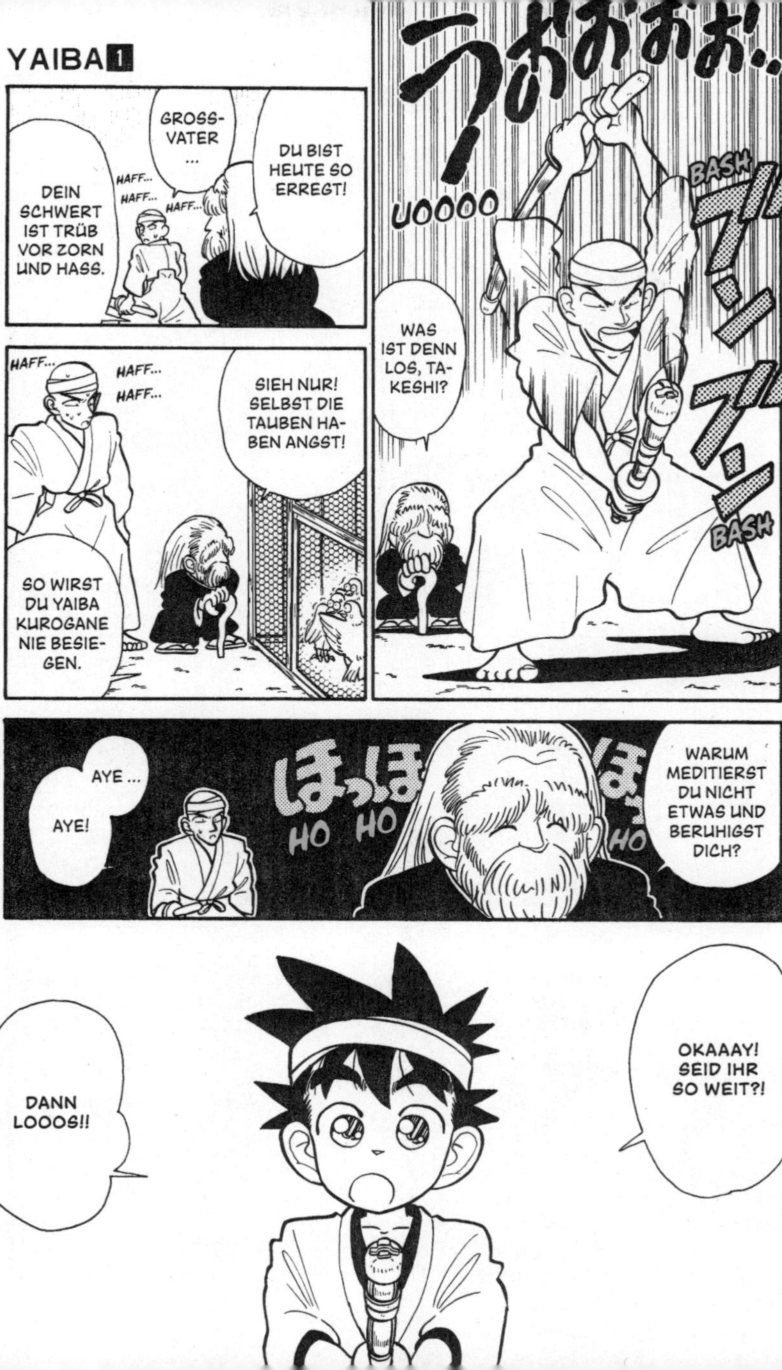
うおおおお!!
UOOOO
BASH
BASH
WAS IST DENN LOS, TAKESHI?
DU BIST HEUTE SO ERREGT!
GROSS-VATER ...
HAFF... HAFF... HAFF...
DEIN SCHWERT IST TRÜB VOR ZORN UND HASS.
SIEH NUR! SELBST DIE TAUBEN HABEN ANGST!
HAFF... HAFF... HAFF...
SO WIRST DU YAIBA KUROGANE NIE BESIEGEN.
WARUM MEDITIERST DU NICHT ETWAS UND BERUHIGST DICH?
HO HO HO
AYE ...
AYE!
OKAAAY! SEID IHR SO WEIT?!
DANN LOOOS!!

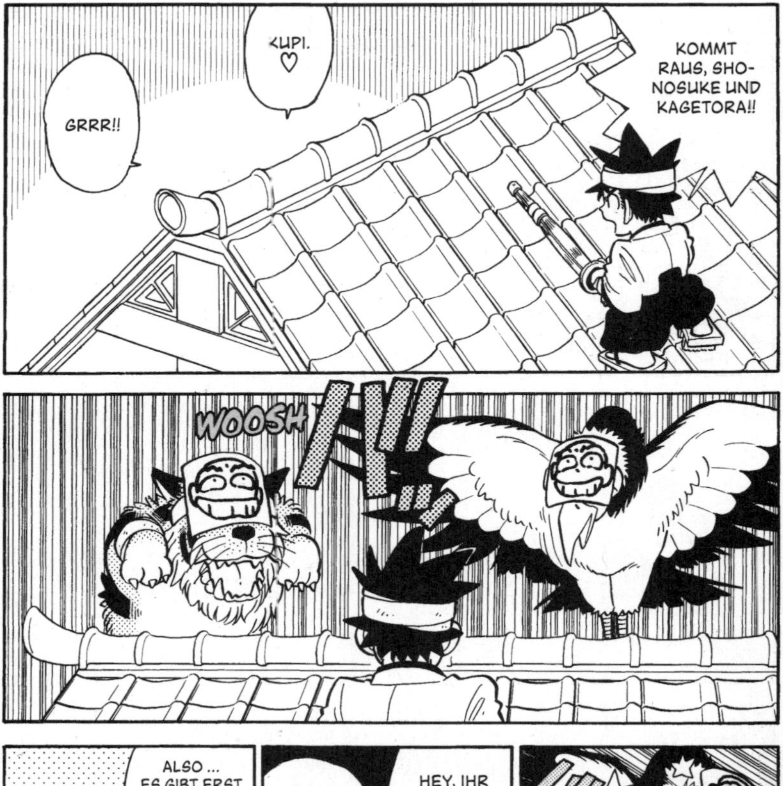
KOMMT RAUS, SHONOSUKE UND KAGETORA!!
KUPI. ♡
GRRR!!
WOOSH
BASH
BISH
HEY, IHR SEID JA GAR NICHT RICHTIG BEI DER SACHE!!
WENN IHR SO LASCH SEID, WERDE ICH NIE GEGEN ONIMARU GEWINNEN!
GROOO ...
KUPI ...
ALSO ... ES GIBT ERST ESSEN, WENN IHR MICH MINDESTENS EINMAL BESIEGT HABT!
GÄH!

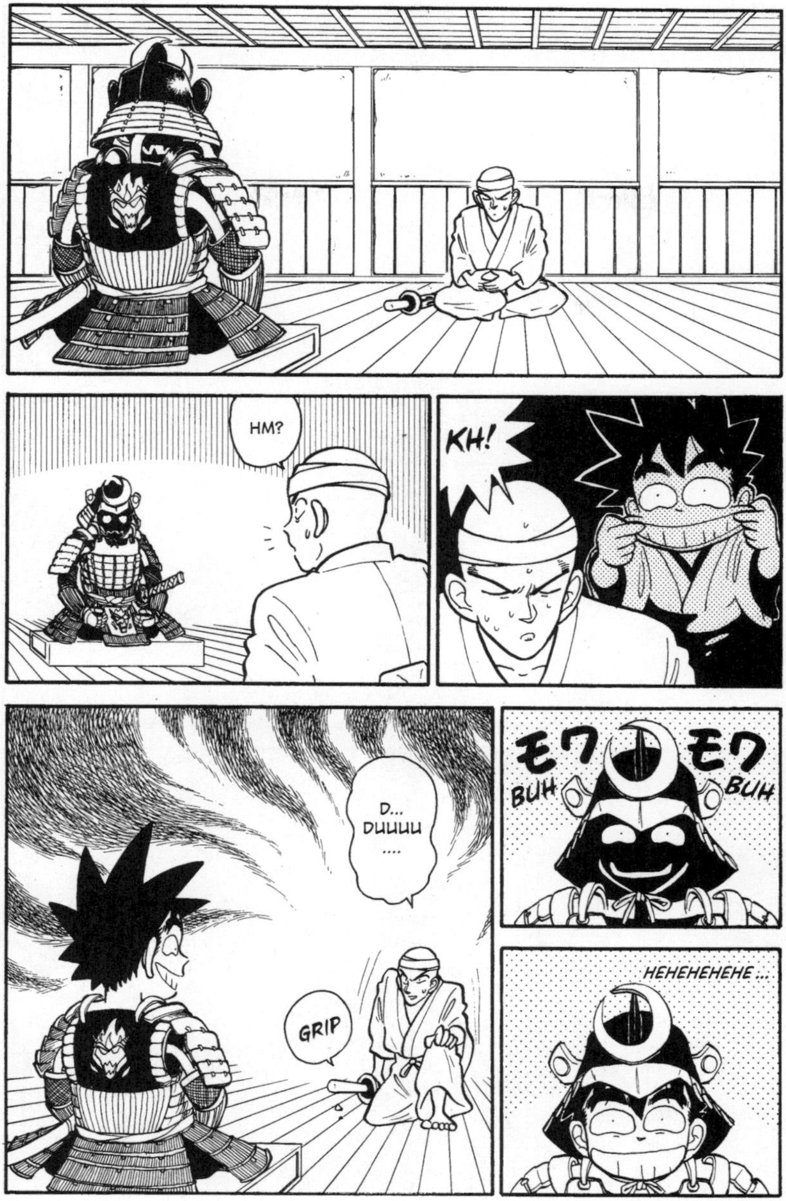
KH!
HM?
モワ
BUH
モワ
BUH
HEHEHEHEHE...
D... DUUUU ....
GRIP

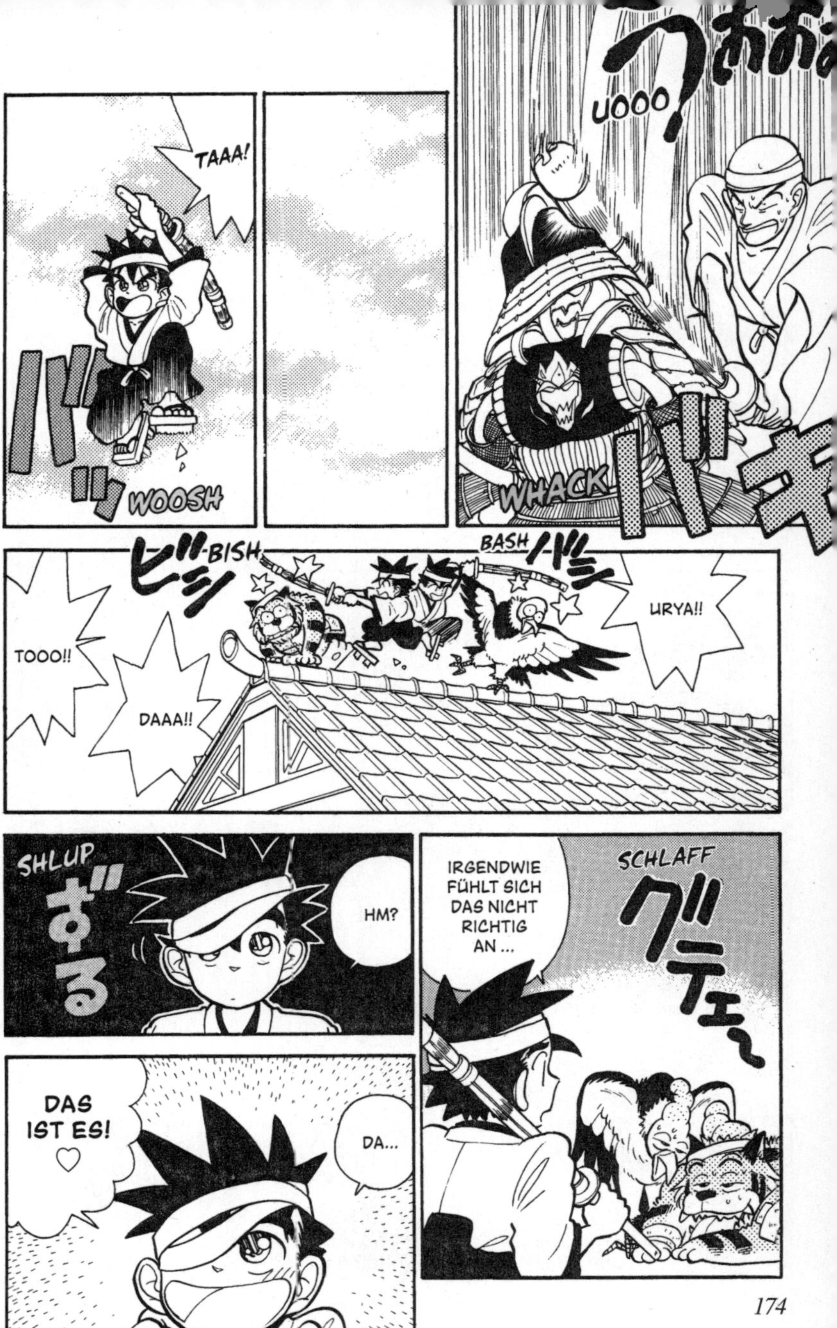
UOOO
WHACK
TAAA!
WOOSH
URYA!!
BASH
BISH
DAAA!!
TOOO!!
SCHLAFF
IRGENDWIE FÜHLT SICH DAS NICHT RICHTIG AN ...
HM?
SHLUP
DA...
DAS IST ES!

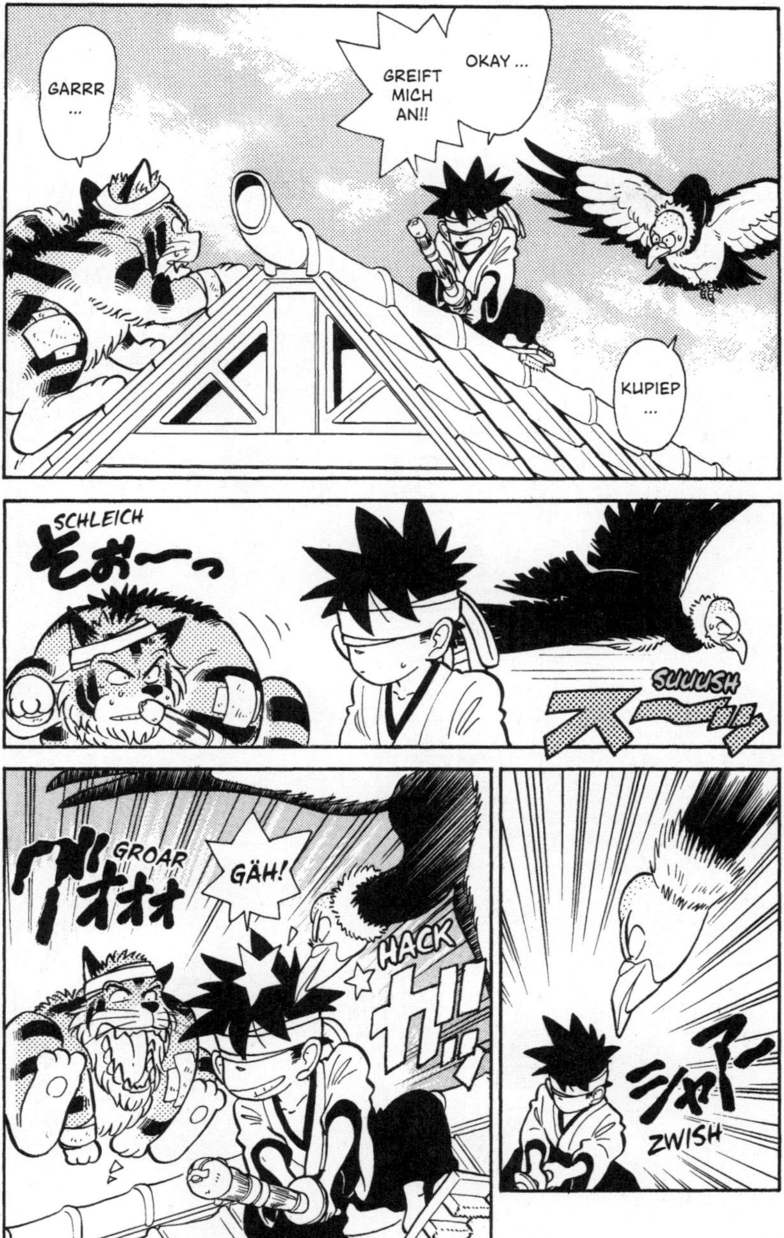
OKAY …
GREIFT MICH AN!!
KUPIEP …
GARRR …
SUUUSH
スーッ
SCHLEICH
そぉ～っ
シャアー
ZWISH
HACK
ガッ!!
GÄH!
GROAR
アオオオ

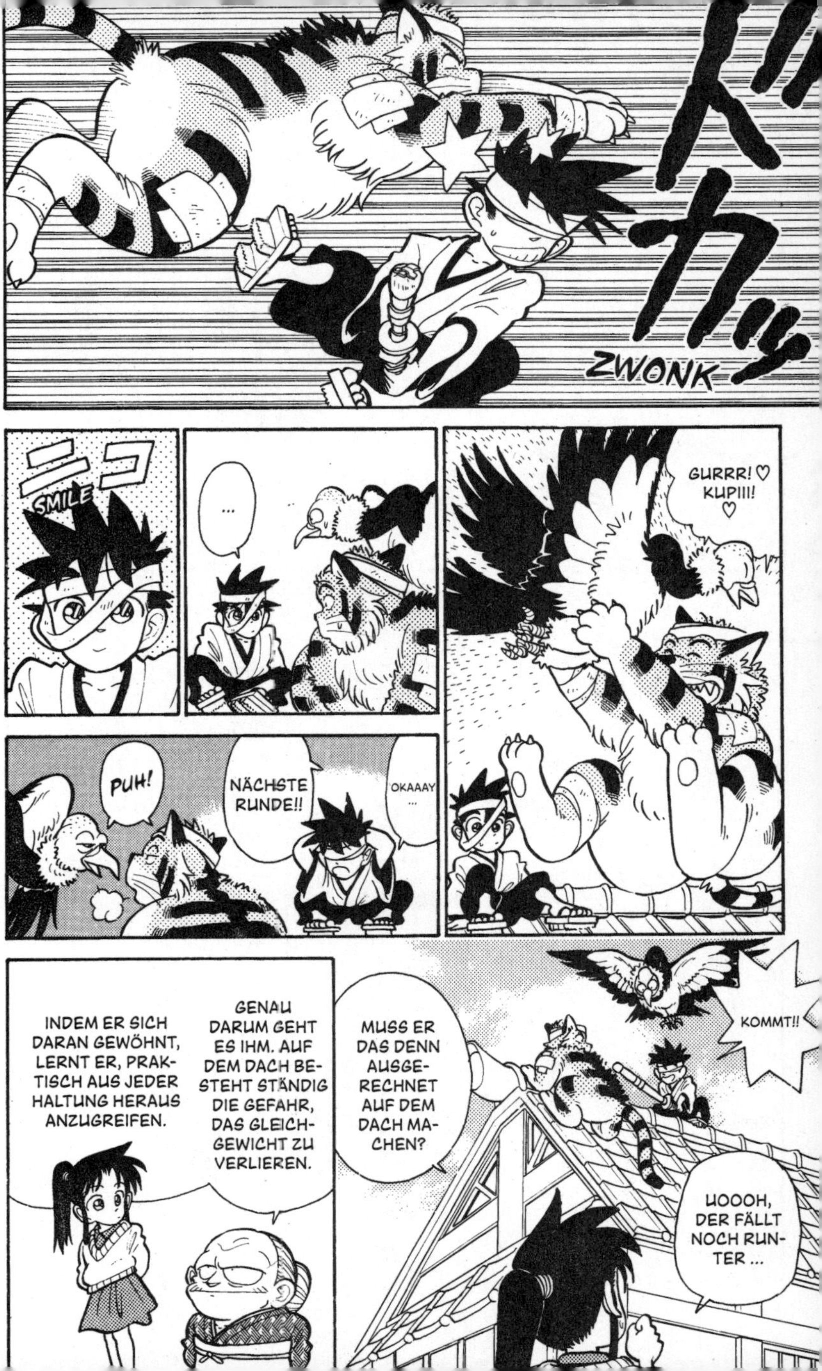
ZWONK
GURRR! ♡ KUPIII! ♡
...
SMILE
OKAAAY ...
NÄCHSTE RUNDE!!
PUH!
KOMMT!!
UOOOH, DER FÄLLT NOCH RUN-TER ...
MUSS ER DAS DENN AUSGE-RECHNET AUF DEM DACH MA-CHEN?
GENAU DARUM GEHT ES IHM. AUF DEM DACH BE-STEHT STÄNDIG DIE GEFAHR, DAS GLEICH-GEWICHT ZU VERLIEREN.
INDEM ER SICH DARAN GEWÖHNT, LERNT ER, PRAK-TISCH AUS JEDER HALTUNG HERAUS ANZUGREIFEN.

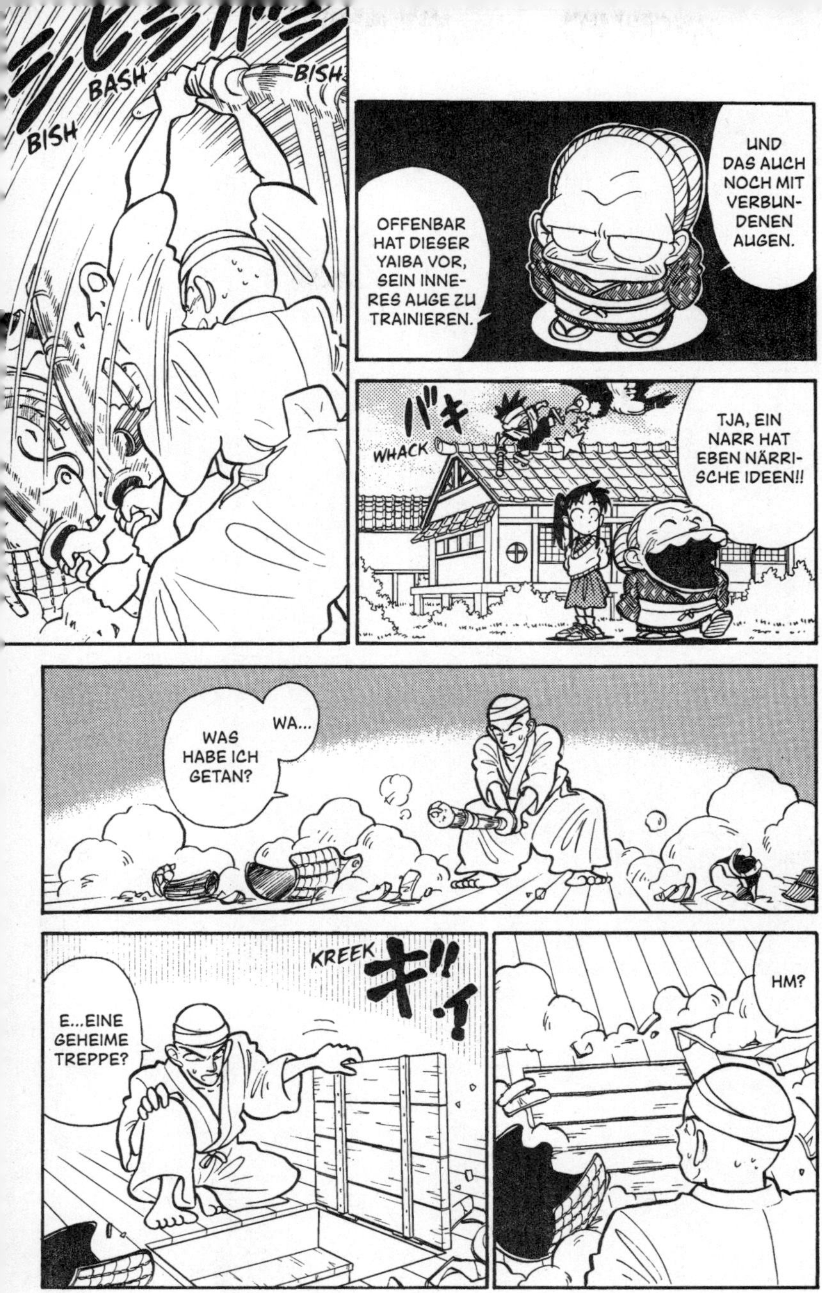
BISH
BASH
BISH
UND DAS AUCH NOCH MIT VERBUNDENEN AUGEN.
OFFENBAR HAT DIESER YAIBA VOR, SEIN INNERES AUGE ZU TRAINIEREN.
WHACK
TJA, EIN NARR HAT EBEN NÄRRISCHE IDEEN!!
WA...
WAS HABE ICH GETAN?
KREEK
HM?
E...EINE GEHEIME TREPPE?

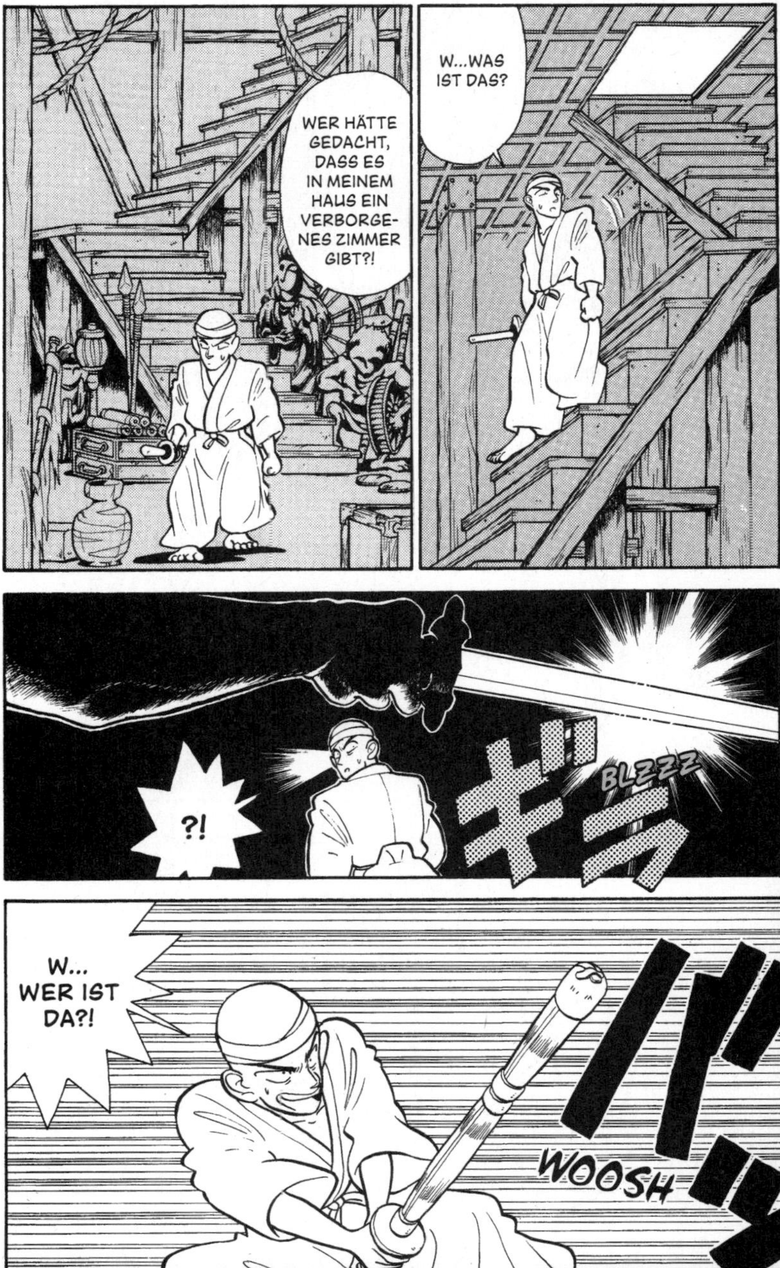
W...WAS IST DAS?
WER HÄTTE GEDACHT, DASS ES IN MEINEM HAUS EIN VERBORGENES ZIMMER GIBT?!
BLZZZ
?!
WOOSH
W... WER IST DA?!

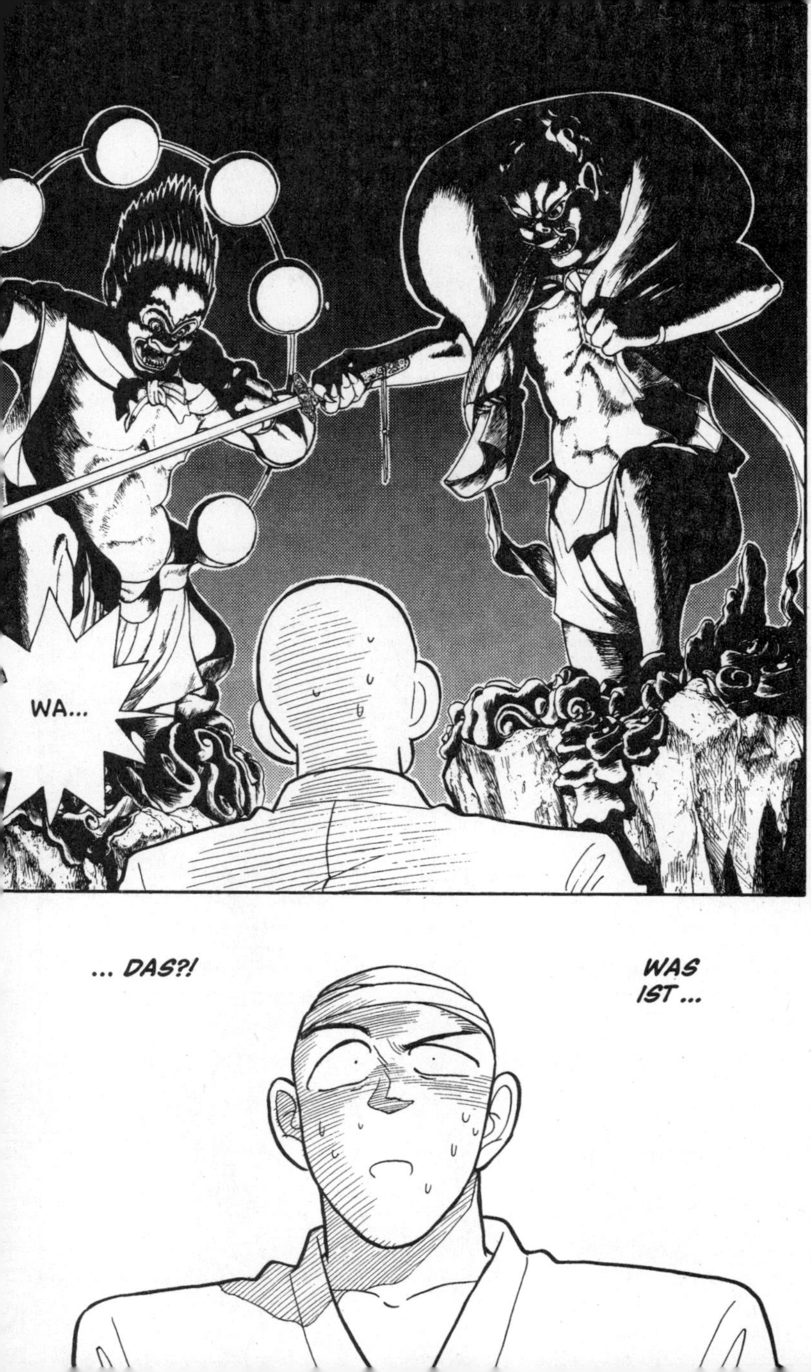
WA...
WAS IST ...
... DAS?!

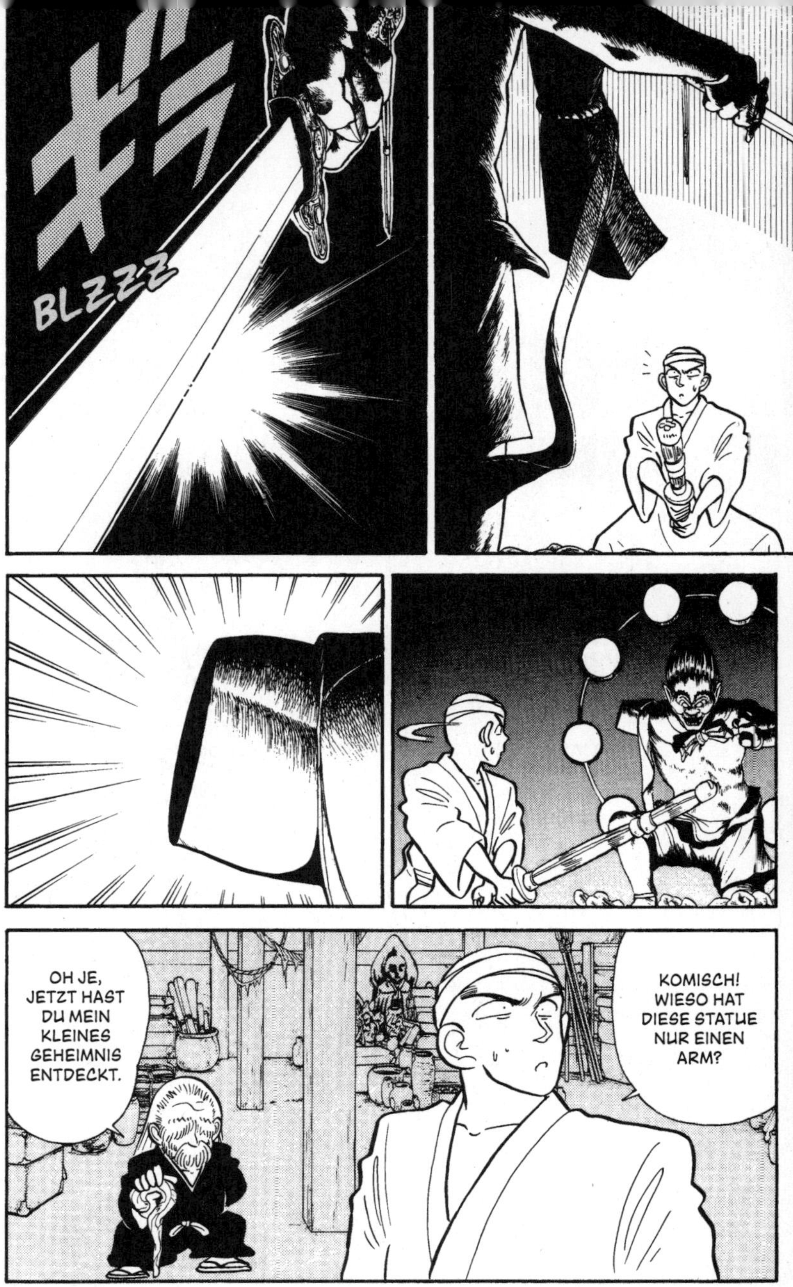
ギラ
BLZZZ
KOMISCH! WIESO HAT DIESE STATUE NUR EINEN ARM?
OH JE, JETZT HAST DU MEIN KLEINES GEHEIMNIS ENTDECKT.

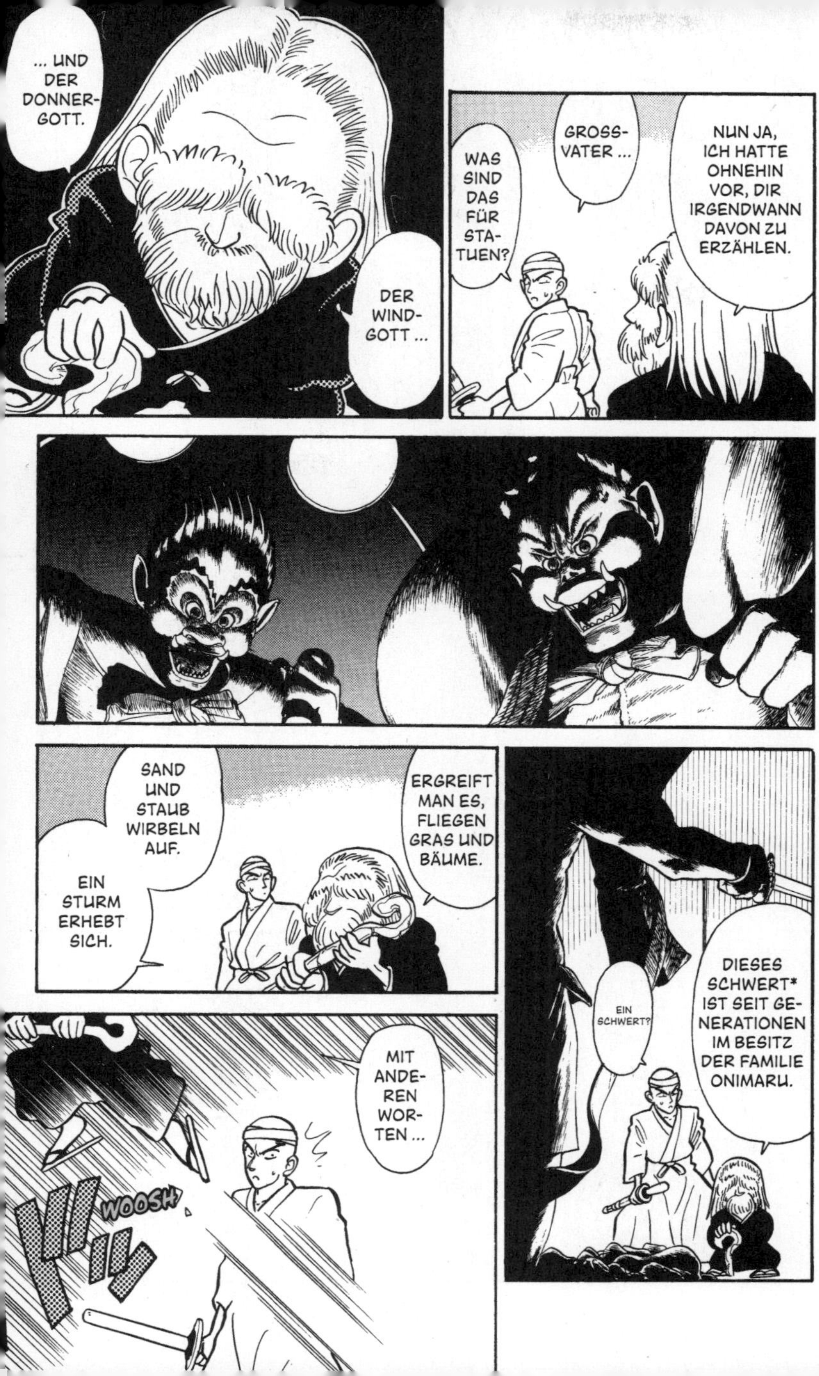

* IN DIESEM FALL EIN GANZ BESONDERES SCHWERT VOM RANGE EINES FAMILIENSCHATZES.

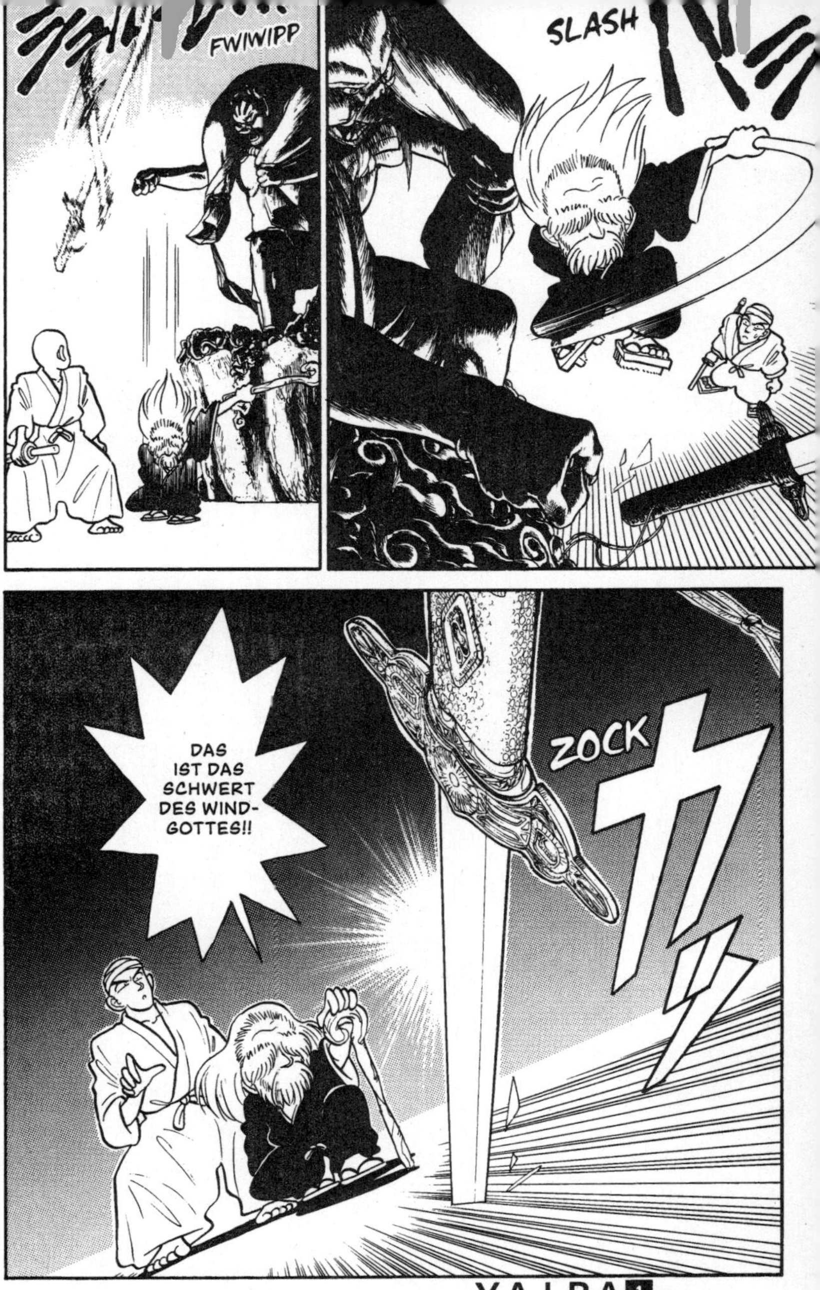
SLASH
FWIWIPP
DAS IST DAS SCHWERT DES WIND-GOTTES!!
ZOCK

Mystery

Takahiro Arai
ZERO'S TEATIME

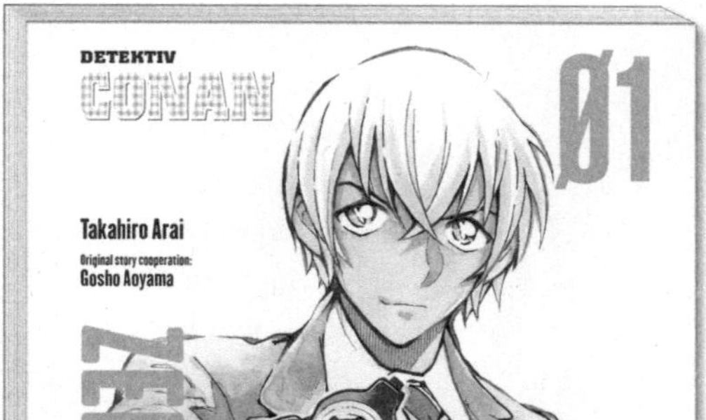

Ob als Agent der Polizei, Kellner im Café Poirot oder sogar Mitglied der berüchtigten Schwarzen Organisation – Toru Amuro hat viele Gesichter!

Doch was treibt der legendäre „Zero" eigentlich, wenn er nicht gerade in die spektakulärsten Kriminalfälle verwickelt wird...?

Zero's Teatime

Band 1 ISBN 978-3-7704-2857-1

€ 7,00 [D]

MANGA 漫画

www.egmont-manga.de

EGMONT

„Yaiba" von Gosho AOYAMA
Aus dem Japanischen von Claudia Peter
Originaltitel: „Yaiba"

Originalausgabe:
YAIBA Vol.01
by Gosho AOYAMA

Original Japanese edition published by SHOGAKUKAN.
German translation rights in Germany, Austria, Liechtenstein and German speaking area in the Switzerland, Belgium, Italy and Luxembourg arranged with SHOGAKUKAN through VME PLB SAS.

Original Cover Design: Hitoshi SHIRAYAMA+Bay Bridge Studio

Deutschsprachige Ausgabe erschienen bei
© Egmont Manga
verlegt durch Egmont Verlagsgesellschaften mbH,
Alte Jakobstraße 83, 10179 Berlin

1. Auflage 2022
Verantwortliche Redakteurin: Inga Wurzbach
Textbarbeitung: Nina Fehn
Gestaltung: Esther Strunck
Koordination: Angelika Schönhuber
Printed in the EU
ISBN 978-3-7704-4376-5

www.egmont-manga.de

SUTOPPU!

Koko wa kono manga no owari dayo.
Hantaigawa kara yomihajimete ne!
Dewa omatase shimashita!
Tanoshii hitotoki wo dozo!

Egmont-Manga-Chiimu

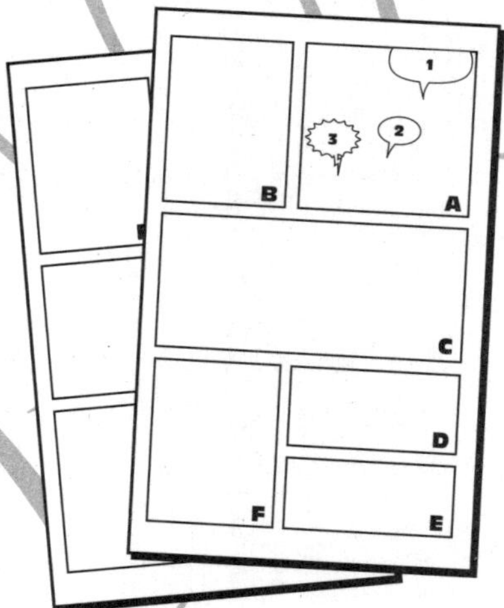

STOPP!

Das ist der Schluss des Mangas.
Fangt bitte am anderen Ende an!
Und nun genug der Vorrede,
viel Spaß beim Lesen!

Euer Egmont-Manga-Team